高等学校实验教学课程
应用示范案例集
(2021 年)

虚拟仿真实验教学创新联盟　组编

中国教育出版传媒集团
高等教育出版社·北京

内容提要

本书根据实验示范课程的特点,大致分为课程设计特色突出、课程共享应用机制创新、线上或混合式课程教学模式创新、课程建设技术创新、实验教学课程体系化建设成效显著五个类别。每个示范课程案例包含课程名称、课程内容简介、课程建设特色与创新点、课程应用成效等内容,真实反映了课程在实验教学中的应用情况及应用成效,在共享应用方面的具体做法、所取得的成果、形成的应用机制等。

本书遴选汇编了部分国家级一流本科课程建设与应用示范案例,对高校开展实验教学具有较大的借鉴和示范引导作用,可供高校从事实验教学的教师、教学管理者阅读、参考。

图书在版编目(CIP)数据

高等学校实验教学课程应用示范案例集.2021年/虚拟仿真实验教学创新联盟组编. -- 北京:高等教育出版社,2025.9

ISBN 978-7-04-061961-4

Ⅰ.①高… Ⅱ.①虚… Ⅲ.①高等学校-实验教学法-案例-汇编 Ⅳ.①G642

中国国家版本馆 CIP 数据核字(2024)第 052214 号

Gaodeng Xuexiao Shiyan Jiaoxue Kecheng Yingyong Shifan Anliji

策划编辑	孙美玲	责任编辑	孙美玲	封面设计	张雨微	版式设计	杨 树
责任绘图	马天驰	责任校对	张 薇	责任印制	刁 毅		

出版发行	高等教育出版社	网 址	http://www.hep.edu.cn
社 址	北京市西城区德外大街4号		http://www.hep.com.cn
邮政编码	100120	网上订购	http://www.hepmall.com.cn
印 刷	涿州市京南印刷厂		http://www.hepmall.com
开 本	787mm×1092mm 1/16		http://www.hepmall.cn
印 张	16.25		
字 数	370千字	版 次	2025年9月第1版
购书热线	010-58581118	印 次	2025年9月第1次印刷
咨询电话	400-810-0598	定 价	100.00元

本书如有缺页、倒页、脱页等质量问题,请到所购图书销售部门联系调换
版权所有 侵权必究
物 料 号 61961-00

前言

自2017年起,全国高校积极开展虚拟仿真实验教学项目建设。实验教学与现代信息技术的有机结合,有效推动了实验教学体系的完善,促进了实验教学课程建设机制创新,全面提高了实验教学的质量与水平。特别是在新冠疫情期间实施的大规模在线教学中,虚拟仿真实验教学项目(以下简称虚仿项目)发挥了重要作用。作为国家级一流本科课程建设的重要成果,虚仿项目正在示范带动高校持续建设,逐步形成专业布局合理、教学效果优良、开放共享有效的高等教育信息化实验教学体系。

为进一步推动实验教学课程建设与应用机制的创新探索,2021年,在教育部高等教育司的指导下,虚拟仿真实验教学创新联盟(以下简称联盟)组织实施了"双百计划",即百门优质创新课程培育和百门应用示范课程评选,发挥了优质实验教学课程的示范引领作用,促进高校实验教学内涵建设与人才培养质量提升。

此次百门应用示范课程遴选的原则和要求是:课程在获得国家级一流本科课程认定的基础上,在课程设计、教学模式与共享应用模式创新、技术创新及课程体系化建设等方面具有特色和突出成效,突出体现课程在人才培养中所发挥的作用,以及对实验教学改革的促进作用,总结和提炼课程在推动共享应用方面的具体做法、形成的应用机制等,呈现学校在实验教学课程建设与应用方面的经验。在高校开展实验教学课程建设、推动实验教学改革等方面具有较大的借鉴和示范引领作用。

为推广高校在课程建设与共享应用方面的经验和做法,特将联盟2021年度实验教学应用示范课程择优汇编出版,供全国高校参考、借鉴。本次汇编了59篇优秀案例,根据入选课程所具有的特色,按照课程设计特色突出、课程共享应用机制创新、线上或混合式课程教学模式创新、课程建设技术创新、实验教学课程体系化建设成效显著五个方向进行分类汇编。每个案例包含课程名称、课程内容简介、课程建设特色与创新点、课程应用成效等部分,便于高校从事实验教学的教师、实验技术人员及教学管理者参考。

联盟2021年度"双百计划"的组织实施,实验教学应用示范课程的遴选与出版等工作,始终得到了教育部高等教育司课程教材与实验室处的高位指导;示范课程的遴选和优秀案例的征集工作,得到了相关高校和课程负责人的积极参与和辛苦付出;案例的汇编出版工作,得到了高等教育出版社的大力支持,在此一并致谢。

虚拟仿真实验教学创新联盟秘书处
2023年8月

目录

第一部分
课程设计特色突出

案例1：1 000 MW 超超临界火电机组燃烧系统虚拟仿真实验　清华大学…………………2
案例2：分布式发电与智能微电网虚拟仿真实验　天津大学…………………………………8
案例3：加压氢化反应虚拟仿真实验的建设与应用　天津大学……………………………13
案例4：虚实结合——探索工训混合式教学新模式　天津大学……………………………16
案例5：具有鲜明特色的线下物理实验课程体系建设及混合式教学探索
　　　　沈阳航空航天大学………………………………………………………………………22
案例6：电工电子实验系列课程　哈尔滨工业大学…………………………………………27
案例7：基于ESP虚拟病人的气胸临床前整合实验教学　山西医科大学…………………33
案例8：大跨预应力空间索结构性能分析与监测虚拟仿真实验　东南大学………………35
案例9：生物药物重组人干扰素α2b注射液生产线虚拟仿真教学　江南大学……………41
案例10：银杏嫩枝扦插育苗虚拟仿真实验　南京林业大学…………………………………44
案例11：新型化学小分子抗脑卒中药物的设计与合成　南京医科大学……………………49
案例12：定量蛋白质组学研究虚拟仿真实验　浙江大学……………………………………54
案例13：生活垃圾蓝色焚烧处理虚拟仿真实验　浙江工商大学……………………………57
案例14：模式动物斑马鱼养殖和显微操作技术　山东大学…………………………………60
案例15：分子模拟实验　山东大学……………………………………………………………64
案例16：景区旅游产品开发虚拟仿真实验　山东大学………………………………………68
案例17：建筑冷热源系统优化设计与运行调节实验教学案例　山东建筑大学……………71
案例18：虚仿助力实验教学，大力推进资源共享——华中师范大学"发展
　　　　心理学"实验教学应用示范课程优秀案例　华中师范大学………………………75
案例19：高地应力区深埋软岩洞室开挖及支护虚拟仿真实验教学项目　三峡大学………78
案例20：基于症状学的临床技能和临床思维虚拟实训教程　中南大学……………………84
案例21：甲状腺超声检查及AI辅助诊断仿真实验系统　暨南大学…………………………86
案例22：牙拔除术虚拟仿真—触反馈—多媒体实验教学系统　重庆医科大学……………92

案例 23：基于 VR 技术的强心苷药理作用虚拟仿真实验　西南大学……………96
案例 24：库存管理与自动化仓储虚拟仿真实验　西南交通大学…………………98
案例 25：地铁车内空间布局及配色设计虚拟仿真实验　西南交通大学…………104
案例 26：蛋白质表达纯化及其结构解析虚拟仿真实验教学一流课程的
　　　　建设与应用　西安交通大学………………………………………………110
案例 27：光学扳手——光的轨道角动量探秘　西安交通大学……………………114
案例 28：火电厂热力系统 VR 认知及瞬态过程能耗特性仿真实验　西安交通大学……118
案例 29：橄榄叶中羟基酪醇的分离分析鉴定虚拟仿真实验　西安交通大学……121
案例 30：现场数据与场景驱动的分散式风电并网运行控制
　　　　虚拟仿真实验　西安理工大学………………………………………………124

第 二 部 分
课程共享应用机制创新

案例 31：轨道交通列车运行控制虚拟仿真实验项目　北京交通大学………………132
案例 32：以国家虚拟仿真实验项目为抓手，创新化工实验教学应用
　　　　模式　天津大学………………………………………………………………135
案例 33：企业模拟运营决策仿真实验　哈尔滨商业大学……………………………140
案例 34：产房分娩及新生儿处理虚拟仿真实验教学　浙江大学……………………144
案例 35：MOOC 教学模式下的危险化学品使用综合实验（化学实验
　　　　安全知识 MOOC）　中国科学技术大学……………………………………147
案例 36：油田地质实习虚拟仿真实验项目　中国石油大学（华东）………………150
案例 37：海洋哺乳动物生物学特征与行为习性观察虚拟仿真实验：
　　　　以中华白海豚为例　暨南大学………………………………………………155
案例 38：中药炮制学虚拟仿真实验教学应用示范课程案例　暨南大学……………159
案例 39：以国家虚拟仿真实验项目为载体，创新企业综合实训教学
　　　　新模式——《23 价肺炎球菌多糖疫苗 GMP 生产制备实验》
　　　　四川大学…………………………………………………………………………162
案例 40：高速铁路供电综合监控虚拟仿真实验　西南交通大学……………………166
案例 41：基于智能制造的工业机器人作业轨迹与过程仿真实验　西安交通大学…170

第 三 部 分
线上或混合式课程教学模式创新

案例 42：重走长征路——理想信念虚拟仿真实验　北京理工大学…………………176
案例 43：丙烯酸甲酯全流程生产仿真实习　北京化工大学…………………………179

案例44:面向机械结构创意设计的工程图学虚拟仿真实验　天津大学……………183
案例45:乙醇的死后再分布及其应用　山西医科大学……………………………187
案例46:多旋翼无人机装配与群体协同虚拟仿真实验　南京航空航天大学………191
案例47:钻井与压裂虚拟仿真综合实训　中国石油大学(华东)…………………195
案例48:企业运营管理仿真综合实验案例　山东财经大学………………………199
案例49:以国家级一流本科"金课"为抓手,虚实交融助力禽流感病毒分离与
　　　　鉴定课程改革创新　广西医科大学……………………………………207
案例50:敦煌石窟历史实践教学虚拟仿真实验　陕西师范大学…………………210
案例51:临床前基础医学综合实验　宁夏医科大学………………………………213

第四部分
实验教学课程体系化建设成效显著

案例52:视听触多感觉反馈口腔虚拟仿真系统在牙周操作培训中的
　　　　应用口腔医学牙周操作实验教学　北京大学……………………………220
案例53:隧道典型施工工法虚拟仿真　北京交通大学……………………………223
案例54:肾组织活检标本病理诊断虚拟仿真实验　南开大学……………………226
案例55:聚焦离子束系统虚拟仿真实验——3D显示分步可选的离子束聚焦、
　　　　刻蚀、沉积仿真实验　大连海事大学……………………………………229
案例56:急性肺水肿的开放式整合实验教学　山西医科大学……………………233
案例57:基于ESP智能模拟病人的缺氧病理生理学实验　上海交通大学………236

第五部分
实验教学课程体系化建设成效显著

案例58:口腔医学技术专业客观结构化实践技能教考系统　重庆医科大学……242
案例59:基于创新型本科人才培养的大学物理实验课程建设　西南交通大学…247

第 一 部 分
课程设计特色突出

案例1：1 000 MW超超临界火电机组燃烧系统虚拟仿真实验

清华大学

一、课程内容简介

锅炉本体及其相关的辅助系统复杂，关联度高，耦合性强，在实际运行调节过程中，需要综合考虑各种因素的影响，操作控制难度大。由于燃烧系统操控涉及锅炉安全，不能在实际机组上进行操控实验教学，仅能通过文字和图片来进行讲解，因此缺乏直观感受。

火力发电厂设备庞大、系统复杂，很多设备处于高温、高压、高速运行状态，现场安全要求高，学生要进入现场进行学习安全隐患大，也无法了解设备的内部结构；同时发电厂运行操作难度大，系统运行状态受外界负荷限制，无法在实际现场随意进行各种实验，实验室也无法用实物复制实际现场，在教学过程中，无法向学生直接展示发电厂各种设备的内部结构，而对于设备和系统的内部工质流动现象，更无法进行实验验证。

在过去的实验教学过程中，无法进行实验室教学，学生只能通过短时间的实习简单地了解大型火力电站的基本系统，实验效果较差。

该虚拟仿真实验系统通过虚拟仿真技术，逼真再现发电厂现场场景，对现场设备进行内部解剖，并了解其工作原理和内部工质流动现象。由于燃烧系统是整个火力发电厂最核心、最关键的系统之一，也是实际教学实验很难进行的部分，因此，我们选择锅炉燃烧系统进行虚拟仿真项目的设计。

"1 000 MW超超临界火电机组燃烧系统虚拟仿真实验"是清华大学动力工程及工程热物理国家级实验教学中心利用清华大学优质资源建设经费支持建设的项目。2018年，该项目获批为"国家级虚拟仿真实验教学项目"。

二、课程建设特色与创新点

（一）虚拟仿真实验系统特色

1. 实验方案上的设计特色

在实验方案设计上，侧重培养学生的动手能力和科研分析能力。由于电厂庞大、系统复杂、安全和生产要求高等，无论是在实验室还是在现场，进行相关的认知与实验教学存在非常大的困难，因此用虚拟仿真技术设计，将传统的教学方法进一步延伸和扩展，可以获得更好的教学效果。

2. 国家级科研成果转化为教学资源典型

本项目是国家级科研成果转化为虚拟仿真实验教学资源的典型案例之一。电站仿真技术是清华大学获得过"国家科技进步奖"一等奖、二等奖和"教育部科技进步奖"一等奖等多项国家和省部级奖项的技术，本系统采用电站仿真技术中所用的燃烧系统数学模型，建立燃烧系统仿真数学模型，可以准确模拟外界条件变化后，炉内燃烧动态过程和相关参数的变化，其主界面如图1-1所示。

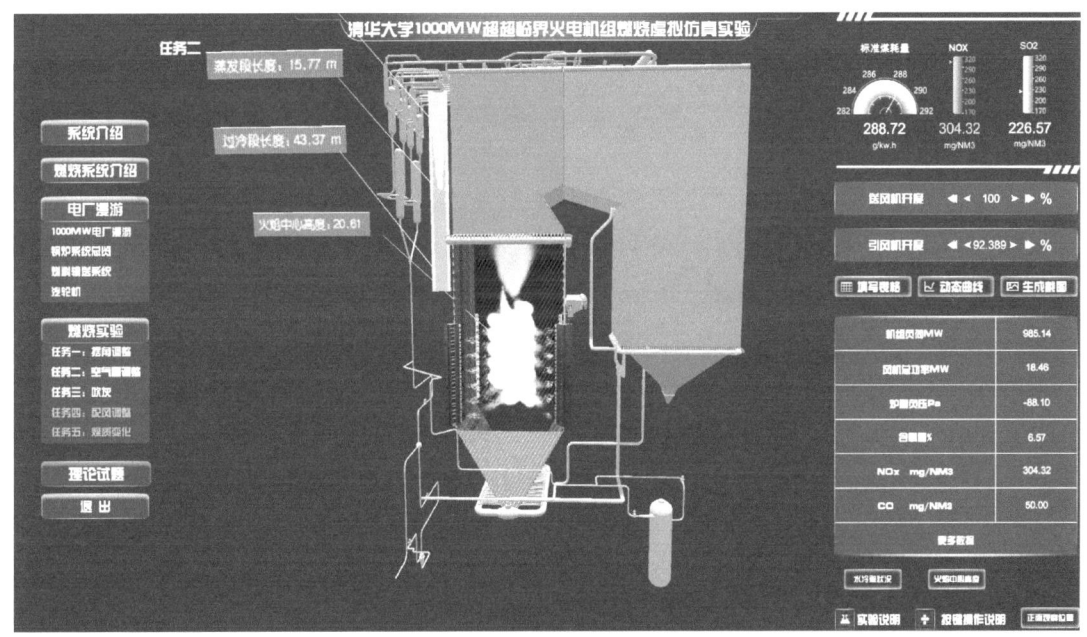

图 1-1　燃烧虚拟仿真实验主界面

3. 逼真的虚拟仿真场景

采用三维虚拟仿真技术，逼真模拟 1 000 MW 超超临界火电站电厂概貌、相关系统和部件，直观展示了实际系统中的部件连接关系、内外部结构，电厂工作原理、工作流程等。其中的一个虚拟仿真场景如图 1-2 所示。

4. 系统仿真与虚拟仿真技术相结合

将燃烧系统仿真数学模型与虚拟仿真系统相结合，可以形象、逼真地展示燃烧系统发生变化后，实际燃烧现象及其动态变化；通过三维电站虚拟现实场景和二维 DCS 燃烧系统仿真的数据联动模拟（如图 1-3 所示），真实再现 1 000 MW 超超临界燃煤机组燃烧变化过程中相关参数的动态变化过程。本系统具有操作过程重点突出、软件轻量化且便于维护的特点。

5. 人机界面友好，互动性强

本系统界面友好，实验学员通过相关的菜单，可以清楚地了解相关实验内容和实验方法，也可以很方便地进行相关的实验操作，互动性强。

6. 实验内容和实验过程上的特色

本实验内容安排合理，可以通过多种方法展示实验过程和现象。系统内可以放大缩小、

图 1-2 1 000 MW 超超临界火电机组虚拟仿真场景

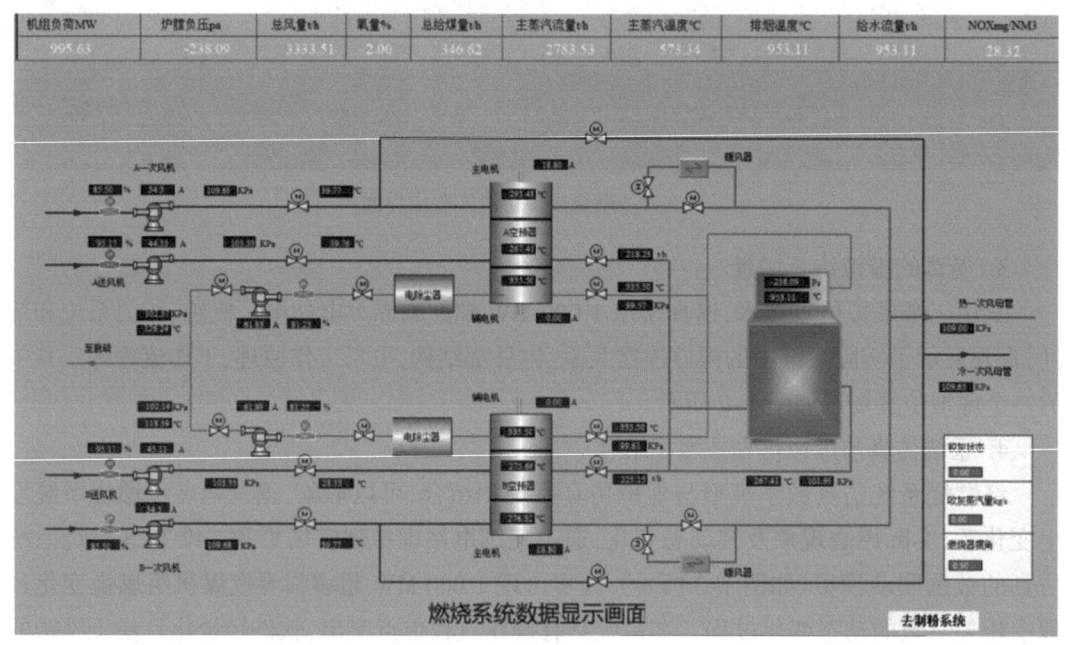

图 1-3 将 DCS 与虚拟仿真相结合

360°旋转,从不同距离、不同角度仔细观察实验现象,如图 1-4 所示,可以用柱状图、曲线图等多种方式记录实验参数及其动态变化过程,如图 1-5 所示。

7. 采用网页版方式登录,运行速度快

本系统的网页版可对社会各界人员开放,只要有网络和手机,即可自行注册登录进行相关的实验。网页版注册、登录界面,如图 1-6 所示。

图 1-4　可缩放旋转观察实验现象

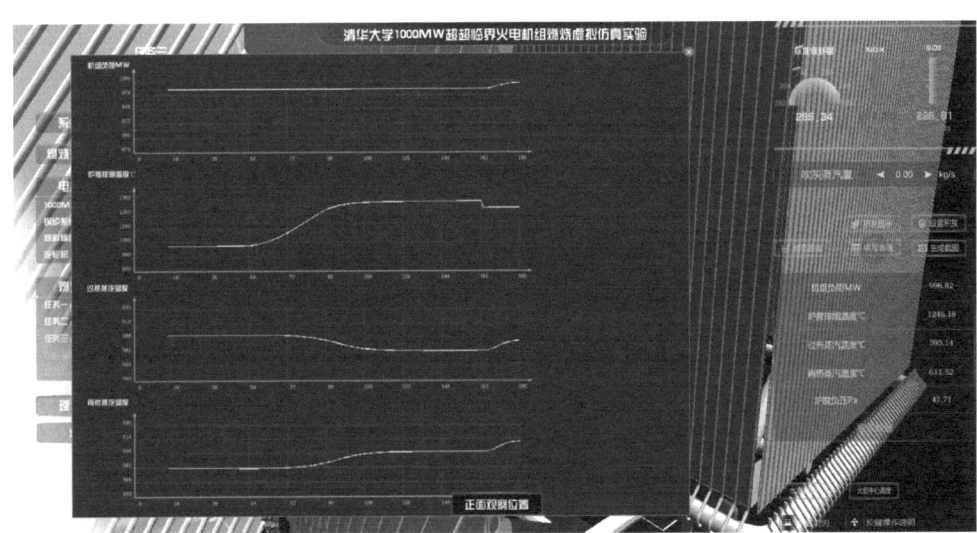

图 1-5　实验过程自动记录曲线

图 1-6　网页版界面

案例 1：1 000 MW 超超临界火电机组燃烧系统虚拟仿真实验

(二) 虚拟仿真实验系统教学特色

1. 教学方法

本实验采用理论与实际相结合的教学方法,不仅让学生学会如何操作,重要的是在实验过程中,掌握其中的知识点,巩固课堂学习的理论知识。本实验系统既可与电站仿真实习课程结合,也可单独进行教学。

本实验主要包括以下步骤:① 由具有丰富科研经验的资深教师承担教学任务,讲解整个虚拟仿真系统组成及应用,介绍燃烧系统设备和系统组成,虚拟仿真实验项目的要求等;② 由教师以某个实验为例,具体演示虚拟仿真实验项目的实验方法和步骤;③ 学生可以反复浏览电站漫游系统,多次练习,了解学习电站物理系统,包括系统和设备等知识,同时,在精心设计的锅炉燃烧系统专项仿真实验系统上,反复进行虚拟仿真实验,并对实验现象和结果进行必要的分析与总结,掌握影响电站锅炉燃烧系统安全性和经济性的因素。

2. 评价体系

教师可进行班级和试卷管理,结合理论课程设置,发布试题,考查学生知识掌握情况。

课前要求学生在平台上进行学习,掌握操作关键点,回答相关问题。教师通过线上进行指导、监督。

阶段一(认知阶段):2 个课时,学生写心得体会。

阶段二(实训阶段):2 个课时,学生对仿真操作进行反复操作,直至熟练并考核合格。

3. 传统教学的延伸与拓展

锅炉燃烧系统,是能源动力专业重要的组成部分。本实验项目采用当前先进的虚拟仿真技术,逼真展示发电厂总体布局,通过对燃烧系统设置不同的仿真实验项目,并通过虚拟现实技术逼真展现燃烧过程不同负荷下相关参数的变化过程。在虚拟环境下,学生获得了身临其境的感觉,通过亲自动手实验,学生有一种参与感,将课堂教学理论知识通过虚拟实验和虚拟现实展现出来,提升了教学趣味性,提高了学生学习的兴趣和积极性,是传统课堂教学方式的延伸,极大地拓展了传统教学和实践方法。

4. 教学方式

本系统可以采用线上线下的方式进行相关教学实验,极大地方便了相关的教学实验安排,并为相关理论教学提供辅助教学手段。采用线上教学方式,学生可以在任意时间、任意地点进行相关的教学实验和自学。

5. 实验过程及结果

实验过程和实验结果可以自动保存,学生可以在网站上编写实验报告并上传,并通过网络与老师进行交流。

6. 统一管理

网络平台可以统一管理、统计相关的实验信息,便于老师更好地掌握详细的实验情况。

三、课程应用成效

在实验设计上,共设置三个操作任务和一个理论知识问答环节。同学们通过调整燃烧器摆角、调整空气流量和吹灰操作,使得 1 000 MW 超超临界火电机组运行状态达到标准煤耗量小于 286 g/kW·h、NOX 排放小于 220 mg/Nm³、炉膛负压介于 –300 至 –50 Pa,否则总分会相应扣减。最后得分为操作环节和理论知识问答环节综合成绩。

本系统于 2017 年 10 月开放线上版(可线上和线下运行),开放后即用于清华大学能源与动力工程系本科生的相关教学实验和生产实习中。

本实验与清华大学能源与动力工程系"能源动力系统及其仿真实验"课程合在一起进行教学,成绩可评定为通过与不通过两种。所有学生在完成相关的课程和实验后,各部分成绩合格,综合评定为通过。

燃烧系统是火电机组的核心,关系到火电机组的经济、环保、安全等多方面性能。本实验分别从运行效率、污染物排放控制、运行安全等方向设置三个不同操作任务,并通过绘制图表和查找并调整至最优运行工况点等操控流程,使得同学们通过虚拟仿真体验到燃烧系统在这些方面的运行规律。从学生们的反馈来看,基本达到了实验课程设置的初衷。

除了直接应用于本科教学外,在中学生工科营活动(如图 1-7 所示)中,该系统也起到了很好的教学效果。

图 1-7　2019 年中学生工科营

对于中学生,该系统可以直观地让学生了解电厂有关概念,认识电厂的概貌、工作原理、相关的系统和设备等。学生评价这是他们参加工科营相关活动中,最具吸引力的项目。

此外,本项目还多次用于国内外相关大学的人员参观访问时的展示。数百位校外老师对"1 000 MW 超超临界火电机组燃烧系统虚拟仿真实验"给予高度肯定。

该项目积极响应教育部要求,除了本校应用外,也通过网络免费向校外开放。根据后台管理系统统计,有一万余名学生利用线上教学实验模式,进行了该虚拟仿真实验的在线学习。

课程团队

课程负责人:高琪瑞,清华大学能源与动力工程系实验室主任,高级工程师。主要研究方向为能源动力系统建模与仿真。

团队成员:高琪瑞、刘培、李辉、许兆峰、李政、王东泽、吴爱军。

案例 2：分布式发电与智能微电网虚拟仿真实验
天津大学

一、课程内容简介

分布式发电与智能微电网虚拟仿真实验在 2020 年获批国家虚拟仿真实验教学一流本科课程，入选虚仿联盟 2021 年度实验教学应用示范课程，本课程以海岛和工业园区微电网工程为范例，以虚拟仿真的形式再现了微电网规划设计、能量管理和运行控制全过程，设计了三层次、五模块的实验教学方案。学生可开展设备自主选型、参数定制化设计、运行工况与场景自由变换等实验操作，观察实验现象，归纳实验结论，从而加深对教学内容的理解与认识，全面提升教学效果。

二、课程建设特色与创新点

（一）课程建设特色

随着绿色清洁能源的广泛应用以及智能电网技术的快速发展，微电网技术作为清洁能源接入电网最有效的手段之一，受到了国内外广泛关注。微电网作为一个自治化的小型电力系统，集成了分布式电源、储能、能量转换、负荷、监控和保护装置等，具备完整的发电、配电和用电功能，既可以解决海岛和边远地区用电难题，又可以为城市提供清洁、高效、可靠的能源供应。然而，光伏、风机等分布式发电设备构造复杂，造价昂贵，运行模式多变，能量转换装置控制参数不易更改，在实际系统中开展故障、扰动、运行模式切换等实验具有危险性，使电气工程专业学生的实践教学环节受到很大局限。而实践教学环节一方面对于培养和提高学生的工程实践能力、创新精神和创新能力具有不可替代的作用，另一方面，微电网规划设计理论知识抽象难以讲解，而且受场地与成本限制，无法实施微电网设计方案对比，课堂讲授效果有限。

为解决上述问题，本实验课程采用虚拟仿真教学手段，拓展实践教学广度与深度，以达到巩固学生基础理论知识，培养学生实际操作能力、分析解决问题能力、研究设计能力和创新能力的目的。结合课程需要以及"新工科"对于人才培养的要求，充分考虑微电网技术特点，以微电网规划设计、能量管理、运行控制为主线，开发了本实验课程。一方面，分布式电源、微电网是电气工程专业的前沿技术，也是本科生必不可少的实践环节；另一方面，微电网相关实验综合性强，能将电力系统暂稳态分析、数学优化、控制理论等有机结合，有助于学生综合创新能力的培养。本实验课程的相关界面如图 2-1 至图 2-5 所示。

图 2-1 海岛微电网规划设计系统

图 2-2 光伏发电系统

图 2-3 风力发电系统

案例 2：分布式发电与智能微电网虚拟仿真实验

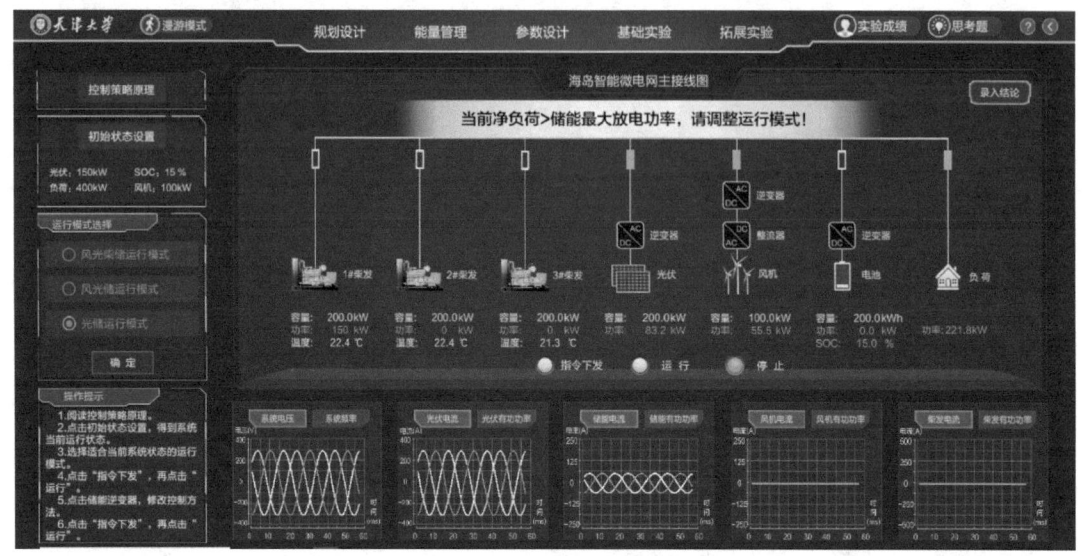

图 2-4　微电网运行监控系统

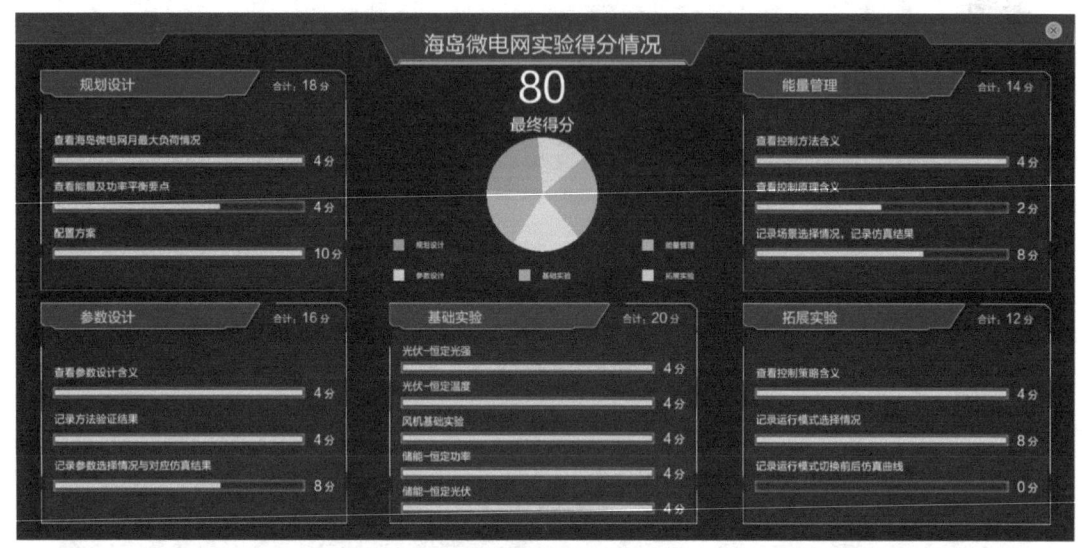

图 2-5　微电网实验评价系统

（二）课程建设创新点

1. 实验方案设计思路创新

本实验立足于微电网示范工程，应用数字化、信息化、多媒体等先进技术，针对传统实验教学中无法或难以开展的实验，采用分布式发电与智能微电网多时间尺度仿真分析模型及算法，再现微电网规划设计、能量管理、运行控制全过程，多种教学方法相融合，使学生通过虚拟仿真实验的操作与学习，掌握分布式发电、微电网技术基本原理，并通过综合拓展实验，学生自主设计，全面培养学生的创新思维能力，达到良好的教学效果。

2. 教学方法创新

本实验在教学过程中,通过虚拟仿真技术构建完整的微电网场景,学生身临其境,体验与感知微电网的运行与控制过程。采用情景式教学方法,大幅提高学生对实验环境、实验现象的认知度;实施参与式教学方法,加强师生互动环节,提高学生掌握、吸收知识的效率;应用探索式教学模式,学生可自主设定实验场景,自主选择实验方案,激发学生参与实验的兴趣,培养创新能力。基于典型案例设置教学内容,增强了学生对实际工程的认知水平,显著提高了学生的工程实践能力。

3. 评价体系创新

本实验建立了完整的评价机制,全面考查学生学习能力与动手实践能力。实验管理系统能够对学生参加实验学习的全过程进行记录与指导,对于预习效果、实验操作步骤以及实验成绩评价都有完备的评价体系,保障评价的科学性与公正性。实验平台设有良好的反馈机制,对于参加实验学生的意见与建议,都将进行整理与反馈,为指导教师改进和完善实验平台提供参考,切实提高实验效果。

4. 对传统教学的延伸与拓展

分布式电源、微电网属于电气工程专业的前沿技术,相关教学、实践课程有助于本科生综合创新能力的培养。传统实验内容多以认知实验设备、记录实验数据为主,无法真正实现微电网的规划设计、运行控制实验,更无法完成具有一定危险性的微电网短路实验、扰动实验等。本实验借助虚拟技术实现真实环境的模拟与再现,让学生身临其境,接触实验环境并得到实验结果,有效弥补了微电网相关实验可参与性不强、可操作性不高的缺失,极大地拓展了学生参与实验课程的广度与深度。本虚拟仿真实验所采用的模型与求解方法,依托具有自主知识产权的微电网规划设计、能量管理、仿真分析软件,实现了先进的科研成果反哺教学、支撑教学,从而提升电气工程专业本科生教学实践水平。

三、课程应用成效

本虚拟仿真实验为学生提供了真实、生动的实践平台,有效弥补了实验设备不足、实验条件缺失带来的不利影响,学生可以充分实践从课堂中所学的理论知识,对微电网规划设计、能量管理、运行控制等理论与方法均加深了理解与认识。本虚拟仿真实验既提高了学生的学习兴趣,又促进了对理论知识的消化吸收,全面提升了教学效果。

同时,积极与相关高校开设微电网课程的教师联系,推动本虚拟仿真实验进学校、进课堂。通过在线研讨,与四川大学、山东大学、华东理工大学等高校教师与学生交流,共同探讨实验内容与方法,进一步提升实验水平。新冠疫情期间,各高校学生均无法返校开展相关实验、实践环节的学习,而实践环节对电气类专业本科生来说尤为重要,本虚拟仿真实验使用人次大幅增加。

本实验于2019年10月24日正式上线实验空间,截至2021年12月,实验浏览量26 765次,完成实验人数4 128人,其中本校用户1 880人、校外用户2 248人,完成实验次数6 495次,其中本校用户实验次数2 618次、校外用户实验次数3 877次,覆盖学校、企业144所。

课程团队

课程负责人：王成山，男，博士，天津大学电气自动化与信息工程学院教授，中国工程院院士，课程负责人，主要研究方向为配电系统规划与运行、分布式能源与微电网、电网安全性与稳定性。

团队成员：王成山、宋关羽、李鹏、王智颖、于浩。

案例3：加压氢化反应虚拟仿真实验的建设与应用
天津大学

一、课程内容简介

（一）教学目标

加压氢化作为一种重要的技术与手段，具有反应收率高、原子经济性高、污染少等特点，在化学、化工、材料科学等领域均有广泛应用。由于涉及使用易燃易爆气体、高压釜等特种设备，难以在教学中广泛开展。本项目以三位诺贝尔奖获得者在氢化反应领域的相关工作为基础，开展虚拟仿真实验。通过项目的实施，将拓展实践教学，锻炼学生的基本操作、研究设计以及创新能力。同时，使学生体会重大发现及应用过程，培养学生人文素质和创新意识。

（二）教学内容

在实验内容的选取上，基于三位诺贝尔奖获得者的工作，选择三种典型的催化剂进行实验。实验的产物由大化工产品到精细化学品，由简单到复杂，从平面到立体。在实验内容的选取上，时间跨度大，产品覆盖面广，适用性强，便于项目的使用与推广，示范性良好。

（三）课程实施情况

自2017年起，本校应用化学专业的学生每年都会在虚拟仿真实验中心进行为期一周的生产实习课程，目前已累计有约700人次学习过。同时在天津城建大学应用化学专业开设"生产实习"课程，已实施3年累计约200人学习。

本课程应用于2020年加入"慕课西部行"计划中，对新疆塔里木大学进行西部支援。

二、课程建设特色与创新点

本课程在实验设计上共有4个类型，分别为基本知识和操作型实验、仿真验证型实验、实验设计型实验及研究型实验。在各个实验模块中，分别使用非均相催化、均相催化、不对称催化三种典型的加压氢化反应类型作为仿真对象。

形式创新：在不同的仿真实验过程，学生将根据软件运行过程中提示的要求，完成不同实验任务，若操作出现严重失误会出现爆燃等场景，则实验失败，需要重新开始实验。在化学反应阶段会展示分子运动视频，让学生从微观角度观察化学反应，如图3-1所示。

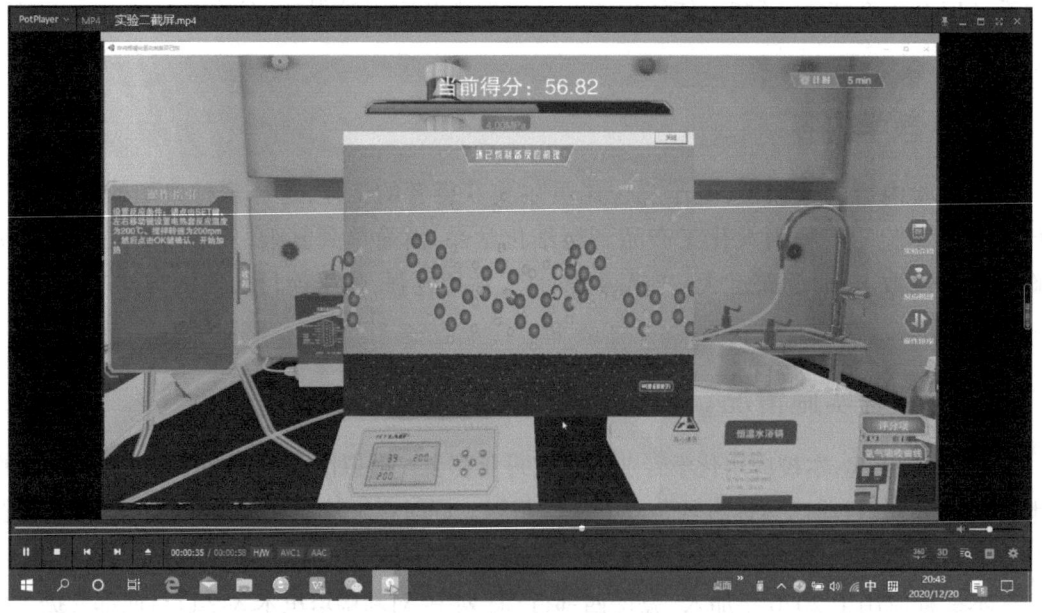

图 3-1 微观视角

新技术:利用 VR 软件及硬件帮助学生更好认识生产工厂与生产设备,未来考虑 AR/MR 技术的应用。学生可选安全员、班长、内操作工、外操作工四种角色,通过虚拟现实硬件进行协同操作。

实验内容新:在实验内容的选取上,基于三位诺贝尔奖获得者的工作,选择三种典型的催化剂进行实验。实验的产物由大化工产品到精细化学品,由简单到复杂,从平面到立体。时间跨度大,产品覆盖面,适用性强,便于项目的使用与推广,示范性良好,如图 3-2 所示。

图 3-2　实验内容

三、课程应用成效

1. 共享应用

本课程自 2018 年上线至今,实验空间上已有超过 12 000 人次浏览,超过 1 800 点赞,1 780 人次做实验,250 多条好评。同时在天津城建大学应用化学专业已进行三年的示范教学,2021 年起新疆塔里木大学进行示范教学,通过实验空间网站统计目前已有 4 864 人次注册学习,包括天津、新疆、辽宁、重庆、湖南、山东、湖北、甘肃、黑龙江、上海等地的 14 所高校参与本实验操作。优秀人数为 1 629 人。

2. 西部辐射

本课程参与新疆塔里木大学"慕课西部行—同步课堂",同新疆塔里木大学、石河子大学、新疆工程学院、新疆理工学院、喀什大学、伊犁师范大学等高校共同成立虚拟教研室,共同建设相关教学资源。

3. 学生学习成效

每年对学生的实验数据均能在后台记录统计,通过数据分析,学生们的操作类实验成绩平均分为 84 分,设计类实验平均分为 91 分,体现出学生的实验操作能力需要加强,在今后课程中需要增加实验操作环节设计。而在此之前综合类的实验课程主要是锻炼学生们的动手能力,较少进行实验梯度的设计,本实验开展能够均衡实验设计以及学生动手能力,动手能力弱的学生可以多次进行实验以增加实验熟练度,设计能力弱的同学通过阅读文献自主设计,增强自身设计能力,通过梯度式学习达到培养综合型新工科人才的目的。

课程团队

项目负责人:赵温涛,天津大学理学院副教授,化学系副主任,有机课程负责人,有多年的实验教学经验。

课程团队主要成员:唐向阳、张明杰、马骁飞、冯霞。

案例4：虚实结合——探索工训混合式教学新模式
天津大学

一、课程内容简介

（一）课程基本情况

"钣金类产品加工虚拟仿真实验"在共享应用和持续建设阶段，天津大学工程训练教学团队联合技术公司对课程不断地改进与完善，积极探索依托虚拟仿真实验等线上资源开展本科生机械工程训练线上课程、混合式课程教学的创新模式，同时拓宽虚拟仿真实验的可应用领域和范围。

（二）课程建设目标

"钣金类产品加工虚拟仿真实验"以本科生机械工程训练中钣金教学模块为对象，利用数字化技术，贯穿安全生产规范，突出实践教学重点、难点，实现实训环境与设备的仿真模拟、工艺方案和加工过程的完全映射、产品制作过程的动态体验。实验通过网络进行开放，学生面向实际加工进行机床仿真操作，给出了传统实践教学受设备数量、时间、地点等问题制约的解决方案，图4-1所示为部分实验环节截屏。

学生通过交互式、探究式学习，全面沉浸与参与，以游戏通关的形式掌握钣金类产品零部件的加工工艺、制造过程及熟悉相关设备的安全操作，具体如下。

(1) 工程识图：掌握机械产品零件图及装配图的正确识读方法。
(2) 安全教育：掌握工厂环境下人身安全及设备安全具体要求。
(3) 加工工艺：熟悉钣金类产品的基础机械加工工艺方法及路线。
(4) 设备操作：掌握相关钣金设备的适用范围及安全操作方法。
(5) 装配检验：掌握常用量具、检具的适用范围及正确使用方法。

（三）实验主要内容

1. 实验原理

本实验以本科生机械工程训练中冲压、焊接、数控加工等教学模块为对象，利用虚拟仿真技术建立车间、加工设备及加工过程的数字化环境，学生可以在线学习、操作机床、制作产品。

实验以一种典型的电气柜为载体，如图4-2所示。在产品完整的加工过程中，通过设置不同的知识点和考核点,如图4-3所示,全面考查学生识图制图、安全生产、制造工艺等理论知识的应用能力,要求学生掌握板料冲压、焊接、装配等典型的加工工艺、制造过程及相关设备的操作。

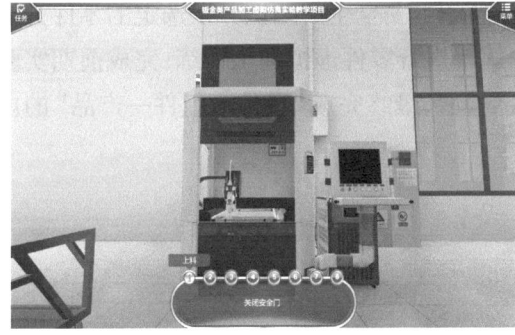

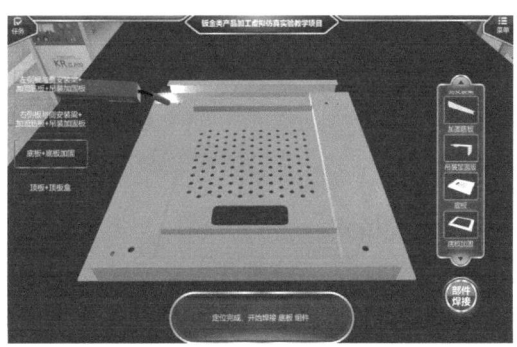

图4-1 部分实验环节截屏

图4-2 虚拟实验加工产品

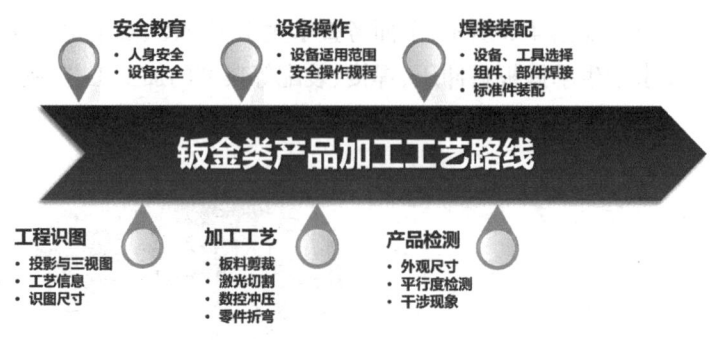

图 4-3　实验各环节考核内容

2. 任务路线

进入虚拟仿真实验系统后,在默认的工厂环境下,根据任务路线导航,如图 4-4 所示。

首先从产品库中选定加工对象,然后确认正确的加工图纸,学习了解既定的加工工艺路线,做好加工准备;进入安全教育和零件加工模块,学习安全生产知识并以选定的零件为加工对象,根据工艺路线,按照相应设备安全操作规程进行零件虚拟加工训练;完成前期实验环节后,再进行组件焊接、表面处理、装配及产品检验,最终完成"零件—组件—产品"的虚拟仿真训练。

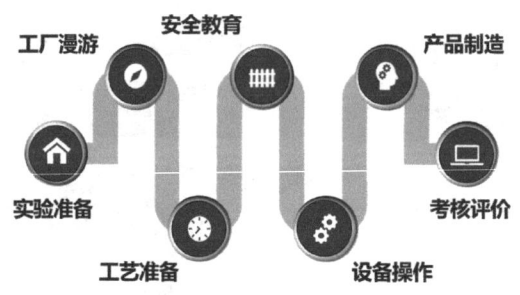

图 4-4　虚拟实验任务路线

3. 实验模式

进入实验后,系统默认为学习模式,图 4-5 所示为学习模式流程图。学习模式是认知学习的过程,每步操作均有详细的操作提示语引导,操作部位呈高光显示,有助于学生在较短时间内掌握实验内容。

由实验系统菜单栏也可进入实验考核模式,图 4-6 所示为考核模式流程图,考核模式是在领取实验任务后,综合运用所学的工程制图、金属工艺学理论,根据工艺流程要求和设定的不同工艺条件,解决加工过程中的技术难点,完成产品整个的虚拟加工过程。系统在每步操作中不会给出详细的操作提示语(区别于学习模式),按键也无高光提示,学生需要根据在学习模式中掌握的知识技能来自行操作。

4. 考核评价

实验系统会全过程记录学生的操作痕迹,考核模式下完成产品制作后并提交,系统会自动生成成绩单,记录各个环节的成绩,图 4-7 所示为实验考核评价流程。

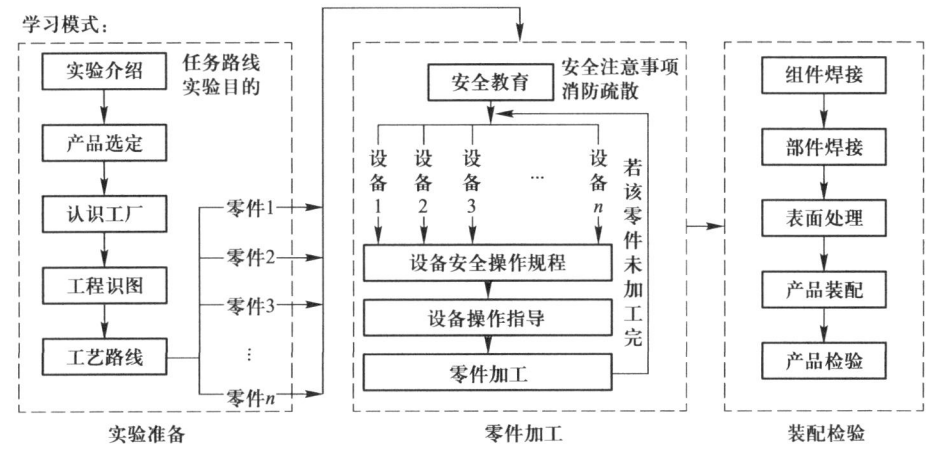

图 4-5 学习模式流程图

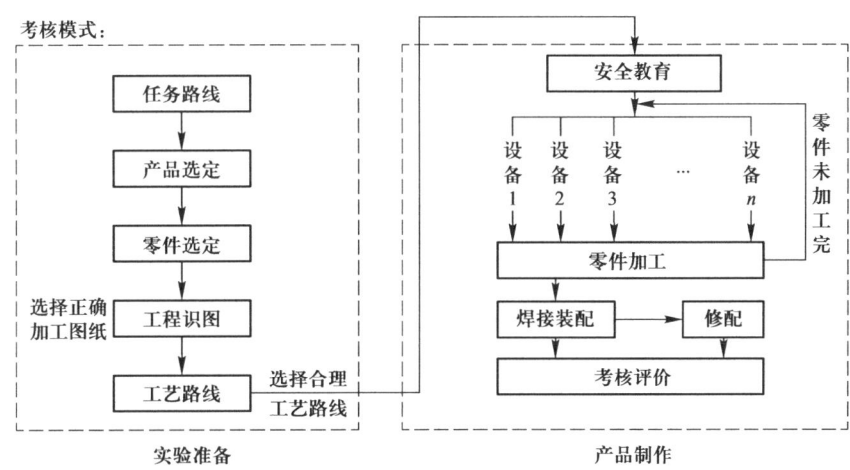

图 4-6 考核模式流程图

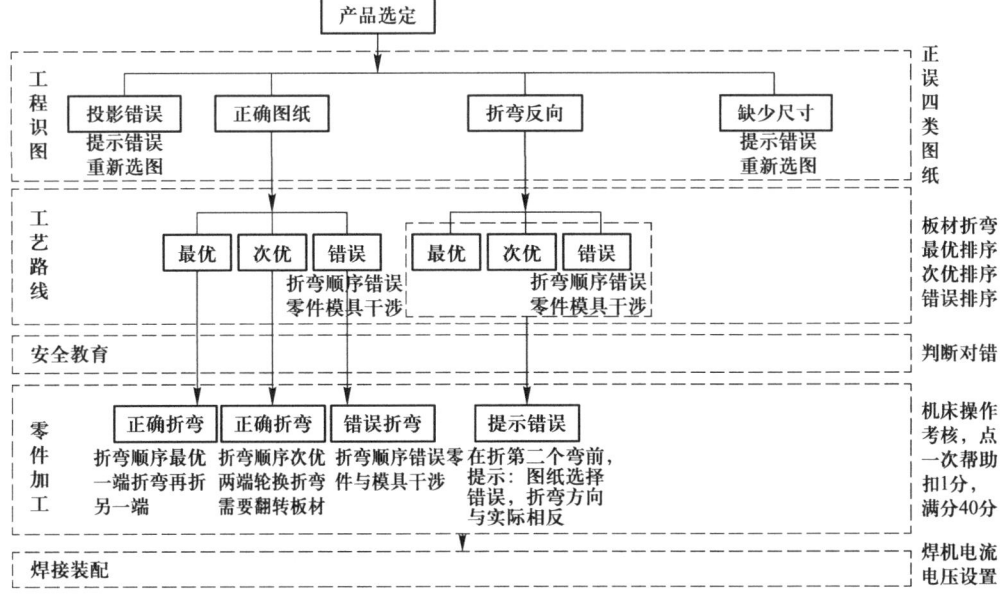

图 4-7 实验考核评价流程

案例 4：虚实结合——探索工训混合式教学新模式

二、课程建设特色与创新点

（一）多层次课程体系建设

在实验课程建设中，充分考虑到不同区域、不同层次、不同类型学生进入钣金虚拟仿真实验课程的需求，采用从易到难、从简到繁、多方位拓展递进式方法，搭建具有开放性、扩展性、兼容性和前瞻性的教学平台，最终建设为包含多个层次、两个模式（学习模式和考核模式）的实验课程体系，如图4-8所示。

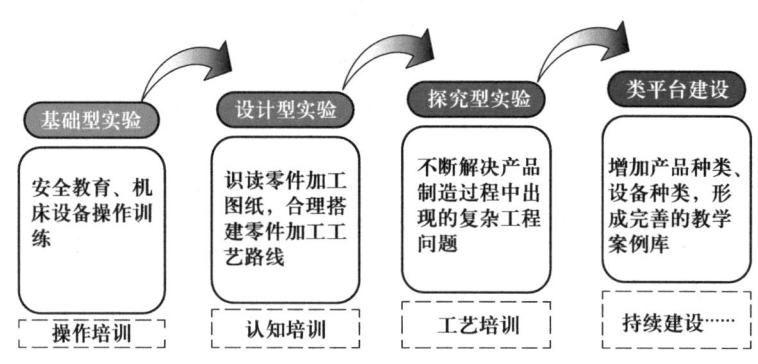

图4-8　实验层次划分

通过参与式、交互式、探究式学习，在完整的实验过程中，全方位考核学生机械工程训练相关的理论知识和实践技能。系统根据学生的操作痕迹进行全过程记录并最终反馈实验结果，实验结果可作为学生能否参与实际实训的重要依据。

（二）线上线下混合式教学

课程建设之初，团队即明确要解决钣金教学中存在设备少、操作过程危险系数高、学生参与度低、知识点存在孤岛等问题，确定以典型电气柜的加工为载体，以加工工艺为主线，融合传统加工方法和先进制造技术，将安全操作、工程识图、设备操作和装配作为整体，进行线上教学。而在实际工程训练过程中，探索出了一种线上线下相结合的新的工训模式，大幅提升了教学效果。

依托实验空间平台，智能实验室建设虚拟仿真线上课程"钣金成形工艺"，利用智能实验室平台发布教学资源、制定线下钣金创意作品设计要求、开放讨论区与答疑区和学生互动、预约线下加工的地点与时间。根据课程设置，学生在宿舍即可完成实验全部线上环节的学习，掌握课程所要求的知识点，同时做好创意作品制作的所有前期准备工作（设计图纸、加工工艺过程卡片、工序卡片等）。线下实习时，学生即可根据自己的创意设计进行加工呈现。

三、课程应用成效

我校在本科生机械工程训练环节中开放钣金虚仿课程，涉及的专业多，覆盖面广，以2021年教学情况为例，面向25个专业（包括大类），近80个班级开课。同时也积极向外校进行推广,如天津工业大学也将本课程纳入自身工程训练体系中。

在本校教学中,经过几个周期的混合式教学探索,学生经过线上虚拟仿真学习后,完全具备独立操作钣金设备、完成产品零件加工的能力。目前依托智能实验室平台的数据分析模块,配合制定详细的实验考核评价方案,学生的实训成绩评价一改以往只关注结果的片面导向,能够更好地反映出对所学知识的运用能力和创新意识。

课程未来将进行持续建设与推广,为相关高校输出服务,以用来纳入、完善自身的工训体系,并尝试推荐给相关企业用来开展员工的技能培训等。本校也将继续开展依托虚拟仿真实验的线上线下混合式工训教学模式的探索,形成具有展示度的高水平案例,提供给兄弟高校参考,设计打造个性化虚实结合课程。

课程团队

课程负责人:倪雁冰,天津大学机械工程学院教授、机械工程实践教学中心主任。长期从事数控技术、并联机器人、机械制造自动化的教学和科研工作。

团队成员:范胜波、卢广华、项忠霞、李清、李慧强。

案例5：具有鲜明特色的线下物理实验课程体系建设及混合式教学探索

沈阳航空航天大学

一、课程内容简介

（一）课程体系

1. 四层次五模块开放式课程教学体系

物理实验课程坚持"以学生为本，注重创新应用能力培养"的教学理念，打造了"基础－综合－设计－创新"四层次五模块开放式课程教学体系，如图5-1和图5-2所示。修订课程大纲，突出学校航空航天办学特色，以培养应用型人才为目标，注重培养学生创新能力，按专业需求将课程调整为物理实验Ⅰ（48学时）和物理实验Ⅱ（36学时）。课程于2020年获评国家级一流本科课程。

2. 体现航空航天特色的课程设置

在实验项目中，增加和航空航天、飞行器制造、航空电子相关的实验项目，如"气体流速测量""风洞中物理量的测量"等。在授课过程中，增加航空航天知识和工程应用，如在转动惯量中讲解制导导弹旋转偏离轨道的修正，在多普勒效应实验中讲解战斗机在空战中速度的测量等。

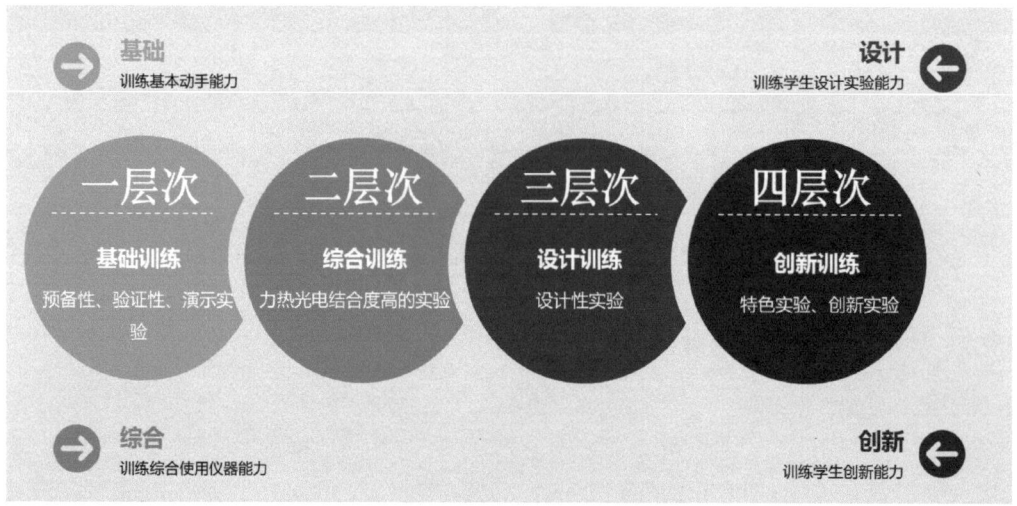

图5-1 物理实验课程体系的四个层次

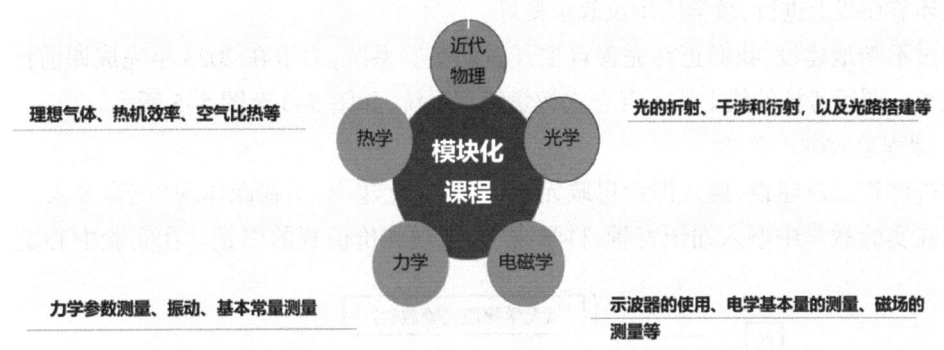

图 5-2　物理实验课程体系的五个模块

3. 虚实结合,融入虚拟仿真实验模块

按照"虚实结合,能实不虚"的原则,推进虚拟仿真教学示范中心建设,课程体系增加虚拟仿真实验模块,开设新的虚拟仿真实验项目,增加物理实验的科学前沿性、挑战度和吸引力。2021 年已经建立可同时容纳 36 人的 VR 虚拟仿真实验室一间,开设"全息照相""航空航天知识"等 VR 物理实验;开设了可同时容纳 40 人的全开放虚拟仿真实验室,开设线上线下虚实结合实验 3 项,线上虚拟仿真实验 43 个,同时,在研究性实验班内采用实验空间平台内虚拟仿真实验供学生选做。

(二)课程模式

1. 线下模式

物理实验课程作为一门实践实验类课程,我校一直坚持以线下教学为主体,不断扩充实验项目,完备课程体系,优化线下教学模式。按照物理实验课程教学体系,目前物理实验中心可开设的线下实验项目包括五个模块的 50 个实验项目。项目的增加和模块化的完备能够实现学生的按需选择。同时,完善全开放选课系统,已经试点建设全开放实验室一间,在两年内实现超过 50% 实验室全开放自主实验,让学生能够不受实验时间限制。

在完善课程体系和线下教学模式的过程中,徐世峰教授牵头编写立体数字化实验教材,主要包括在基础物理实验中减少近代物理模块实验比例,在四个层次的基础上选择了 49 个实验项目编写了《大学物理实验教程》教材,用于我校理工科基础物理实验教学,该教材获评了辽宁省优秀教材;精选了 20 个实验项目编写了《中级物理实验》教材,用于应用物理专业学生学习使用;精选 22 个实验项目编写了《物理实验》双语教材,以应对课程国际化和学校国际化人才培养需求。同时,计划出版物理实验系列教材或专著:《演示实验及创新性物理实验》《物理实验数据处理实例及软件应用》以及《创新研究性物理实验内容探究》。

2. 线上线下混合模式

自 2020 年以来,全国各个高校一直在探索新的物理实验教学模式。我校在前期的实验教学视频录制基础上,为学生打造了"居家做实验 + 教师直播 + 线上看实验 + 虚拟仿真实验"的混合式在线教学模式,之后我们将虚拟仿真实验模块加入教学大纲,继续开设线下

VR 虚拟仿真实验,引入线上虚拟仿真实验,2021 年将物理实验课程部署在超星平台,预习和测试环节在线上进行,教学应用及效果良好。

通过不断地建设,我们正在完善自主开发的实验系统,力争在 2023 年完成课前预习 - 课上操作 - 课后考核的线上线下混合式教学管理系统,如图 5-3 至图 5-5 所示。

3. 课程思政融入教学

推进课程思政建设,融入课程思政元素,加强文化建设,实践课体现"三全育人"、思政育人。在实验教学中融入知识背景、科学观、人生观和价值观的引领。在实验中心走廊进

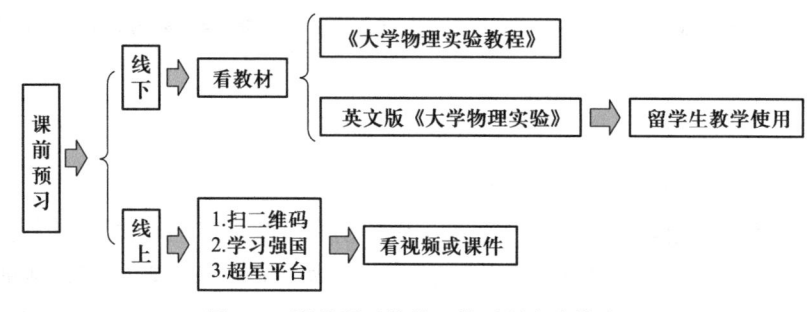

图 5-3 课前预习的线上线下混合式模式

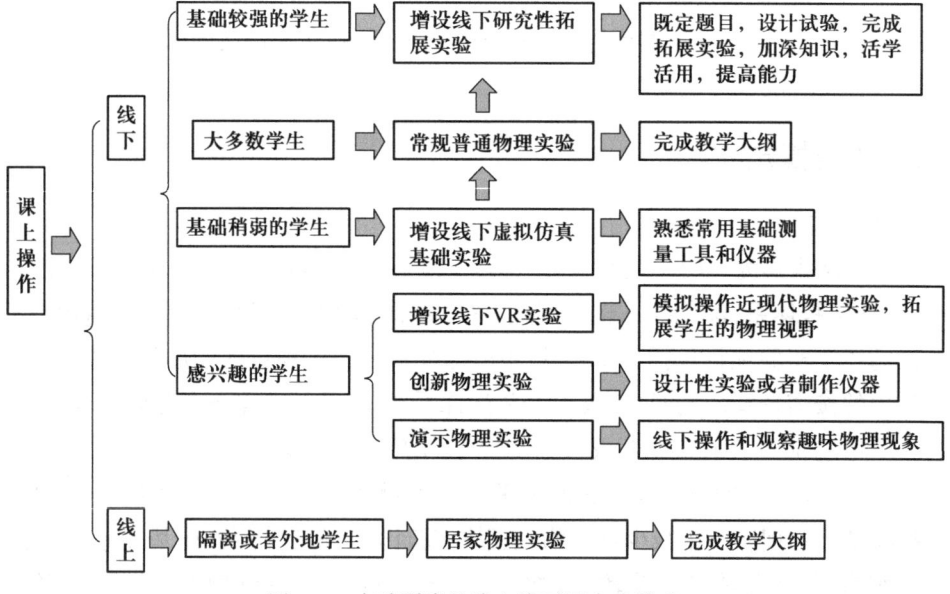

图 5-4 实验课堂的线上线下混合式模式

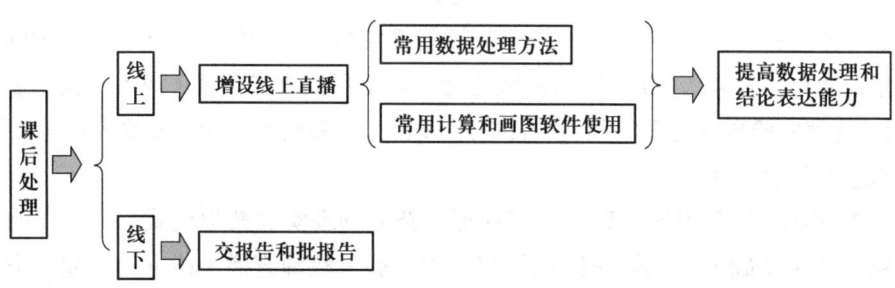

图 5-5 课后的线上线下混合式模式

行"中国大科学工程""物理学前沿""华裔诺贝尔物理学奖"展示,熏陶学生了解中国科学进展。

二、课程建设特色与创新点

(一)凸显航空航天特色、根植空天报国基因,注重培养学生创新精神、实践能力等核心素养

通过物理实验课程改革和教学模式的转变,我校物理实验中心提出在线下教学为主的基础上,试行线上线下混合式教学模式,并将课程思政内容融合到教学之中,基于"基础-综合-设计-创新"四层次五模块开放式课程教学体系的教学模式转变有效地提升了人才培养质量。在课程设计中,突出对航空航天人才的培养,增加具有航空属性的实体实验项目,增加具有航空航天特色的VR虚拟仿真实验项目。

大学物理实验课程于2020年获评国家级一流本科课程。其中,全息照相虚拟仿真实验于2021年获评省一流虚拟仿真项目。

我们组织开展的校级选修课"创新性物理实验"提升了学生实践动手能力,近三年我校学生获得大学生创新项目相关奖项近20项,获得国家级实验竞赛一等奖2项,二等奖7项,三等奖4项及多个省级奖项。

(二)实验课程深度融合现代信息技术手段,提升教学质量和育人效果

改革教学模式、更新教学理念,利用现代信息技术手段,采用超星学习通、中国大学MOOC、辽宁省跨校修读课程等平台系统,不断推进现代信息技术与教学深度融合,积极引导学生进行探究式和个性化学习,打造混合式课程教学模式。构建课内与课外相结合、线上与线下相结合、知识与能力素质培养相结合的混合式教学模式。课程采用更加科学的形成性、过程性、多元化评价考核方式,增加课程学习的挑战度。大学物理实验录制了全部45个实验讲授视频,在超星平台、"学习强国"等平台共享开放,供我校和其他高校学生、物理爱好者免费学习。合理利用虚拟仿真技术手段,依托省级虚拟仿真教学示范中心,借助省级一流虚拟仿真课程,实现"虚实结合"教学,提升教学效果。

(三)数字化教材全方位助力实践教学质量提升

我校理学院物理实验中心编写的《大学物理实验教程》于2019年在高等教育出版社出版。该教材较为超前地采用二维码方式编写实验类教材的模式,在我校是第一本采用数字化编写出版的实践类教材。该教材于2021年获评辽宁省优秀教材。该教材融合了34个实验教学视频和22个实验教学资料,对实践教学质量的提升效果明显,学生的优良率稳步增加,优秀率大幅度提升。之后由东北大学出版社出版的《中级物理实验》受到应用物理专业学生的好评,学生学习效果大幅度提升。

同时,通过体系化的教材规划和设计,让物理实验中心全体教师将物理实验教学具体化、系统化,极大地提升了教师能力。通过对实验项目的深入了解,将重点、难点理清,便于

撰写教材。教材的编写有利于教师团队的整体发展,增强团队凝聚力,在编写过程中,团队成员互相沟通,就实验内容进行讨论,取长补短,本教学团队获得校优秀教学团队称号,有1位团队成员获评辽宁省教学名师,团队成员共获辽宁省物理实验讲课比赛二等奖2项、三等奖1项。

三、课程应用成效

(一)助力实践课程体系延伸,学生成果显著

通过物理实验教学,大大提高了学生的实践动手能力,学生充分提高自身的创新能力和实践能力。同时,我们开设创新性物理实验课程,并依托中心建设学生俱乐部,成果显著。2020年学生首次参加全国大学生物理实验竞赛获得国家级一等奖2项,二等奖2项;2021年获国家级二等奖5项,三等奖3项,同时获得43项省级奖项。2020年理学院物理类大创项目申请29项,其中21项和物理实验及装置相关;2021年理学院物理类大创项目申请23项,其中19项和物理实验及装置相关。

(二)校校联合、应用广泛,辐射示范作用效果明显

物理实验中心的课程建设和系统化实验教材的编写也受到同行的一致好评。本中心将联合东北大学、沈阳工业大学开展校校联合实验教学。

(三)拓宽思路,开展校企协同育人,建设协同育人基地

以学校和学院平台为基石,物理实验中心积极联合企业开展协同育人工作,分别和武汉光驰公司、四川世纪中科公司开展产学合作协同育人项目,并同卡西欧公司建立联合育人基地,发挥物理实验课程对应用型人才培养的重要作用。

课程团队

课程负责人:徐世峰,沈阳航空航天大学应用技术学院院长,教授,辽宁省教学名师,主要从事物理类课程教学及改革、先进磁性材料和燃料电池方面的研究。

团队成员:徐世峰、王珩、孙景超、徐丹、栾玉国。

案例6：电工电子实验系列课程
哈尔滨工业大学

一、课程内容简介

哈尔滨工业大学（以下简称"哈工大"）"电工电子实验系列课程"是每年面向全校电气、控制等电类与机械、材料等非电类的35个专业，3 000余名学生开设的实验课程，课程由电路实验、模拟电子技术实验、数字电子技术实验、电工学实验等15门实验组成，每门实验面向各个专业不同的学科特点和需求。课程的教材是由课程团队教师建设的系列教材。每门实验由6~12个不同的实验项目组成，每个实验项目3学时。

（一）课程的建设发展历程

哈工大"电路""电工学""电子技术"课程始建于20世纪50年代，由俞大光院士、马大猷院士、周长源教授、秦曾煌教授等知名学者创建。学校的校训"规格严格、功夫到家"就出自电工电子实验室。2006年，为了改革电工电子实践教学体系，加强实验教学地位，优化教学资源，学校将电工电子实验从理论课程中分离出来，整合成单独设课的"电工电子实验系列课程"，对其进行更为深入的建设。系列课程先后被评为"国家精品课程"（2010，吴建强）、"国家级精品资源共享课"（2016，吴建强）、"国家级一流本科课程"（2020，李琰）。

（二）课程与教学改革要解决的重点问题

随着时代的发展，国家急需创新人才来担当改革创新的重任。面向创新人才培养，课程团队基于以学生为中心的教学理念，以培养高素质创新人才为宗旨，结合电工电子领域发展方向，从实验教学平台的先进性和实验内容的高阶性两方面不断完善，努力提高实验课程的挑战度。

（三）本校办学定位与课程目标

哈工大坚持立足航天、服务国防、面向国民经济主战场的办学定位，坚持突出工程实践能力强的人才培养特色，确保学生得到严格的实践能力训练和创新能力的培养。

课程的教学目标是培养学生利用先进的电工电子测量仪器，通过科学实验，进行验证、研究与探索。使其电路分析设计能力得到有效提升，逐步具有应用先进工具解决工程实际问题的能力。提高学生知识拓展和探究的综合能力，为后期的学习、研究、工程实践与科技创新奠定实验、实践基础。使学生在通过电工电子实验过程获得知识、方法和技能的同时，养成勤奋、求实、创新的学习态度和良好的科学研究习惯，树立理论联系实践的科学世界观和社会责任感。

二、课程建设特色与创新点

电工电子实验系列课程将基础验证型实验、综合设计型实验、自主设计实验、个性化研究型实验有机结合,层层递进。通过全开放、自主学习的实验教学管理,激发学生探索知识、锤炼能力的内驱力。为学生后续专业课学习、课题研究与创新创业奠定坚实的基础。

(一)面向学生自主学习能力培养的全开放实验教学体系

电工电子实验系列课程采用全开放、自主学习的教学模式。全开放是指学生根据教学进度和个人实际情况,自行合理选择实验时间和地点,以自由或预约方式进行实验课程的学习,实现不同专业、年级、班级的学生能够同时在同一实验室进行不同实验内容的学习,极大地提高了实验室资源的利用率,解决了实验挑战度提高与有限学时的矛盾。

课程要求学生自主学习,教师不再对实验内容进行传统课堂形式的讲解。为此,课程团队制作了类型多样、制作精细的数字化资源,学生根据这些资源进行自主学习。在实验过程中,让学生独立思考、解决问题,教师由指导变为引导,由讲授变为启发,学生成为学习的主体,教师成为学习的帮促者,引导学生通过独立分析、探索、质疑、实践等方法来实现教学目标。

丰富完备的数字化教学资源(如图6-1所示),改善和拓宽了学生自主学习的条件,增强了学生的兴趣,实现了从"以教为主"到"以学为主"观念的转变。课程团队设计研发了面向全开放的教学管理信息平台,对教学过程与质量进行全方位管理。

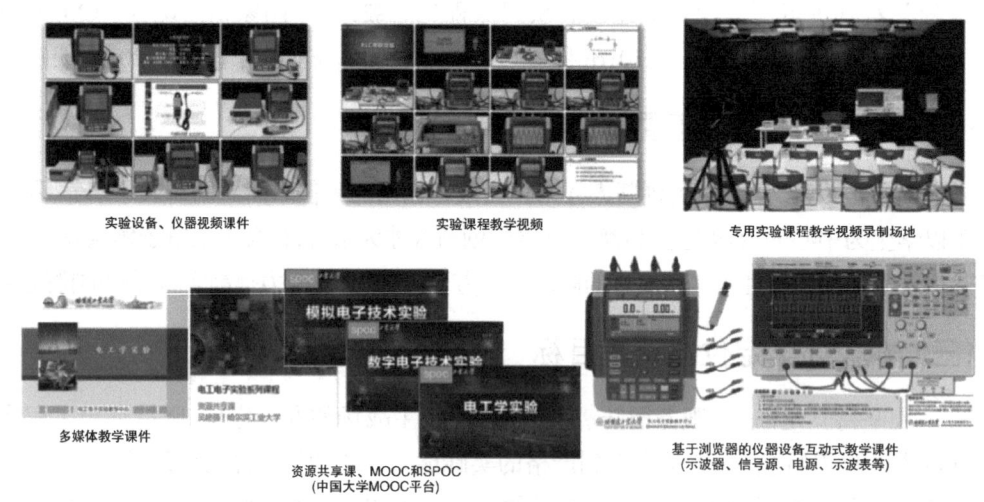

图6-1 电工电子实验教学数字化教学资源

(二)支撑实验课程的电工电子实验教学平台建设

按照"整合优势,集中建设,资源共享"的原则,建设电工电子实验教学平台,打破电类与非电类专业、多学时与少学时、课程与课程之间的界限;瞄准学科前沿技术,建设了8个校企联合实验室,部分实验室如图 6-2 所示。使学生能够在高水平实验教学平台上进行线下实验,全面提升电工电子实验教学成效。

图 6-2　校企联合实验室

全面采用更有利于学生进行自主设计实验的模块化实验装置,如图 6-3 所示。此类装置使用灵活,易于维护,学生可以根据电路的规模进行任意扩展,有利于提高实验内容的创新性。

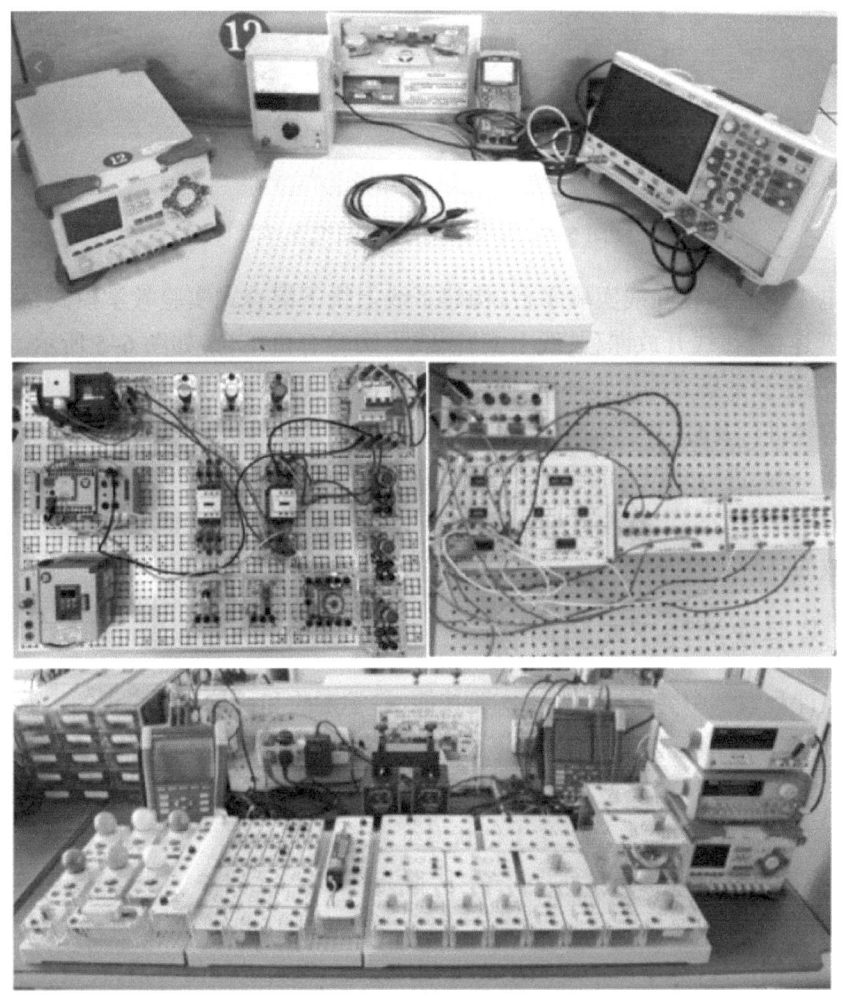

图 6-3　模块化实验装置

（三）电工电子远程在线实验教学平台和线上线下混合式教学模式

在电工电子远程在线实验平台上，学生通过模拟真实实验平台的虚拟操作界面，借助互联网技术远程完成实验电路的搭建，操控真实的实验仪器，获取真实的实验数据，如图6-4所示。专家系统实时判断学生连线是否正确、参数配置是否得当，给出必要的错误提示与参考提醒，避免学生因为随意操作损坏设备。同时，还可以帮助学生快速地学会仪器使用，更好地理解知识点，提高实验兴趣和预习成效。

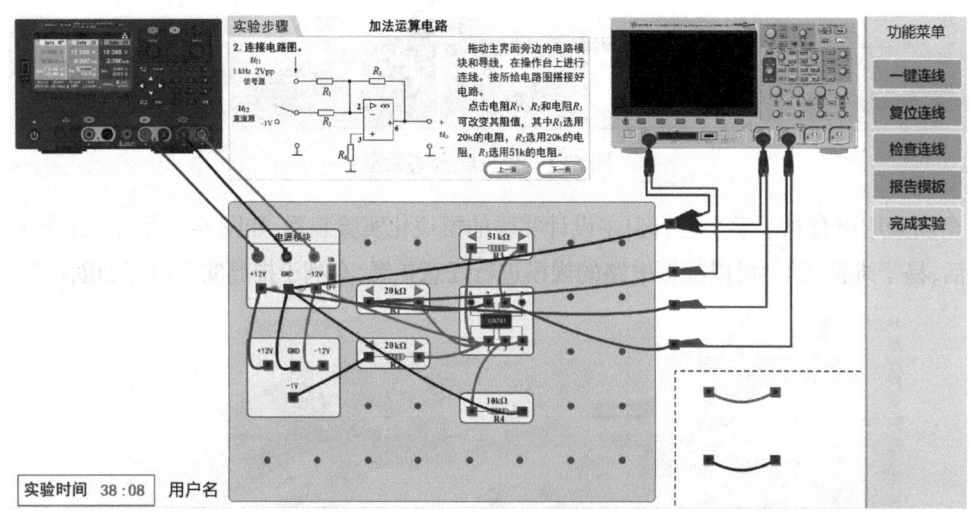

图6-4　远程在线实验人机交互界面

基于电工电子远程在线实验平台，构建了线上线下混合式实验教学模式，将理论课与实验课无缝连接，在线开放课程、线上实验、线下实验有机结合，如图6-5所示。在理论课堂上，将无法在教室搭建的实验环境，通过互联网技术，远程在线展示给学生，学生可以对所学理论课内容进行及时，甚至实时的实验验证；课下，通过开放管理系统，学生可以获取独享的远程教学资源，进行知识点的验证和实验基本技能的预习。通过线上实验，学生对实验对象、实验技能、实验仪器设备等都有足够的学习和掌握。到线下实验室，学生则可进行更有创新和挑战的高阶实验内容。

（四）多层次的线下实验内容

在实验课程教学中突出学生基本实验技能、科学素质和科学创新意识的培养，将科研成果、日常应用与实验项目紧密结合，开设了多层次的实验内容，具体如下。

（1）基本实验：包括验证型实验、设计型实验、综合型实验。其中设计型、综合型实验占比90%。充分开阔学生视野，启发学生创新思维。

（2）自主设计实验和探究型实践：学生从查资料、选择元器件、构思实验电路与步骤，再到搭建调试电路，直到项目的完成，均独立进行，学生在项目的研究、策划、实现、总结过程中发挥自主性和创造性，在学习中逐渐形成批判性思维、追新求异的习惯，在自主实践中展现探究和创新能力。

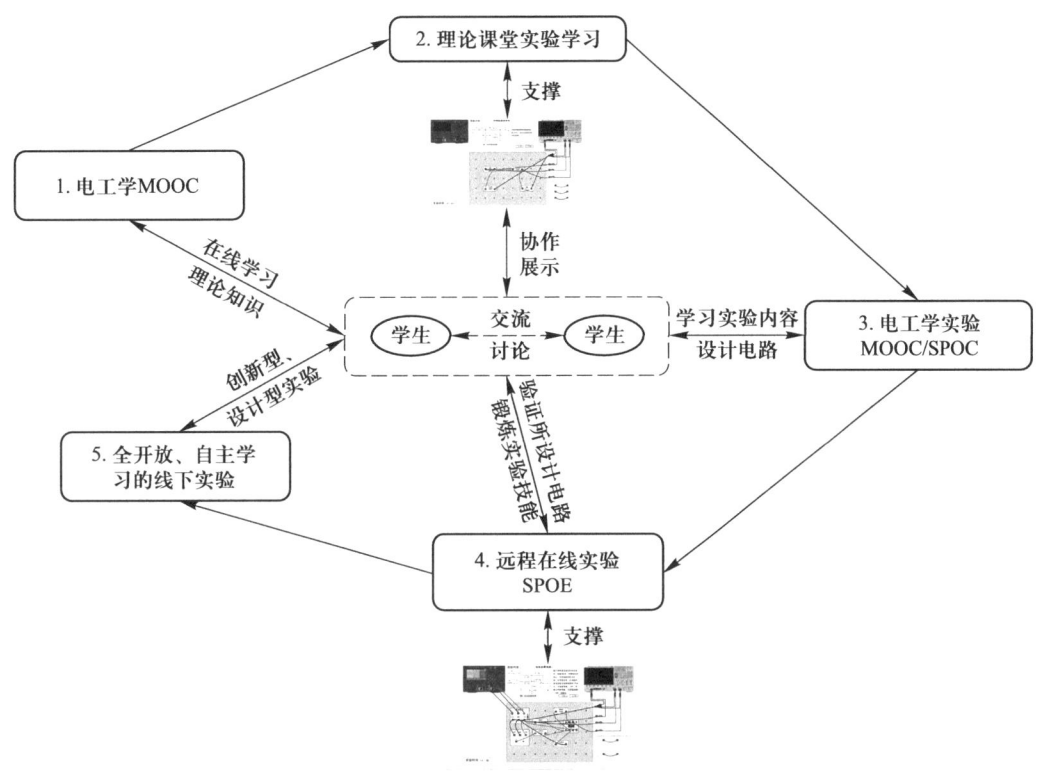

图 6-5 "以学生中心"的线上线下混合式实验教学模式

(3) 基于项目的研究型实验:将科研成果、工程实践和学科竞赛引入实验教学中,开发出 20 余个研究型实验项目。培养学生创新设计能力,科学研究能力与综合应用新技术、新器件的能力。

(五) 完善的信息化管理平台和优质的数字化课程资源

开发了与全开放实验教学需求相匹配的实验教学管理信息平台,同时支持学时累计的自由模式全开放管理、预约模式全开放管理和课外全开放管理三种形式。教师评分情况分析、工作量计算、学生预习考核等丰富的信息化辅助教学功能,方便形成教学运行大数据,对学习过程进行全过程信息化管理,保障学习成效。

建设了丰富的信息化课程资源。制作实验教学课件 130 个、仪器仪表使用方法和实验教学视频课件 260 个、预习考核题目 2 250 道、远程在线实验教学项目 20 个。

(六) 实验课程考核机制和学生主动参与实验学习的激励机制

(1) 电工电子实验系列课程建立了多段式、多方位实验考核体系。

(2) 建设了内容丰富的学生主动参与实验教学的优秀免试激励机制。

(3) 通过举办专题讲座的形式激发学生主动学习实验知识的热情,邀请国际、国内知名企业的高级管理人员和研发技术人员,来我校进行专题讲座,与实际工程应用联系紧密,提高学生学习兴趣。

（七）课程思政建设

基于培养德才兼备的高素质创新人才培养要求和实验课程目标，结合电工电子实验课程教学自身特点，落实高校"立德树人"的根本任务，将理想信念、爱国情怀、社会责任、职业素养和工匠精神等思政元素融入实验教学全过程中，引导学生求真务实、刻苦钻研、甘于奉献、勇于担当的科学精神，探索出一套面向实验课程的思政教学体系。

三、课程应用成效

自电工电子实验系列课程整合建设以来，取得了丰硕成果，具体如下。

1. 每年面向哈尔滨工业大学35个专业，3 000余名学生开设；近5年，课程团队指导大学生创新创业训练计划项目182项，其中国家级立项22项，省级立项27项。

2. 课程团队获国家级教学成果一等奖1项，省级教学成果一等奖3项，获批省级虚拟仿真实验教学项目1项，课程团队是黑龙江省课程思政教学团队。

3. 课程建设以来，先后与机械工业出版社、电子工业出版社、高等教育出版社合作，累计出版教材12本。其中有5本新形态实验教材，由高等教育出版社于2018—2020年陆续出版发行，有力支撑了电工电子实验系列课程的教学工作。

4. 课程的改革发展也推动了课程团队教师教学能力的提升，近5年，课程团队教师获得全国高校教师教学创新大赛金奖、全国高校工程应用技术大赛一等奖等18个奖项。

5. 所建设的全开放、自主学习的实验教学模式和支撑该模式的全开放实验教学管理信息平台，先后被武汉理工大学、长安大学、齐齐哈尔大学、湖北汽车工业学院等11个兄弟院校的实验中心复制使用，受到了师生们的好评，取得了优良的教学效果；全开放的实验教学模式也被大连理工大学、哈尔滨工程大学等6所高校参考使用。

6. 课程的建设吸引了大量国内兄弟院校教师和相关企业专家的参观、考察。近5年，累计接待包括浙江大学、上海交通大学、武汉大学、西安交通大学、天津大学、东南大学、重庆大学等双一流高校在内的百余所高校400余名教师的参观访问，受到了国内知名学者、业内专家的一致肯定和赞许。

7. 近5年，课程团队成员在名师大讲堂、新时代高校电子电气教学改革与创新研讨会等国内、地区各类相关领域会议做特邀报告介绍课程相关改革近30次，起到了很好的示范辐射作用。

8. 课程的改革建设成果先后被中国教育在线、青塔公众号、黑龙江日报、哈工大强国号等媒体宣传报道。

课程团队

课程负责人：李琰，哈尔滨工业大学教授级高级工程师，电工电子国家级实验教学示范中心常务副主任。主要研究方向为电力电子与电力传动，智能控制，太阳能、风能等新能源应用等。

团队成员：王淑娟、吴建强、王猛、刘东梅、廉玉欣、原桂彬、王晓媛、王宇红、史庚苏、侯云鹏、崔振、侯博雅、刘宁滨、刘伟。

案例 7：基于 ESP 虚拟病人的气胸临床前整合实验教学
山西医科大学

一、课程内容简介

本课程利用 ESP 虚拟病人创建标准化气胸模型，同时结合虚拟动物和实体动物实验，采用虚实结合、循序渐进和多学科综合的教学方法。该方法充分利用不同教学模式的优点，从气胸的基础理论知识到实验室的规范化操作技能及临床的标准化治疗流程，通过生动形象的动画演示、结合多元化和过程化的考核评价体系，既提高了学生学习的积极主动性、助其建立多学科间的逻辑思维方式，也激发了教师的创新和执教能力。

二、课程建设特色与创新点

机能学实验是基础医学的一门重要学科，是医学院校学生从基础到临床的桥梁课程。基于生理驱动的标准化虚拟仿真病人（electronic standardized patient，ESP）是一套智能虚拟标准化病人教学系统。该系统最主要的特色是在一定程度上虚拟临床情境，给学生提供一个模拟度很高的病人模型和人体病理学器官系统，需要学生将所学的知识经过思考进行综合应用。基于对虚拟病人的诊断评估和治疗，可有望实现对动物验证实验的临床拓展，有效衔接基础和临床，有助于训练学生的临床思维。

（一）教学目标及方法

以 ESP 虚拟病人为操作对象，模拟临床气胸患者的典型临床表现、微循环改变、重要器官的血液灌流变化等；观察病人生理指标、血流动力学、微循环等的变化。模块"病情评估"通过人机对话完成病历采集工作；模块"抢救措施"首先选择封闭胸壁创口，进而选择吸氧，并设置参数；还可从选项面板中选择输液、输血及胸腔闭式引流等其他治疗方法；模块"电子病例"，学习和了解病历的结构和书写规范；模块"呼吸动力学"，观察开放性气胸的病生机制及病程；模块"微循环灌流"，观察开放性气胸时造成的缺氧；"案例考核"模块，完成相关测试。系统将自动记录每位学生的访问信息、每次操作和考核的结果。通过系统的操作结果反馈，使学生在学习开放性气胸相关基础知识的同时，掌握气胸的病因、发病机制、临床表现、诊断及其抢救治疗原则，并观察所选抢救措施的有效性。

（二）教学评价

好的课程考核评价体系不仅能提高学生学习的积极性和主动性，同时还能激发学生创新能力和教师的执教能力，是实现人才培养目标的重要保障。本实验教学项目考核体系由理论模块、实体动物实验模块和虚拟实验模块组合而成，是对传统单一化考核方式的有效突破，是兼顾知识、能力和技能的多元化、过程化考核模式的具体实践。在该考核体系中，实体动物实验部分，由教师在实验过程中观察操作的规范化程度、熟练度、团队配合水平等进行打分；虚拟动物实验和ESP虚拟病人部分，由系统对学生的操作进行记录打分；理论模块考试成绩具有较强的客观性和可靠性。

（三）教学反馈

学习结束后，学生根据选题书写《虚拟仿真实验问卷》并回收，其中，80.9%的学生认为，ESP虚拟仿真课程适合于教学，主要体现在以下几方面：① 学会了在学习中提出问题、解决问题，在解决问题中去获得知识，通过自己思考得到的知识，印象会更深刻，用起来也会更熟练，更容易将知识融会贯通。所以，ESP虚拟仿真课程起到了事半功倍的效果；② 不拘泥于课本上的文字表述，让知识立体化，便于学生理解。另外有10.9%的同学认为：ESP虚拟课程不能真正动手操作；人文关怀不能充分体现。

三、课程应用成效

本课程自上线以来，一直免费向各高等院校开放，并在线免费提供咨询服务，为广大师生更好地运用课程提供保障，目前共有10余所医学院校在教学中开展运用该课程。

2021年，本课程在原有模块的基础上，新增张力性气胸模块，并通过学校e教学平台开放，目前使用正常。

2022年春季学期，教务处将该课程和其他相关课程整合为一门虚拟仿真选修课，受到了同学们的一致好评。

截至2022年6月，该课程的关注度为42 875人次，实验空间数据显示，该课程在应用评价方面，人气指数和互动指数均排名第三。

课程团队

课程负责人：王晓晖，山西医科大学，基础医学院副院长，教授，博士生导师，主要研究方向为神经退行性变的昼夜节律机制。

团队成员：郭建红、杨艳萍、张迪、刘福、梁月琴。

案例8：大跨预应力空间索结构性能分析与监测虚拟仿真实验

东南大学

一、课程内容简介

预应力空间结构是衡量一个国家建筑科学技术水平的重要标志，然而鉴于大跨空间结构占地面积大、实体实验成本高、破坏性实验极具危险、实验周期长等一系列因素，学生实验必须依托虚拟仿真技术开展。"大跨预应力空间索结构性能分析与监测虚拟仿真实验"课程基于模型试验与工程实践，遵循从"简单到复杂→构件到结构→平面到空间"的认知规律，精心设计了"源于生活的体验模块→规律研究的探究模块→工程实践的应用模块"三层次递进式实验模块，分别以"古筝琴弦""单根拉索""平面双向索网""空间双向索网""大型工程结构"为实验对象，通过参数设计，利用虚拟技术开发，旨在考查索结构在"几何态-成形态-荷载态"三个状态（简称"三状态"）下的性能（如图8-1所示），总结相关规律。

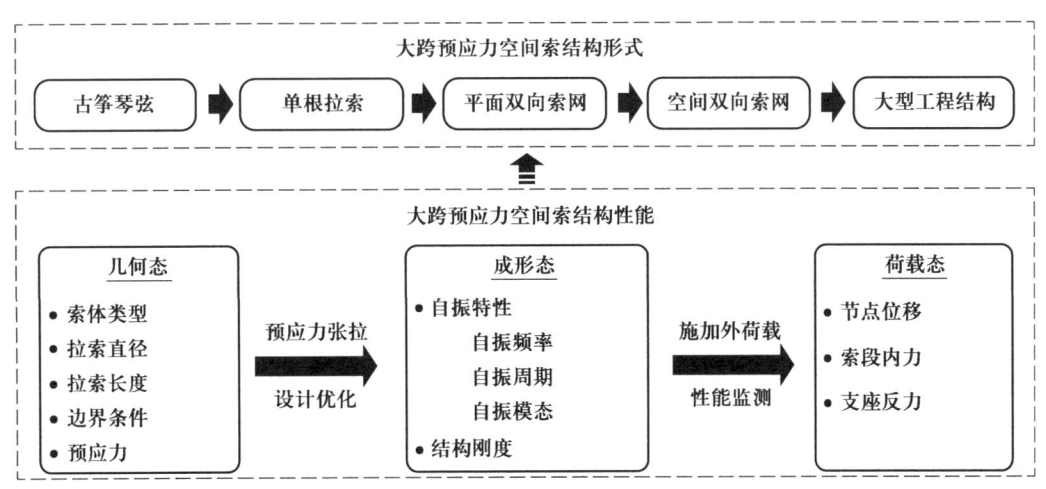

图8-1 课程实验原理

本虚拟仿真实验课程总体采用"三阶段-三层次"的设计思路（如图8-2所示），让学生在虚拟实验环境中掌握大跨空间结构"几何态-成形态-荷载态"三个状态的力学性能，总结相关规律，并了解大型索网工程结构的风致效应及力学性能健康监测过程。为实现教学目标，让学生充分掌握相关知识，采用自主式学习、互动式、团队合作式和问题探究式等多种教学方法实现上述功能，体现了以学生为中心的实验教学理念。

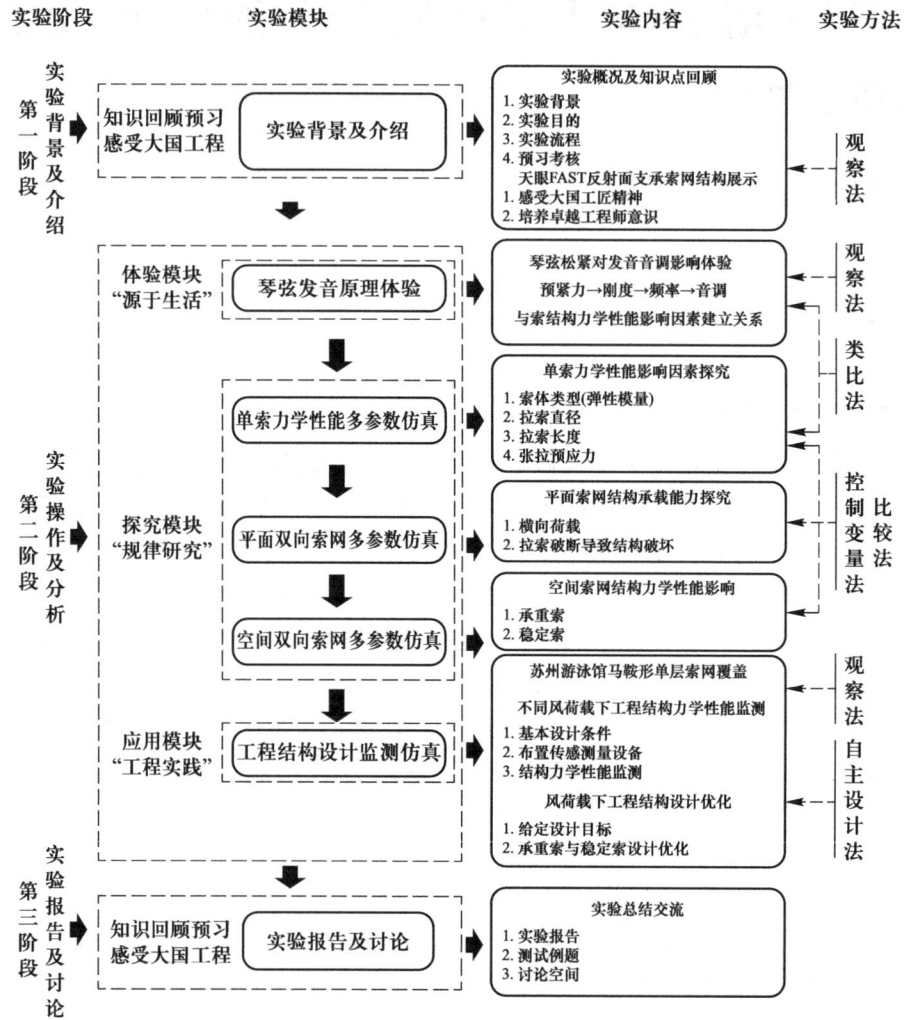

图 8-2 课程实验架构及教学方法实施图

二、课程建设特色与创新点

(一) 实验方案设计思路创新

预应力拉索设计对于空间索结构至关重要,且该体系为风敏感结构,进行风荷载下索结构的受力性能、破坏机理、结构性能健康监测等研究,对于保障强风甚至台风作用下的结构安全性具有重要意义。本课程以学生为中心,构思"体验-探究-应用"三层次递进式实验模块(如图 8-3 至图 8-5 所示)。课程注重对学生社会责任感、创新精神、实践能力、终身学习能力的综合培养,注重知识传授、能力培养、素质提高的协同实施,按照学生知识、能力的训练要求由浅入深,循序渐进。结合工程中出现的重大安全事故,课程在虚拟仿真中构建了因不合理的拉索设计导致结构破坏甚至倒塌的实验环节,通过理论与实验融合的教育教学活动,成功地将社会责任、职业道德、工程伦理等德育要素植入实验教学项目。通过实验团队承担的重大工程建设项目,课程团队累积了大量工程实践数据与素材。让学生接触苏州游泳馆马鞍形双曲索网屋盖的百米级大型工程、天眼FAST的超大跨度(500 m)索网结构等学科前沿与最新成果,丰富了实验教学内容,提升了学生工程实践能力,实现了前沿科研成果反哺实验实践教学的目的。通过研究型、创新型实践教学,调动了学生参与实验项目的积极性和主动性,激发学生的学习兴趣和潜能,增强了学生创新创造能力。

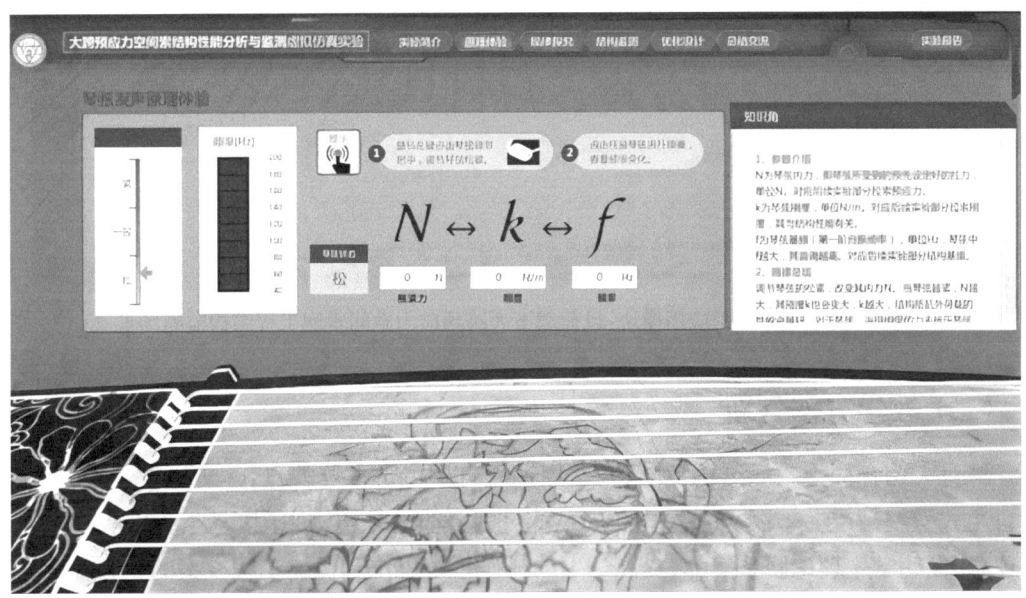

图8-3 "源于生活"体验模块:古筝琴弦松紧调节场景

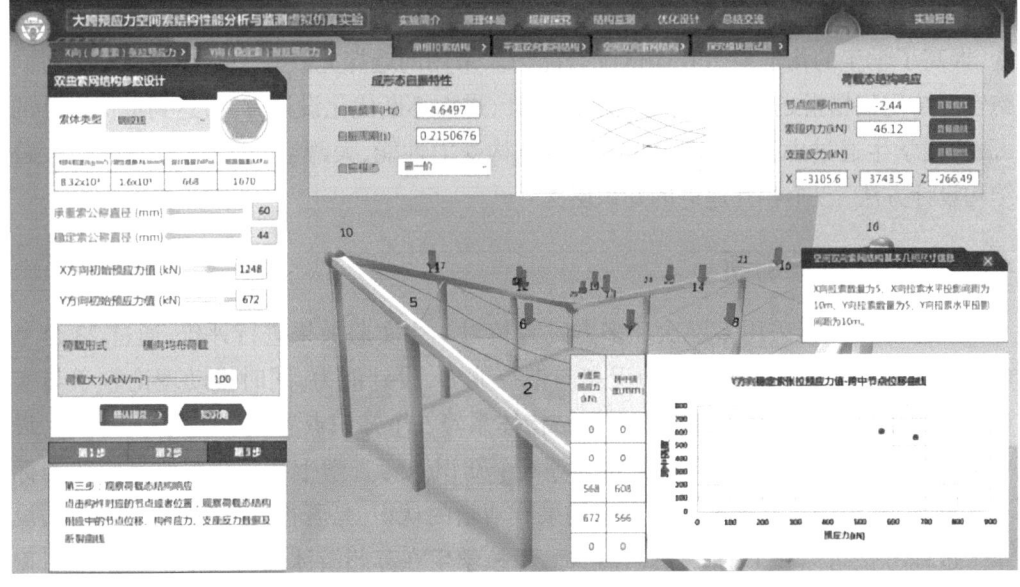

图8-4 "规律研究"探究模块:空间索网结构性能分析场景

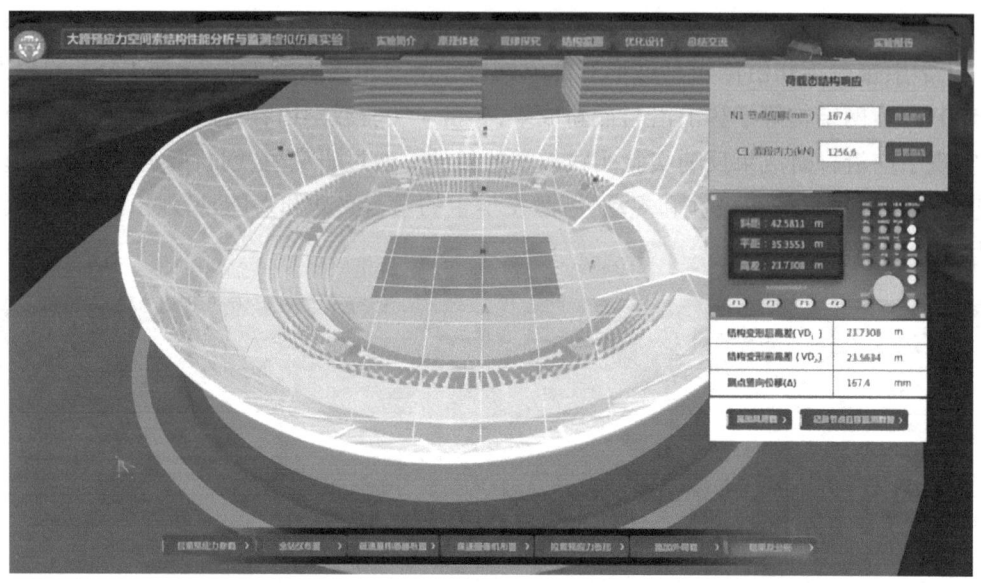

图 8-5 "工程实践"应用模块：风荷载下大跨预应力空间索网工程结构监测场景

（二）教学方法创新

针对大跨预应力空间结构危险性大、周期长且不可重复等特点，在实验教学过程中，采用自主式学习、互动式、团队合作式和问题探究式教学方法，体现了以学生为中心的实验教学理念，促使学生理论联系实际，提高学生的科研系统思维和优化工程方案的能力。通过自主式学习和互动式教学方法，让学生亲身参与大跨空间结构设计实验，改变传统教学中"重理论讲授、轻过程分析"的不足。采用团队合作式教学方法可以引导学生自主、开放性提出大跨空间结构设计的总体要求、特色要求，并采用团队合作的方式对上述各种相关参数进行改变，提高了学生的沟通能力和团队配合能力。采用问题探究式教学方法允许学生对同一大跨空间结构根据指定目标进行反复多次设计，进而不断优化设计方案，达到最优设计的目的，最终使学生通过虚拟仿真实验掌握"索结构受力性能、大跨空间结构受力性能、大跨空间结构设计方法"三个相互递进的知识层次。

（三）评价体系创新

本虚拟仿真课程采用多层次和多方式考核对学生实验效果进行评价，通过23个考核点的细化评价，全面考查学生的知识点与把控能力、设计能力，同时推动理论教学与实验设计互促优化。项目设计了预应力空间结构体系等5个知识点考查学生的知识储备，设计了7个过程考核指标和索结构自振频率等6个知识点考查学生在探究模块是否按照标准流程进行实验、是否对实验现象和实验结果有清晰的认识、是否得到准确的实验结论，设计了4个过程考核指标和1个工程设计指标，考核学生在苏州游泳馆马鞍形单层索网屋盖设计与监测实验中的实验效果，判断学生是否真正掌握大跨空间索结构设计与监测的相关知识。

（四）对传统教学的延伸与拓展

从传统教学索网结构到 FAST、苏州奥体中心场馆等国家重大工程体现了实验内容的延伸，将知识传授延伸到互动探究式教学体现了教学方法的拓展，从给定实验拓展到问题引导和规律探究体现了实验方法的拓展。土木工程专业具有工程实践性强的特点，因而相关专业基础课和专业课对实践教学要求较高。然而，大跨空间索结构设计与建造周期长、成本高、不具备重复性，土木工程实验室完全不具备试验能力，无法通过在传统实体实验室中开展教学试验，使得课堂理论教学与实践教学脱节，造成学生知识理解上的困难，从而弱化了教学效果。本课程采用虚拟仿真的方式进行大跨空间索结构设计与建造实践教学，是学科发展的必然趋势。该课程结合传统实验室的风洞等设备，为"大跨空间结构""工程结构设计原理""结构体系创新与实践"和"土木工程施工"等课程提供了丰富的素材，全方位提高了相关课程实践教学的水平。此外，该课程与苏州奥体中心游泳馆等实际工程项目相结合，内容新颖，可以极大提高学生的学习兴趣。同时，本课程突破了传统实验在时间、空间上的限制，学生可以随时、随地开展实验。

三、课程应用成效

本课程获评首批国家级虚拟仿真实验教学一流课程、虚拟仿真实验教学创新联盟实验教学应用示范课程，被纳入全国首个虚仿建设指导性文件《土木类虚拟仿真实验教学课程建设指南》。课程已纳入学校土木工程专业人才培养方案，目前累计培养本校学生超过 800 人。通过本课程学习，学生得到充分锻炼，参与美国 ASCE 土木工程大学生竞赛、国际大学生高速铁路建造技术模拟邀请赛、全国大学生结构设计竞赛、全国高校学生钢结构创新竞赛等国际或国家级竞赛，累计获得奖项 50 余项。

团队联合同济大学、浙江大学等 30 余所高校、高等教育出版社等单位，牵头共建首批"土木类专业虚拟仿真实验教学改革虚拟教研室"，结合"实验教学西部行"，联合西藏大学、青海大学、兰州理工大学、内蒙古科技大学等 10 余所西部高校，牵头建设土木类专业线上实验室。依托探索建设的跨校共建"智能+"时代新型基层教学组织，本课程得到了广泛推广和共享应用，成效显著。

(1) 依托实验空间取得应用效果。截至目前，线上浏览量已达 37 000 余人次，7 436 人次完成实验，校外用户 5 380 人，实验通过率 77.2%，共享应用学校包括三峡学院、兰州理工大学、西藏民族大学等 30 多所高校。在 2020 年实验空间统计的新冠疫情期间跨校使用排行榜中，本课程排名第 9，取得了良好应用效果。同时也是实验空间智能实验室虚拟仿真实验线上课程"工程结构抗震与防灾虚拟仿真实验"的组成部分，已开课 4 次，选课人数超过 200 人。

(2) 依托江苏省土木建筑虚拟仿真实验教学共享平台推广应用。面向南京航空航天大学、河海大学、南京林业大学等江苏省高校开放，已服务相关高校学生超过 3 000 人。课程被江苏省教育厅列入江苏省高等学校虚拟仿真实验教学共享平台虚拟仿真实验教学项目推荐名单。

(3) 针对社会人员,通过科普的形式推广实施。依托东南大学省级抗震防灾科普教育宣传示范基地、小小结构师等科普活动,积极推动课程的应用。目前,本课程已经成为东南大学抗震防灾科普教育宣传示范基地的展项之一,向全社会开放。每年接待包括安徽九中、金陵中学、南京师范大学江宁分校等中小学生及社会人员参观50余次、人次数超2 000人。

(4) 依托会议交流推广应用。本课程依托土建学科组国家级实验教学示范中心主任联席会、东南大学土木工程国家级虚拟仿真实验教学中心年度会议、全国高校土木工程学院(系)院长(主任)工作研讨会议、全国高校土木工程专业实践教学研讨会、全国基础力学实验教学研讨会等国内教学领域会议对本课程进行推广共享。

课程团队

课程负责人:陆金钰,东南大学教务处副处长,土木工程学院教授,博士生导师。主要研究方向为新型大跨空间结构、装配式钢结构、智能结构及结构数字化设计。

团队成员:陆金钰、徐伟杰、舒赣平、朱明亮、徐明。

案例9：生物药物重组人干扰素 α2b 注射液生产线虚拟仿真教学

江南大学

一、课程内容简介

"生物药物重组人干扰素 α2b 注射液生产线虚拟仿真教学"课程，立足于新工科背景下创新型制药工程人才培养的需要，以本科教学实验为基础、真实科研项目为蓝本，构建了重组人干扰素 α2b 注射剂生产工艺模拟平台。

本课程实验以"菌种活化—扩种—发酵罐逐级发酵放大—蛋白纯化—冻干制剂—质量评价"为工艺流程主线，涉及工程设计、设备仿真、工艺仿真、厂区漫游、生产操作仿真、在线考核6个模块，并以实景操作、故障排除、在线考核、师生互动等新颖的教学模式提高学习效果。通过仿真学习与体验，学生能够系统掌握药品生产管理规范、岗位实践操作、工程设计、制药设备结构与原理等知识点。本课程提供在线考核功能，系统完成实验操作可获得该门课程的总评成绩，教师可通过分析学生的成绩，了解学生是否掌握解决复杂工程问题的方法。

二、课程建设特色与创新点

重组蛋白药物是利用基因工程和细胞工程等核心技术进行生产的重要生物药类别，重组干扰素是最具代表性的品种之一。随着我国生物制药产业的高速发展，迫切需要具有生物制药技术理论又深入了解生物制药工程与工艺的专业人才。然而，生物制药流程长，设备昂贵，生产线投入大，实践环节多，很难开展全流程的教学实践，且生产企业严格遵守 GMP 的约定，通常不允许组织学生大规模进行实践与实习。针对上述问题，本课程采用虚拟仿真技术，以真实的生物制药生产流程为模板，搭建了适合制药工程专业实践的模拟平台。

本实验项目包括工程设计、设备仿真、工艺仿真、厂区漫游、生产操作仿真、在线考试6个模块，内容特点如下。

1. 典型生物制药工艺 3D 虚拟仿真，可以了解"菌种活化—扩种—发酵培养—分离纯化—制剂冻干—质量评价"的干扰素 α2b 注射剂生产全过程。

2. 典型制药设备 3D 虚拟仿真，包括生物反应器、冷冻干燥设备、分离设备等，使学生能够掌握关键装备的结构、工作原理与操作规范。

3. "真实"再现具体工段的操作规程，如发酵培养基的灭菌、接种、培养、放料、清洗等过程,培养学生的良好的工程素养与规范的执行能力。

4. "嵌入式"生物制药实景教育,模型实践生产过程出现的操作问题或生产异常,通过交互式、启发式学习或考核方式,培养学生解决复杂工程问题的能力。

三、课程应用成效

本虚拟仿真课程结合江南大学生物制药方向的学科优势,基于制药工程专业人才的培养要求,采用虚实结合方式为学生的工程实践与创新能力培养提供新平台。课程特色鲜明、层次清晰、适宜共享、易于扩展,并经过三年多的实践,取得了良好的实践教学效果。

该课程主要面向制药工程、生物工程的本科三、四年级学生。截至 2021 年年底,登录用户 979 名,累计服务超过 2 000 课时。对外开放用户占 74%。本校用户占比 26%,主要作为制药工艺大实验及生产实习等课程的辅助教学手段,实施过程中取得了十分满意的成效,尤其是在新冠疫情特殊状态下,该仿真课程以十分生动的展示方式和良好的获得性、体验感,激发了学生对生物制药的浓厚兴趣。根据用户反馈意见及相关调研情况,本课程具有如下特征。

内容生动、形象直观。将实际的药厂布局、实验设备真实呈现,将难以观察的设备内部结构可视化,对复杂零部件任意位置、任意角度剖切,操作者可以进入虚拟厂区进行实际观察和操作,软件中还设计了故障模拟环节,操作者需要排除故障才可以进入到下一阶段的操作。

避开风险,安全教学。制药工艺中涉及很多大型或危险系数较高的精密实验设备,如高压灭菌容器、蒸汽发生器、大型生物发酵罐、冻干设备、离心设备等,学生操作真实实验设备的机会较少,初学者使用的危险性也较高。将这些设备的控制程序模拟在软件系统中,丰富了学生实践操作内容,包括对发酵罐灭菌、投料、接种、温度、压力、搅拌速度等反应参数的设定,到取样、检测等都能通过软件模拟进行,并能直观地看到各个条件下的运行状态,让学生获得良好的操作体验。

节约教学成本。制药 GMP 车间以及大型设备价格昂贵,并且每批次生产周期长达数周,实验成本极高。通过虚实结合,采用教学小试实验结合计算机模拟中试生产,可以大大节约成本。利用该系统进行辅助教学,可以使学生熟悉操作步骤、预判过程、优化操控参数,可以减少实操过程的失误,降低实验耗损。

解决实践困局。制药企业大都对环境、卫生和安全要求严格,生产过程也日趋集成化、自动化、连续化,学生动手实践的机会越来越少。通过工艺实习实训软件,可以帮助学生更好地理解相关工艺原理、操作环境、过程与控制系统、故障处理、三废处理、生产安全等,增强学生的动手能力、实践能力和工程意识。

由于新冠疫情,实践教学受到很大的影响。虚拟仿真教学平台较好地缓解了实践教学的需求。本课程提供了对生物药物的重组发酵、注射液生产线场景的认识,让学生了解工厂的工艺流程、设备布局以及设备与工艺的整合、工程设计的关键点选择等。

生物制药虚拟仿真实验平台面向相关企业、研究所及各兄弟院校开放,实现教学资源的共享,据不完全统计,课程用户涉及国内十余所高校,为多所高校,尤其是制药工程、生物制药等专业的学生参与实践、学习工程知识提供了一个良好的窗口。

课程团队

课程负责人:史劲松,江南大学教授,从事微生物生化药学研究以及生物制药工艺与工程教学工作。

团队成员:李会、周莹、张晓梅、巩凯、蒋敏、蔡燕飞、张旦旦。

案例 10：银杏嫩枝扦插育苗虚拟仿真实验
南京林业大学

一、课程内容简介

扦插育苗是农林业优良种苗繁殖的一种重要手段,对林木良种繁殖效率和人工林产量等方面起着极其重要的作用。扦插育苗实验是农林院校农学、林学、生物科学和园艺等本科专业的核心实验环节。传统的扦插育苗实验教学,受到周期长(5～6个月)、插穗采集季节、实验设计等因素的限制,不能完成全部的实验内容和步骤。此外,实验中插穗生根过程无法追踪,重复性差,导致实验结果不理想,无法实现实验的教学目标。课程团队秉持以学生为主体的教学理念,按照"能实不虚、虚实互补"的原则,以银杏为材料,构建了银杏嫩枝扦插育苗虚拟仿真实验平台,系统中设置了5大模块、4个环节及17个交互实验操作步骤,再现了银杏嫩枝扦插育苗实验的全过程。

通过银杏嫩枝扦插育苗虚拟仿真实验,学生可以自己设计配制扦插基质、激素配比和环境控制参数,实时追踪该实验设计条件下的插穗生根的动态变化、生根时间和成活率,实验结果实时以场景、图、表等直观形式从系统终端显示出来,通过虚拟仿真实验,不仅可以分析理解各个因素对插穗生根的影响,而且还可以根据反馈结果,进行反复优化实验设计,最终筛选出最佳的扦插基质、激素配比和环境控制参数,并将此设为真实实验中的实验条件,实现虚拟仿真与真实实验教学的虚实有机融合。

（一）实验教学设计

银杏嫩枝扦插育苗虚拟仿真实验平台是以多年银杏嫩枝扦插育苗相关科研成果数据为基础,结合生产实践,通过场景式教学,对银杏嫩枝扦插育苗流程的环节进行参数设计,以逻辑判别和数学模型为基础建立动态实验模型。本虚拟仿真平台通过"虚拟实物仿真＋情景浸入＋激励探究"的方法,设置了4个环节(扦插基质准备、插穗处理、扦插作业、插后管理)、17个实验步骤(如图10-1所示),按照嫩枝扦插育苗程序进行,层层递进,环环相扣,使学生在短时间内系统全面理解和掌握嫩枝扦插育苗的基本知识和技能。同时,设置拓展探究实验,针对实验关键步骤和重要实验因素,放手让学生自主地对实验方案进行个性化设计,从而提高他们的科学研究能力。

（二）实验方法与步骤

就将学生作为主体的虚拟仿真实验教学而言,一定要以能实不虚、虚实结合的方式进行教学。因此,虚拟仿真实验教学的关键是看学生能否充分利用虚拟仿真实验系统的数据库资源。

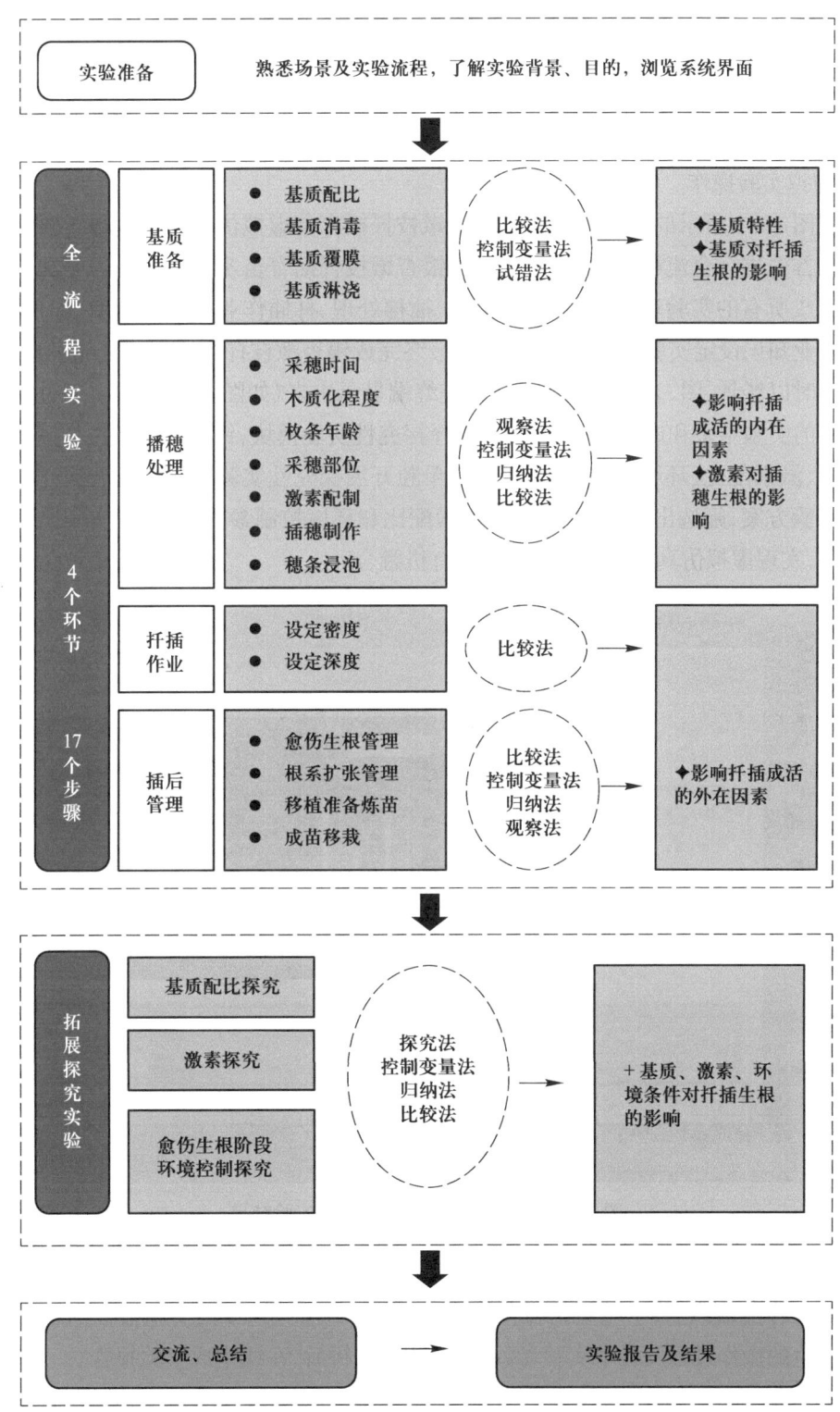

图 10-1 银杏嫩枝扦插育苗虚拟仿真实验流程图

1. 实验准备

学生可利用智能手机或计算机登录虚拟仿真实验平台,输入已经注册的姓名和学号,点击"确定",进入虚拟实验系统操作界面。通过实验平台首页的界面导览、实验简介、实验导航和实验预习自测等模块,熟悉实验场景和实验流程,了解实验的背景及目的,浏览实验界面,完成实验前的预习自测。

2. 虚拟实验操作

按照图10-1所示的操作流程开展银杏嫩枝扦插育苗虚拟仿真的全流程实验和拓展探究实验。首先进行全流程实验,目的是了解银杏嫩枝扦插育苗实验的操作程序和步骤。要求学生完成所有的实验环节(扦插基质准备、插穗处理、扦插作业和插后管理)和步骤,根据自己的专业知识设定实验参数和操作方法,最终完成银杏嫩枝扦插育苗的全部实验过程,实验结果实时以场景、图、表等直观形式从系统终端显示出来(如图10-2所示),通过实验报告了解自己的实验结果和成绩。然后,自主选择探究性实验模块,针对银杏嫩枝扦插育苗中的扦插基质、激素配比、环境参数调控等环节,单独开展探究性实验。可在拓展探究实验中反复设计实验方案,筛选出最佳扦插基质、激素配比和环境控制参数,作为真实实验中的实验控制条件,实现虚拟仿真与真实实验教学的有机融合。

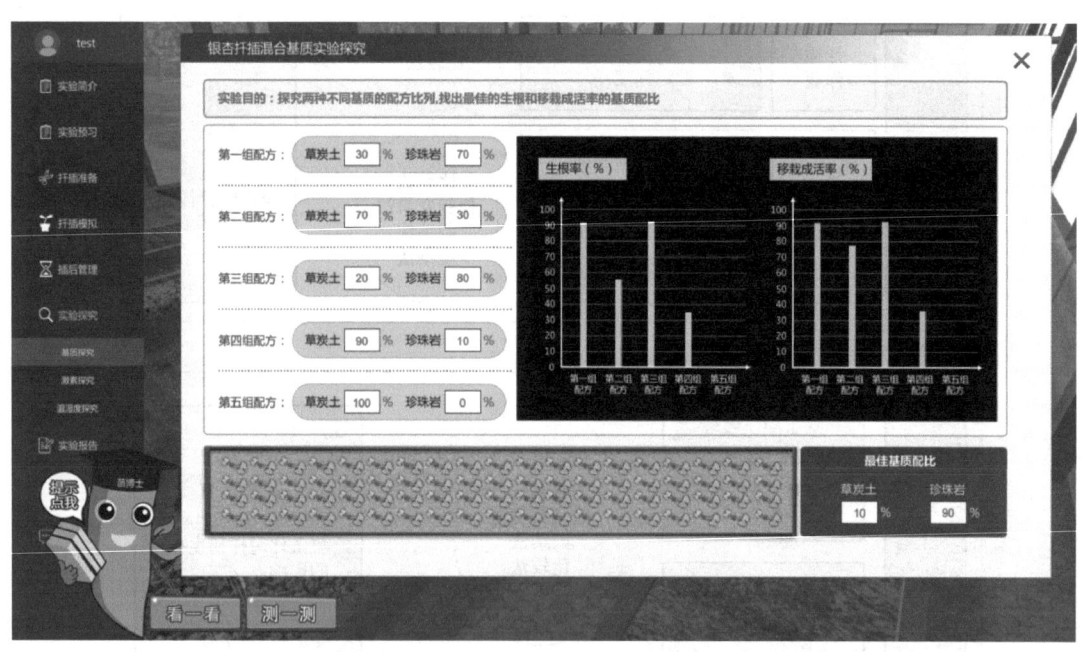

图10-2 优化扦插基质的探究性实验结果

3. 撰写实验报告

实验操作完成以后,学生点击操作界面左侧的一级菜单中的"实验报告"模块,系统自动记录学生的操作过程及各个实验参数,完成数据分析后,在线生成实验报告。

4. 实验综合评价

扦插育苗虚拟仿真实验是基于"能实不虚,虚实互补"的原理设计开发的,所以,相关的考核综合考虑学生两个方面的结果和具体的表现:一是虚拟仿真实验在线的学习;二是实验课堂教学。除了综合分析的能力和实验报告之外，考核的具体内容既包括实验前的预习自测，也包括真实实验中的操作能力。每项考核指标分别赋予一定的权重，最终得出学生的综合评定成绩。对于学生来说，"虚实结合"考核模式有助于培养其自主创新能力。

二、课程建设特色与创新点

（一）以虚补实，实现对传统实验教学的延伸与拓展

本实验突破了传统银杏嫩枝扦插育苗实验教学的时空限制，提高了实验教学效果。银杏嫩枝扦插育苗实验周期长，环境场所要求高，受时空限制，传统的实验教学仅有2~4个学时，开发银杏嫩枝扦插育苗虚拟仿真教学实验平台，有助于在实验教学过程中打破时空限制。而对于探究性实验教学的拓展，提高了学生实验设计的自主性。学生可以通过反复实验优化设计和操作，筛选出最佳的扦插基质、激素配比和环境控制参数，作为真实实验的条件，达到虚拟仿真与真实实验教学的有机结合，这种教学模式使学生在短时间内系统全面地理解和掌握扦插育苗的基本知识和技能，并能培养学生的创新能力。

（二）科研反哺教学，密切联系生产实践

多年来，南京林业大学银杏科研团队取得了多项与扦插育苗有关的科研成果，积累了大量的实验数据，为虚拟仿真平台的开发、建设提供了强大的数据支撑。系统以逻辑判别和数学模型为基础建立动态实验模型，兼具系统性、开放性、互动性、趣味性和容错性。能够体现项目建设的先进性，并与生产实践相结合。

（三）虚实结合，考核体系多元化

虚拟仿真和真实实验操作相结合，如插穗制作以真实实验为主，能实不虚，而扦插基质、激素配比和环境控制参数等环节则重点考核学生的虚拟实验结果和成绩。考核评价不是以成活率最高作为单一指标考核，考核指标多元化，更符合生产实践。此外尽可能突出容错性，允许学生做一些错误的实验处理设计，重点考核其实验操作过程。

（四）提升学生的主观能动性与创造性

系统除设置了全流程实验环节，还设置了探究性实验环节。针对扦插育苗中关键环节，如扦插基质、激素处理、环境调控等，系统设计了单独的实验模块。过去教学中的"老师演+学生仿"或"老师讲+学生做"的模式被打破，转而成为学生在思考中做，自主设计实验方案，通过实验方案的设计，可以有针对性地进行实验，实验结果的反馈又促进了他们进一步思考，培养了其创新能力。通过这种由"实验设计—结果反馈—发现问题—优化实验设计—解决问题"的过程，培养了学生的科学实验思维，拓展了他们的专业知识面，激发了学生学习的主观能动性和创造性。

（五）资源共享，构建学生自主学习与师生互动平台

该虚拟仿真实验平台可容纳 5 000 名学生同时在线学习，仿真还原了真实实验的教学效果，扩大了受益面。学生在充分利用虚拟实验平台的情况下，能够随时开展实验操作。实验课之前，学生可以通过预习自测模块，熟悉实验场景及实验流程，了解实验原理及目的等专业知识，完成实验前的预习自测。实验课之后，可以通过不断地优化实验设计和操作方案，巩固所学专业知识和技能。同时，师生还可以在线互动交流，提高学习的针对性和实效性。借助于实验平台，任课教师可以全面地了解学生对专业知识及技能的掌握情况，为今后实验教学的升级与更新提供参考。

三、课程应用成效

扦插育苗虚拟仿真实验平台秉承"能实不虚、虚实结合"的理念，虚拟仿真再现了扦插育苗的全过程，2019 年已获得"首批国家虚拟仿真实验教学项目"认定，至今，使用该虚拟仿真平台进行扦插育苗实验教学的师生人数已达 2.5 万人次。新冠疫情期间，该平台已经推广到国内的一些农林院校，取得了良好的实验教学效果。

课程团队

课程负责人：汪贵斌，南京林业大学林学院院长、教授，长期从事林学、经济林等专业的教学和科研工作，主要研究方向为经济林培育和木本植物次生代谢。

团队成员：郝明灼、杨万霞、招雪晴、张远兰。

案例 11：新型化学小分子抗脑卒中药物的设计与合成

南京医科大学

一、课程内容简介

（一）概述

本虚拟仿真实验以南京医科大学药学院发表于 *Nature Medicine* 的高水平科研成果为出发点，以"药物设计学"和"有机化学"基础理论为支撑进行开发。在实验中，学生将综合运用有机化学及相关学科的基础知识和基本技能，在 2 学时内，完成化学小分子抗脑卒中药物设计、虚拟活性筛选和典型先导化合物制备与表征的完整过程。

本实验通过内置算法模拟药物设计和筛选的过程，在极短时间内让学生初步感受复杂的药物设计流程，以虚拟仿真技术将复杂抽象的小分子空间结构，以及小分子与蛋白质的相对关系做了形象生动的阐述与展示。本实验利用先进的虚拟现实技术全方位情景化模拟实验场景、实验过程和实验仪器，有效地将教师先进的高水平科研成果引入本科化学实验课程的教学中，有效解决传统有机化学实验课程综合性和前沿性不足的问题，也消除了实体实验过程中存在的各种安全隐患，同时降低了实验成本，解决了大型仪器设备数量不足，个性化教学欠缺的问题；同时，丰富了有机化学合成与结构表征的相关知识，拓宽本科生化学实验教学内容的深度与广度，而且能够增强学生解决复杂科学问题的综合能力和创新能力，极大促进学生的国际化学术视野的提升。

通过本虚拟实验的学习，要求学生能够：掌握基于构效关系的先导化合物设计与优化的原理与方法；掌握席夫碱反应与还原反应的原理及反应方法；掌握有机合成基本技能与操作；熟悉有机小分子的结构表征与解析方法。本实验所需知识点及核心要素仿真度如图 11-1 所示。

（二）实验教学实施过程

整个教学实施过程如图 11-2 所示。

1. 课前

要求学生在课前登录虚拟仿真项目的翻转课堂板块，完成预习。主要包括阅读实验简介，了解脑卒中发病及治疗靶点的背景知识，明确实验目标，并通过查阅辅助资源及其他资料了解实验原理的相关内容，特别是席夫碱反应和常用的各种还原反应的试剂、条件及方法，并就教师提出的预习问题分组展开在线讨论。

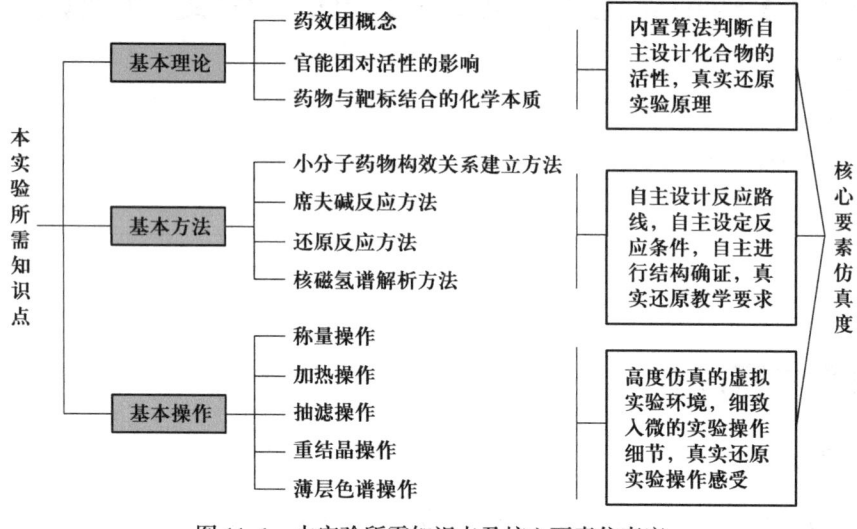

图 11-1 本实验所需知识点及核心要素仿真度

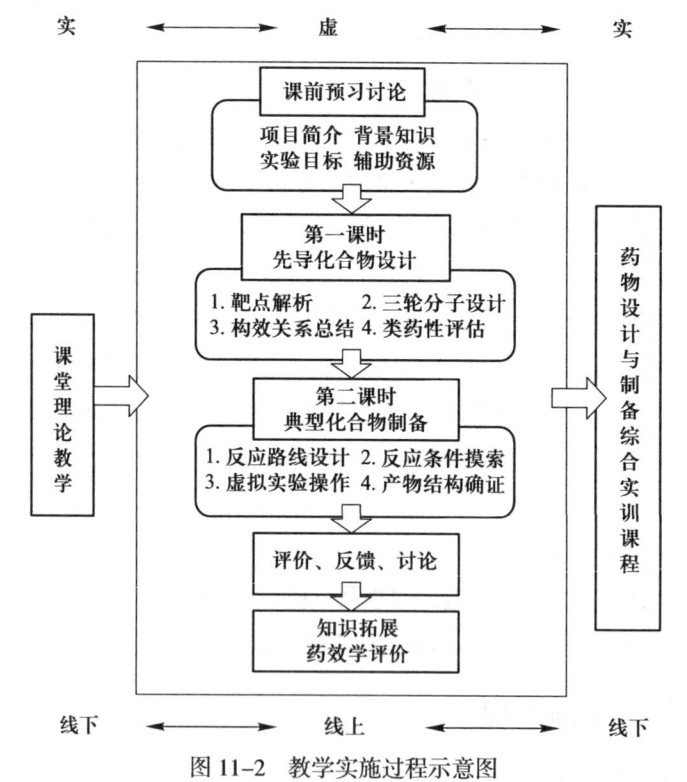

图 11-2 教学实施过程示意图

2. 授课

第一学时:先导化合物设计

进入实验系统,首先熟悉靶点蛋白特征并进行关键位点结构解析。其次,了解黄芩素结构对于分子骨架设计的意义。然后在系统的提示下明确设计方向,并先后进行三轮化合物自主设计。每轮设计所得的化合物都会被内置算法进行评分和预测活性,并给出化合物结构优化方向,最后引导学生设计出最优化合物结构方案。系统将引导学生对化合物进行类药性评价,进一步深入了解有机化合物结构与药物活性直接的联系。

第二学时:典型化合物合成

本模块将虚拟完成上一节课设计的最优结构化合物合成。实验将模拟一个真实的实验室场景,完成两步典型的化合物合成反应。本项内容是一个开放式的设计。学生可以自主设计反应路线(有五种还原方法可以尝试);自主摸索实验条件(反应温度,流动相比例等);学生还可以自主进行化合物结构确证(核磁波谱解析,红外及质谱关键峰识别),通过上述实验可以让学生深刻理解相关反应路线设计的思路,熟练掌握化合物的制备方法和操作流程,完整地进行了一次化合物制备与表征过程。

3. 评价与反馈

实验结束后系统将根据操作按步骤给分,并自动生成评价表。然后学生还将再次进入翻转课堂系统,就评价表给出的扣分环节以及实验中存在的问题进行总结反馈。

4. 知识拓展与项目延伸

本项目同时提供了知识拓展部分,以视频演示的方式展示了利用脑卒中模型大鼠进行药效学评价的全过程,帮助学生初步了解小分子药物活性测量的方法。

作为本项目的延伸,我们还针对高年级学生开设了"药物设计与制备"综合实训课程,将在真实环境下再现本项目的核心内容,使学生充分理解新药设计与合成的核心要素,培养学生的创新药物研发能力。

二、课程建设特色与创新点

(一) 创新实验方案设计思路

在项目设计时,我们力求以学生为中心,努力做到内容精彩,构思巧妙,技术先进,做法灵活,结果可靠,评价客观,素材丰富,技术合适,确保教学内容的基础性、先进性及实用性,使其符合学生的专业培养方案,进一步激发学生的学习兴趣,引导学生自主学习。

1. 在内容选择上,我们按照药学专业的人才培养要求,严格遵循教学大纲要求,尝试将药学基础理论教学与小分子药物设计紧密结合,将科研成果与基础实验有机融合,以高水平科研成果为出发点,以药物化学的基础理论为支撑,进行虚拟实验项目的开发。

2. 在实验构思中,我们选择既能反映科研成果的核心要素,又能密切联系药物化学教学的基本规律的重要知识点设计实验,将有机化合物结构与功能关系与药物设计相联系,将有机反应的训练与活性化合物的制备相结合,设计了一系列具有一定挑战性,同时又具有实用意义的实验项目。

3. 在实验技术上,我们从科研成果中凝练了最新的药物设计理念,融合了有机化学、分析化学、药理学等多门学科,让学生全程体验从药物设计到药物合成的完整过程,使学生充分理解新药设计与合成的核心要素,培养学生的创新药物研发能力。

4. 实验做法灵活多样。本项目可以做到"四个自主":自主设计化合物,自主制定反应路线,自主设定实验条件,自主完成化合物结构确证。在药物设计模块,我们仅仅提供设计思路,而设计结果是完全开放的,学生自主设计化合物,不同的学生可以做出完全不同的结果。在合成部分,我们同样要求学生自主设计反应,比如还原反应,有五种不同的还原方式,任何一种都有进行,当然结果会有所差异。实验的反应条件,诸如反应温度,流动相选择也都是学生自己完成。最后所得的化合物由学生自主进行结构确证并判读数据。因此,本实验具有一定的挑战性,不是一种简单的程序的训练或者是某个真实实验的虚拟化操作。

5. 从实验结果来看,我们软件内置的药物设计活性评价系统是以高水平的研究成果为支撑进行设计的,其实验数据和结论都经过了反复锤炼,完全真实可靠。化合物的合成部分亦是采用了科研实验反复优化的方案,简单易行、真实可靠。这样将有利于最终评价的统一性和推广应用。

6. 在评价过程中,我们对学生的每一步操作都能及时客观地在线评价,并记录在案,我们提供了多种形式的评价方式,学生通过查阅在线评价表对于自己在知识点的把握情况和操作规范程度方面一目了然。这些结果将可以作为虚拟仿真项目持续改进的重要依据。

7. 在教学素材方面,我们提供了翔实的教学引导视频,任何人按照教学引导视频都可以顺利地完成实验。我们同时提供了丰富的教学辅助资源,帮助学生正确地把握实验目的,理解实验背景,掌握核心知识点。

8. 在实现技术方面,我们委托相关公司采用主流的虚拟实验设计技术,真实还原了实验场景和实验操作,准确生动地将基础知识、前沿知识以多种形态呈现在学生面前。

(二) 创新课程体系建设

在课程建设中,我们将虚拟实验与真实实验相结合,建立了一套以基础训练实验为基础、综合设计实验为主体、创新突破实验为提高的三层次"渐进性"实践课程模式(如图11-3所示)。本虚拟仿真实验项目作为该体系的重要一环,贯彻学生的整个培养过程,目前本实验在药学基础实验和综合实训课程"药物研发链全过程"开放实验中得到充分应用。本实验来源于真实科研案例,经过训练后又可以反哺日常的教学和科研。我们将本实验引入低年级的有机化学教学,同时又在高年级的科研实训综合实验中使用了本实验的高阶版本。使学生充分理解新药设计与合成的核心要素,培养学生的创新药物研发能力。

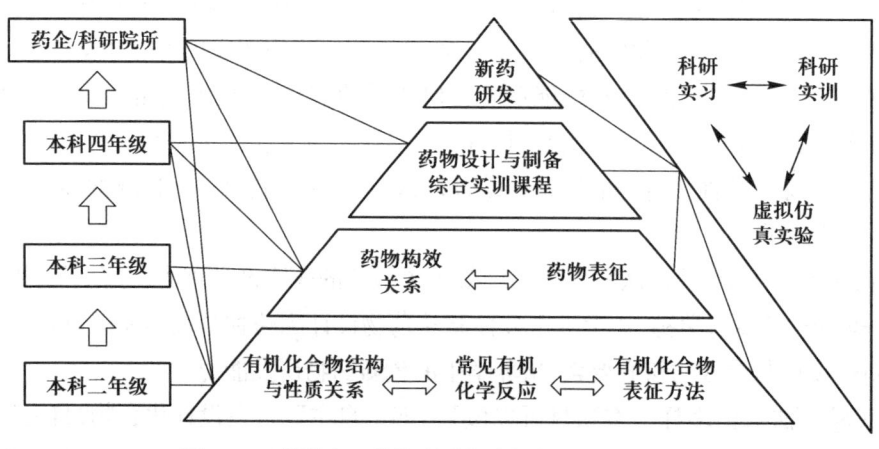

图 11-3 药学专业药物设计与合成教学进阶模式图

三、课程应用成效

本项目自上线以来,累计9 000余人次完成实验,总实验时长42 000余分钟,实验通过率为99.6%,优秀率为63.5%。

经过本实验的学习,让学生全程体验从药物设计到药物合成的完整过程,以虚促实,虚实结合,使学生充分掌握药学核心知识内涵,深刻理解新药设计与合成的核心要素,培养学生的创新能力,为今后在药物研发领域开展工作奠定基础。学生通过使用虚拟仿真实验系统可以大大激发学习兴趣,显著增强学习效果,明显提高基础知识和基本技能的掌握水平。调查表明,经过虚拟实训的学生,其相关知识的掌握程度远远优于未接受培训的学生,如图11-4所示。

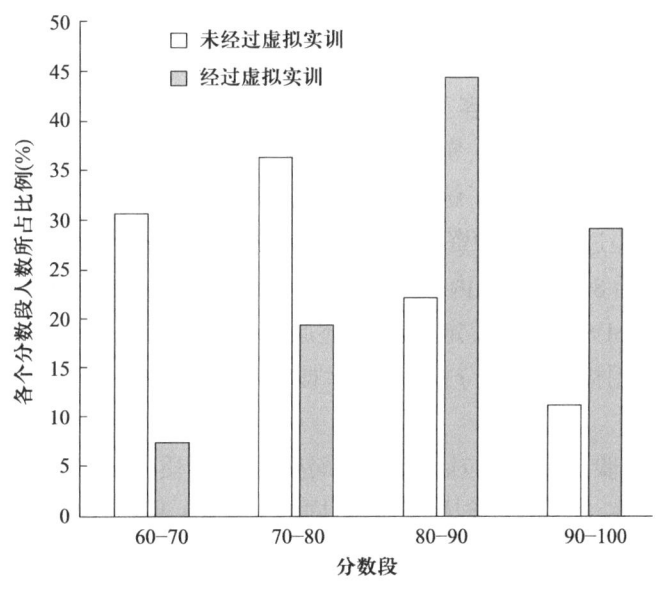

图11-4 教学实施效果对比图

本项目尝试将化学课程理论教学与小分子药物设计紧密结合,将科研成果与基础实验有机融合,让学生能够初步全程体验从药物设计到药物合成的完整过程,使学生充分理解新药设计与合成的核心要素,培养学生的创新药物研发能力,为探索有机化学实验教学新模式做了有益的尝试。

课程团队

课程负责人:胡琴,南京医科大学教授,主要研究方向为半导体量子点、碳点纳米荧光材料、人工智能纳米材料的合成及其应用于生命系统中微量物质的分析研究。

团队成员:许贯虹、李飞、韩峰、罗春霞。

案例 12：定量蛋白质组学研究虚拟仿真实验
浙江大学

一、课程内容简介

"定量蛋白质组学研究虚拟仿真实验"是较为先进的蛋白质组学实验技术的虚拟仿真实验教学软件，具有教学方式的原创性和实验技术的先进性，拓展了学生的视野和思维空间，培养了学生的自主学习和自主创新能力。并与线下实验教学内容密切配合，全方位、多角度地完成基因表达检测实验教学内容。

1. 主要内容包括：项目介绍、实验目的、主要技术和方法、实验视频、虚拟实验5个部分，学生在进行虚拟实验之前先了解项目的背景知识、实验目的、蛋白质组学研究主要实验技术和方法、观看实验过程的视频资料，完成实验前的测试后进入虚拟实验操作过程。

2. 实验部分包括8个模块的内容，分别是：正常肝细胞和肝癌细胞样本总蛋白的制备、蛋白定量（BCA法）、SDS-PAGE鉴定、蛋白质还原烷基化及酶解、肽段同位素标记、HPLC分级分离肽段、液质联用检测（质谱分析）、数据库搜索及数据分析。其中有6个模块为虚拟实验部分。

3. 涉及的主要实验技术方法包括：超声破碎法提取蛋白质、BCA法定量蛋白质、SDS-PAGE电泳鉴定、蛋白质酶解、iTRAQ试剂标记肽段（同位素标记）、高效液相色谱分离肽段、液质联用检测肽段相对分子质量、将质谱的数据输入专业的蛋白质信息库网站进行搜库分析等。

二、课程建设特色与创新点

（一）项目的设计思路

本项目以真实实验案例为原型设计，实验样本设置为肝癌细胞和正常肝细胞，通过虚拟的实验样本、虚拟的实验过程，结合真实的肝癌细胞和正常肝细胞蛋白质组学研究的实验结果及分析，虚实结合，激发了学生的学习兴趣，开拓了学生的视野，丰富了学习的知识内容体系，大大提升了学习效率。

（二）虚拟仿真实验项目建设的先进性、教学方式方法

1. 项目建设的先进性

（1）实验技术的先进性：定量蛋白质组学研究是当今生命科学的前沿和热点。iTRAQ 技术是应用最为广泛的一种蛋白质组学研究技术之一，该实验技术具有检测通量大（可一次性检测分析8个样本中几万种蛋白质的表达量的变化和差异）、分析时间快、实验误差小、可信

度高等特点,具有良好的先进性。

(2) 实验教学理念的先进性:在本科生的实验教学内容中开设这样具有拓展性、前瞻性的实验项目。

(3) 教学方式的先进性:本项目以真实案例为原型进行设计,是案例引导的虚实结合的实验教学模式,另外项目的实施通过线上线下混合式教学相结合的方式,符合现代实验教学改革的要求。

2. 教学方式方法

(1) 案例引导的实验教学方法

本虚拟仿真项目是以真实案例为原型设计的,实验样品是肝癌细胞和正常肝细胞,学生以这两种细胞作为实验材料,引发了学生的学习兴趣,通过完成虚拟实验过程,系统给出的是真实的肝癌细胞和正常肝细胞的蛋白质组学研究的结果,并结合结果做了一定的分析。

(2) 线上线下混合式教学模式相结合的实验教学方法

针对"基因表达的检测"这个大的实验项目内容,有 1 个线下、3 个线上的实验项目,采用的教学方法有:现实操作、虚拟仿真教学、视频讲解、提问答疑。

本项目采用虚拟和现实相结合的教学方式,将现实操作、视频教学和虚拟仿真项目结合起来,形成了一个项目体系。学生在基本实验技能训练的基础上进行本虚拟仿真实验项目,通过观看蛋白质组学实验视频资料,了解实验背景知识,自主完成虚拟仿真实验项目。通过这种线上线下的实验教学方式,目的是让学生系统性地学习、了解和掌握蛋白质组学研究的主要实验技术、方法和设计思路,拓展学生的视野,培养具有创新性思维能力的优秀人才。

(3) 以"学生为中心"的教学方法

学生通过本虚拟仿真实验项目的学习,掌握了蛋白质组学研究的技术原理、方法和应用价值,体验了整个实验的过程,了解了所使用的主要大型仪器设备的使用方法和功能,深化了对理论知识的理解,增加学生的知识储备,独立完成实验项目的过程也是培养学生独立思考和分析问题解决问题能力的过程,增强了学生获取知识的兴趣和能力。

3. 多维度的评价体系

从实验前测试、操作过程测试、实验报告、提问解答和实验完成后的考核模块 5 个方面考核和评价学生的学习效果。平台建立了完善的反馈机制,可将学生的建议、评价和反馈信息进行全面的统计分析,不断改进和完善实验的设计和评价体系,实现更全面的公正评价,提高教学效果。

系统会自动记录学生在实验前预习准备和实验过程中知识点考核的结果,实验结束后自动生成实验操作过程的考核报告,指导教师结合提问、答疑的结果和实验报告给出学生该实验项目的最终评定成绩,实现多维度的评价。

4. 传统教学的延伸与拓展

采用案例式教学、线上线下、虚拟和现实相结合,实际操作和教学演示、视频教学、虚拟仿真实验相结合的混合式实验教学模式,大大拓展了学生的学习空间,开拓了学生的视野,丰富了学习的知识内容体系,激发了学生的学习兴趣。实验中心的网站上有实验教学内容的 PPT 等文字资料、各种视频教学资料和虚拟仿真实验教学软件。根据实验课程的安排,除了实际操作的相关实验以外,还结合演示性教学、观看视频或视频讲解、虚拟仿真等方式进行教学,实现虚实结合的实验教学模式,全方位、多角度地培养学生的实际动手能力和创新性思维能力。在课程以外的时间里,学生可以通过各种网络终端点击进入相应的网址,随时学习相关的实验技术,让学生对于那些现实开设有一定困难的实验项目也有学习的机会。

三、课程应用成效

1. "分子医学实验"以"定量蛋白质组学虚拟仿真实验"等虚拟仿真实验为线上实验教学资源,与线下具有系列性、综合性的实验项目相结合,获得了浙江省高校"互联网+教学"优秀案例(线上线下混合式课程)。

2. "定量蛋白质组学虚拟仿真实验"作为共享资源之一供全国各所高校作为线上学习资源使用,目前共享的高校有潍坊医学院、甘肃医学院、浙江树人大学、赣南医学院、安徽医科大学、济宁医学院等50多所国内高校,共计访问量为95 192人次,平均实验时长为1.5 h,平均实验成绩为92分。

3. 本校学生学习后,对课程的先进性、科学性、前瞻性和学生自主学习、自主创新能力培养、思维能力拓展等方面都给予了很好的评价。

课程团队

课程负责人:赵鲁杭,浙江大学医学院基础医学实验教学中心副主任,正高级实验师。主要研究方向为基因多态性与疾病、糖生物学等。

课程团队:霍朝霞、邹玲、于晓虹、王迪、孙启明。

案例13：生活垃圾蓝色焚烧处理虚拟仿真实验
浙江工商大学

一、课程内容简介

焚烧是破解"垃圾围城"的重要技术选择，然而，由于系统庞大且过程涉及高温环境和高危操作，环境风险巨大，至今仍难以在大学课堂普遍开设生活垃圾焚烧处理方面的实验课程。"生活垃圾蓝色焚烧处理虚拟仿真实验"（如图13-1）以垃圾焚烧处理工程为对象，以实际高标准建设的垃圾焚烧厂为原型，充分按照"能实不虚、虚实结合、以虚扩实、相互补充"的原则，将焚烧烟气处理、渗滤液处理、灰渣毒理评估与稳定化处理处置等进行夯实和整合，构建成集固、水、气、毒理于一体的综合性实验，覆盖了自生活垃圾入料的可控焚烧、渗滤液处理和焚烧烟气净化的自主设计和自由构建，至焚烧灰渣毒理学评估与末端安全处置全过程，在"不设标准答案"的模式下自定义实验工艺流程，实现以学生为核心的自主探究式学习，充分激发学生创新意识、训练科研思维、培养动手能力。

图13-1 生活垃圾蓝色焚烧处理虚拟仿真实验界面

二、课程建设特色与创新点

（一）课程建设特色

1. 实验场景自主设计

本虚拟仿真实验预设了垃圾分选实验情景，学生可根据不同情景进行具体操作，启动垃圾分选设备进行分选,获取分选结果并同步对分选设备进行认知学习。从可操作性原则考虑,虚拟仿真共预设了四种分选情景,分别为"仅分选塑料、仅分选纸类、全部分选、不进行分选",对应于四种分选入炉焚烧的垃圾组分,也是可分别进行后续试验的四种试验场景。选择任一种分选模式后,需要将分选结果(动态)组分手动填入。

学生根据教师的实验题设,虚实结合,在之前已进行过的"垃圾组分分选特性""垃圾收集路线设计"等实验的基础上,充分了解了垃圾组分特征后,自己设计垃圾分选情景,形成后续焚烧条件。环节阶段目标在于锻炼动手能力,实验材料通过学生"做出来",充分发挥学生的主观能动性并锻炼动手能力。

2. 实验过程自由构建

本虚拟仿真实验根据垃圾分选结果,明确不同分选后进入垃圾焚烧炉产生的烟气组分,以不同特点的烟气为实验题设,结合认知实习过程中对烟气净化以及理论课程中烟气净化原理,在虚拟仿真软件系统工艺单元库中选择合适的工艺模块,构建适合于不同特点烟气的净化流程。基于该三种不同烟气成分,在设定排放标准的前提下,学生有无限种工艺可构建,且通过所构建工艺的效果实时反馈和优化,最终形成可行的工艺。

通过设计式和构建式实验方法,学生根据垃圾分选而产生的烟气组分差异,综合分析判断,设计并构建适合于不同烟气净化要求的工艺流程。本环节阶段目标在于训练科学素养、锻炼动手能力。学生必须要对烟气组分进行分析、判断,结合之前理论学习过程中各烟气净化单元的原理,分析设计出合适的烟气处理工序。此外,在各工序确定后,如何进行系统的构建,前后连接,使孤立的工序构成完整的工艺并能正确运行,显著锻炼动手能力。

3. 实验结果不设标准答案

本虚拟仿真实验按照不同垃圾分类后进入垃圾储坑堆存而产生的实际渗滤液水质水量,在"预处理、厌氧池、脱气沉淀池、二级反硝化/硝化、超滤系统、纳滤系统、反渗透系统、清水池"等工艺库中选择一种或多种工艺,将其拖入组装界面,并用管路将其连接。运行组装的工艺路线,测试管路连接方式是否正确,工艺路线能否正常运行,并观察出水中污染物的浓度,是否符合设定的出水要求。该步骤共有多种情景的渗滤液水质水量可以作为试验条件,每一种情景下渗滤液的处理流程均可长、可短、可复杂、可简练,学生有无限种可能的操作。

通过设计式实验,学生在了解水质水量的前提下,充分结合各处理单元的处理特点,构建完整的渗滤液处理工艺。学生根据所构建的工艺流程,结合渗滤液水质波动变化特征和排放标准要求,可根据课时分别设定国家标准、地方标准等各种不同蓝色焚烧排放标准。在各排放标准前提下,学生对所构建的工艺流程的参数进行单元调整以满足要求。每一种标准下,学生可调整的参数取决于所构建的工艺流程中工序单元的数量,学生有无限种可能的操作,但学生必须根据给定的水质水量信息,结合所学理论知识设计并构建出合理的处理工艺,充分激发创新意识、训练科学素养。

(二) 创新点

1. 由"感"至"触"和"悟"

本虚拟仿真实验以实际工程为载体,在现有虚拟仿真手段的基础上运用拓扑网络分析运算技术,采用任务驱动式教学,将虚拟仿真过程聚焦于垃圾焚烧关键模块处理工艺及二次污染控制的自主设计、自由构建、实时反馈和及时优化,实现以学生为核心的自主探究式学习,使学生从传统虚拟仿真的"感"上升到"触"和"悟"的阶段,促进学生"双创"能力的培养。

2. 不限标准答案

本虚拟仿真实验在预设参数范围内,学生可充分自主地构建烟气处理、渗滤液处理等模块的具体处理工艺流程,并根据处理结果反馈可无限修改和优化。实验最终的评价体系中,在排放标准极限范围红线内,综合纳入工艺流程的流畅性、科学性、运行稳定性、经济成本等多角度评估,以"不限标准答案"的方式对学生所构建工艺的优势与特色进行评价和反馈。

3. 灵活拓展与延伸

本虚拟仿真实验特别注重专业学生自主学习能力的培养,设置了多个自主设计和自由构建的实验环节,可自己动手根据实验任务自主设计实验方案,自由构建垃圾焚烧、烟气处理、渗滤液处理等工艺,运行调试设备参数,获得实时实验结果,使学生在做的过程中充分思考,灵活拓展。此外,本虚拟仿真实验还非常适合于非专业学生的通识教育,以及不同年龄、学历层次人员的各种科普教学需求,开放对象灵活多变。

三、课程应用成效

(一) 校内应用情况

本虚拟仿真实验2017年起纳入浙江工商大学的《固体废物处理与处置工程》《固体废物处理处置实验》等课程教学计划(教学大纲),对浙江工商大学环境科学与工程学院的2018-2021级环境科学与工程一级学科400余名本科学生开放教学,也是浙江工商大学环境工程专业通过工程教育认证的重要支撑和特色之一。

(二) 校外应用情况

2019年,本实验在实验空间平台上线,迄今实验浏览量31 289人次,总实验人次6 311,总实验总用户2 015人,其中校外用户1 695人,涵盖北京师范大学、北京航空航天大学、北京邮电大学、广州大学、吉林大学、南开大学、上海理工大学、暨南大学、湘潭大学、河套学院等全国各地51个兄弟高校(2021年底数据),共享成效显著。特别是在新冠疫情期间,在无法开展线下实验教学的情况下,本实验有效缓解了"停课不停学"对学生实验带来的影响。

课程团队

课程负责人:龙於洋,浙江工商大学环境学院教授,浙江省固体废物处理与资源化重点实验室主任,浙江省高校中青年学科带头人,主要从事固体废物资源化利用及处理处置方向科研。

团队成员:沈东升、江博琼、汤旭翔、楼菊青、陈婷、宋英琦。

案例 14：模式动物斑马鱼养殖和显微操作技术
山东大学

一、课程内容简介

模式动物斑马鱼是目前最好用的发育遗传学模式动物之一，可以进行大规模正向遗传突变筛选和反向遗传学基因编辑，能够利用显微注射和细胞移植等技术获取突变体进而研究基因功能。本课程将斑马鱼养殖、显微注射和细胞移植过程通过三维建模和交互式程序设计给学生以沉浸式体验，高度模拟真实实验操作，使学生可以反复练习并掌握显微注射技术，并且在较短的学时内能够完成整个实验过程。

通过实验可以达到认识模式动物斑马鱼的胚胎发育过程，掌握斑马鱼养殖和胚胎收集技术，掌握斑马鱼发育遗传学的显微注射，利用显微注射和基因编辑技术获取突变体，掌握细胞移植技术和合体斑马鱼的获得等。实验界面首页如图 14-1 所示。

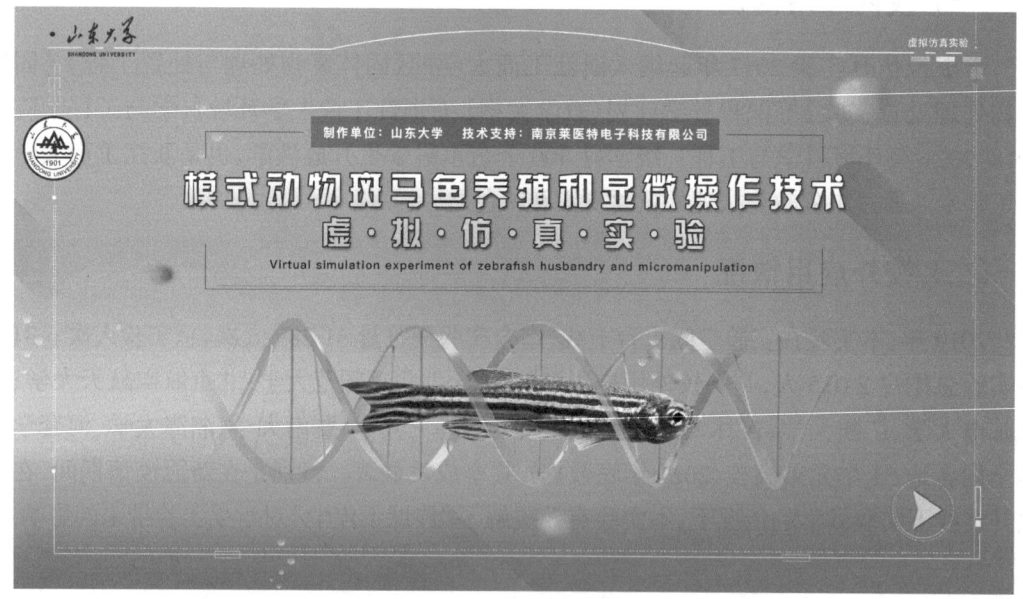

图 14-1　实验界面首页

二、课程建设特色与创新点

（一）课程特色及先进性

为了满足国家"双一流"建设和创新型人才培养的需要，我们将较为前沿的科研内容与技术引入本科教学当中,使学生可以较早地接触基因层面的知识和技术,增加创新性实验项目,更新传统教学内容,拓展学生的知识面。将实验周期长、时间不间断、难以多次重复操作、教学现实条件下难以实施且耗资巨大的实验开发为虚拟仿真项目,既能为学生传授重要的发育生物学知识和技术,又能为科学研究提供帮助与支持,可以在全国范围内进行共享应用,惠及多个高校,尤其是中西部高校,可以在线下无条件实现的情况下学习重要且前沿的知识与技术,在全国范围内都极具推广应用价值。

本项目是基于动物学、医学、药学、畜牧学、环境毒理学等重要科学研究领域中必不可少的研究对象(模式动物斑马鱼)和研究技术(显微注射技术和细胞移植技术)开展的,具有极大的科学性、必要性、经典性和延续性。

本项目基于PC端设计,使实验教学具有移动性、开放性、交互性和易操作等优点,摆脱了传统实验教学时间和空间条件限制,学生可以在课前和课后进行自主学习,大大降低了指导教师的压力,提高了学习效率,并显著拓展了学习的深度和广度,激发学生的兴趣,有助于学生创新能力的培养。

(二) 教学方法创新

本项目基于"以虚补实、以虚促实、虚实结合"的教学理念,采用以问题为导向的启发式教学、即时人机互动的研讨式教学,既有验证性实验、又有开放性研究课题的探究式学习方法,以及面向低、中、高不同难度要求的考核内容,教学方式方法灵活多样、新颖有趣。

实验操作主要表现在:项目采用虚拟实验操作和实体实验操作相结合的方式进行,虚拟实验为实体实验提供教学资源,实体实验为虚拟实验提供实践平台,充分体现"以虚补实、以虚促实、虚实结合"的教学理念,有助于学生进行全面系统的实验技能培训,并建立完整的知识体系。

考核内容主要表现在:项目在以往传统实验及虚拟仿真实验的基础上,针对不同的使用对象,配套不同的实验内容及考核模式,并分为低、中和高三种不同的难度等级,以使本虚拟仿真实验项目能够适应更多高校的更多课程,便于在全国范围内共享。除此之外,虚拟仿真实验平台支持在线互动交流答疑,通过开展问题式、探究式和讨论式学习,丰富课堂内容,并为学生提供开放式研究课题以供选择,增加趣味性和科研性。

学习形式主要表现在:学习本项目的学生可以打破时间、空间的限制,并可以实时地观察追踪实验结果。在机器学习、人工智能飞速发展的大潮下,移动学习正逐步代替传统教学方式,使千篇一律的传统课堂成为自主学习的智慧课堂;通过虚拟实验,学生既可在较短时间内对斑马鱼的养殖及显微注射、细胞移植进行全程的操作和体验,又可以通过自主实验设计,动态跟踪实验结果,加深对该实验相关知识点的把握和理解。

(三) 评价体系创新

本项目的评价体系由虚拟仿真操作实验、实体实验操作、实验报告三部分构成,进行总成绩评定。软件根据预设的实验步骤和标准进行评定,指导教师根据实体实验操作、实验报告等相关内容进行评定。将虚拟仿真实验与传统实验有机结合,探索了多元化、可持续性的评价体系。同时鼓励学生重视创新能力和科研能力的培养,从而促进人才培养质量的提高。

(四)对传统教学的延伸与拓展

本项目"以虚补实、以虚促实、虚实结合",为理论教学提供虚拟素材,为实践教学提供辅助手段,突破时间与空间限制,打破课堂与实践的壁垒,拓展实验的深度与广度。本项目充分利用信息化技术,将课堂上短时间难以完成、难以持续观察、反复练习的实验操作,变成可以在短时间内实现的实验,将理论教学中晦涩难懂、难以描述的显微操作通过虚拟仿真开展与体验,激发学生探索生命的激情,提高学生创新能力和实践能力。项目通过开放性研究课题增加实验的开放性和研究性,利用 3D 仿真模型展现细节操作、增加真实感和趣味性,便于学生自主和移动学习,增强学生学习效率与科研能力。

三、课程应用成效

(一)已有课程成效

本项目近年来得到了广大师生的认可与应用,仅在实验空间上点击量就达到 21 331 次,已在山东大学的动物生物学、发育生物学等多门实验课程中应用了 3 年,并面向多学科、多方向、多学校开放共享应用,得到了一致好评。本项目不仅满足基础教学,还应用于学生科创培养和竞赛活动的学习与指导中,突出了项目的科学性、必要性、经典性,可以显著提高学生的模式动物相关知识和显微操作技能,结合学术前沿知识,学生学习积极性和主观能动性显著提高,有助于培养学生的创新能力,具有极好的应用效果。

(二)项目持续建设

项目拓展利用 CRISPR/Cas9 技术,针对不同的基因,设计靶点序列,利用显微注射得到敲除这些基因的突变体,学习对这些突变体进行表型分析,并对至少三种突变体的表型进行对比分析。

模式动物斑马鱼养殖和显微操作技术虚拟仿真实验项目适用于众多高校的生命科学学院、农学院、医学院、药学院和环境学院等多个学院,应用广泛。目前本项目已与浙江大学、中国农业大学、华中农业大学、兰州大学、厦门大学、吉林大学等十多所国内著名高校签订了共享协议,项目将进一步面向其他高校推广应用,尤其是中西部高校,在全国范围内实现辐射应用。

(三)面向社会的推广应用计划

项目将面向中学生以及海洋公园、动物展示展览等相关单位、活动提供科普展示,具体服务如下:利用每年暑假夏令营、科学营、奥赛等活动,对中学生进行科普展示;项目将向相关单位提供科普服务和科普展示,通过对斑马鱼养殖、突变体获得等过程的展示与学习,弘扬生态保护意识,爱护动物,保护环境;建设实体虚拟仿真实验中心的智慧教室,面向社会学员推广此项目,为社会人员间的学习、沟通与交流提供平台,后续将借助山东大学(青岛校区)的相关平台,为生物类人才培养以及社会服务作出贡献。

课程团队

课程负责人:赵晶,山东大学生命科学学院实验教学中心副主任,研究员。

团队成员:于晓琳、邵明、张伟、高建刚。

案例15：分子模拟实验
山东大学

一、课程内容简介

当前化学研究正经历着从宏观实验研究向微观机制研究的延伸，"理论、实验、模拟"逐渐成为现代化学研究的基本模式，分子模拟作为分子尺度上的研究方法逐渐受到重视。分子模拟实验是化学基础理论教学（结构化学）在分子层面上的重要补充，开展分子模拟实验课程教学改革与创新，将化学发展前沿融入本科实验教学，这既是培养化学拔尖创新人才的内在需求，也是完善现有实验教学体系的重要路径。化学专业本科生的基础实验（包括无机与分析化学实验、有机化学实验和物理化学实验），对应不同的专业基础课（无机化学、分析化学、有机化学和物理化学），而作为必修课的结构化学长期缺乏对应的系统实验课程。结构化学，与计算化学有着密切的联系，但在多年教学实践中，我们发现教学效果并不理想，一直停留在课堂灌输和理论推导层面，教学效果难以让人满意，其中的"理论语言"与实际接触到的"实验语言"有着相当远的距离；而与之形成鲜明对比的是以分子模拟为代表的计算化学，近年来计算化学飞速发展，与实验研究相互配合，逐渐成为研究人员必备的基本技能之一。

为了加深对结构化学中抽象理论的理解，我们于2015年春季学期面向化学专业大三学生开设了与结构化学相对应的实验课——分子模拟实验。把传统理论教学中反映分子结构的球棒模型，通过计算机以更形象和更立体的方式展示；把理论教学中的反应机理、动力学过程，用计算机软件做可视化操作。通过这样的计算机实验帮助学生在抽象理论和形象实验之间架起一座桥梁，帮助学生理解结构化学理论，领略化学在分子层面上的魅力。

分子模拟是一门集化学、物理、数学、计算机等学科于一体的交叉学科，是目前化学领域非常活跃和发展迅速的分支，覆盖化学、材料、生命等学科的各个领域，其知识内容繁多、庞杂，而且在快速更新，传统形式的实验教材难以满足要求。为此我们专门构建了符合"两性一度"标准的"基础-实用-综合-前沿"四位一体的分子模拟实验教学内容，涵盖不同尺度（从单分子到聚集体）、不同理论方法（量子力学、分子力学和介观模拟），以及不同的研究体系（包括晶体材料、有机分子、聚合物等），实验案例由易到难循序渐进；并形成了集实验教材、软件、网站、视频等于一体的立体化实验教学资源。

二、课程建设特色与创新点

（一）构建了独具特色的符合"两性一度"标准的"基础–实用–综合–前沿"四位一体的分子模拟实验教学内容体系

相关设计理念和实验内容如图 15-1 和表 15-1 所示，最终与四大基础化学实验相融合，形成了更系统、更完整的化学实验教学体系。

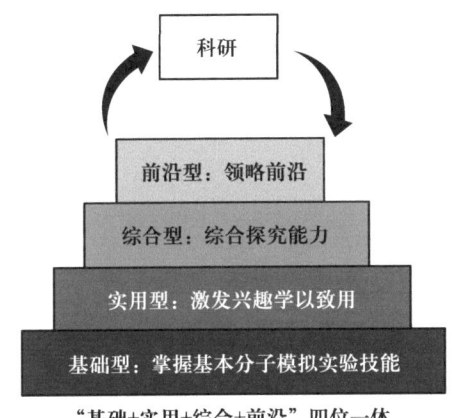

"基础+实用+综合+前沿"四位一体
分子模拟实验教学内容体系

图 15-1　四位一体的分子模拟实验教学内容体系

表 15-1　符合"两性一度"标准的四位一体分子模拟实验教学内容体系

实验类型	设计理念	实验项目
基础型	深入理解基本概念，掌握基本实验技能，充分发挥实验课程"做中学"的特色，加深对所学理论知识的理解	分子模型的创建与优化 势能面的构建 单分子及团簇的分子动力学模拟
实用型	选择化学研究中最基本、最常见的问题进行实验，一方面能更好地激发学生的学习兴趣，另一方面能让学生很快将所学知识应用于科研实践	分子性质的计算 化学反应的模拟 分子光谱的计算 均相体系的分子动力学模拟
综合型	综合运用各种模拟技术对化学学科各专业领域问题进行模拟计算，更加系统地理解和掌握分子模拟技术处理一般化学问题的方法和步骤，并夯实计算化学、结构化学、物理化学以及其他专业的基础，加深对化学学科的理解，提升其研究和创新能力	多相体系的分子动力学模拟 固体表面吸附行为的模拟 相行为的介观模拟 定量构效关系预测分子性质
前沿（科研）型	选取前沿的化学科学研究内容，将其部分转化为教学实验，使学生领略分子模拟研究的魅力及其对化学前沿研究的重要性，并学习其中蕴含的分子模拟研究方法	生物膜的粗粒化模拟 柔性分子的构象搜索 反应力场分子动力学模拟 非平衡分子动力学模拟

案例 15：分子模拟实验

(二)构建了以学生为中心的立体化分子模拟实验教学资源

此外,课程的教学对象是大三下学期的本科生,他们的知识结构和专业兴趣差异较大。根据分子模拟和教学对象的基本特点,我们构建了立体化的分子模拟实验教学资源,并采用了多轮驱动的教学策略,如图15-2所示。在基础教材之外,每年更新的实验内容同步更新在课程网站上,同时提供多项选做和拓展实验,供学有余力的学生继续深入地探索;根据当下的研究热点,定期选取一些高水平的分子模拟研究文献,特别是与实验和模拟相结合的文献,帮助学生了解分子模拟技术是如何研究科学问题、如何在科研中发挥作用的,通过这些课外资料,可以更好地激发学生的学习积极性,提高学生的科学鉴赏力;同时为了相关专业对分子模拟感兴趣及基础薄弱的同学,我们将视频课程更新在网站上,以扩大开放共享。

图15-2 多轮驱动的教学策略与方法

(三)打造了承载立德树人使命的金课

结合化学专业特点,以实验课为抓手,在实验课程的各个环节进行德育教育;设计了丰富多样的思政素材,既有导入型、讲授型思政案例,又有讨论型、实践型思政活动;将课程内容与生活、热点问题和科学前沿紧密结合,保持课程特色和内容新颖性,提高了学生对课程思政的认同感和参与度。例如,在进行"势能面的构建"实验时,补充介绍了邓从豪先生"孜孜不倦、推出邓势函数"的故事,并顺势引出双原子分子势能函数的形式及物理意义。不但能让学生体会前辈科学家们求实创新严谨的科学态度,尤其是能让同学们了解中国科学家在分子模拟发展中做出的贡献,既可以提高学习分子模拟的兴趣,还有助于培养学生的科学素养和家国情怀。在"气体吸附行为的模拟"实验中,以中国的页岩气革命为引子,立足国情,培养学生居安思危、立志报国的精神,同时增强学生的专业自豪感和责任意识。

三、课程应用成效

2016年教学团队编写并出版了《分子模拟——理论与实验》教材,该教材是国内为数不多的分子模拟教材之一,迄今为止已重印6次,发行量逾1万册,2020年被评为山东省高等教育优秀教材。2022年团队对教材进行了修订再版,第二版中主要根据近年来的教学实践对部分实验内容进行了优化,新增了一些综合性和前沿性的实验项目,融入了分子模拟相关的最新的科研进展,同时也添加了不少课程思政相关的案例。

立体化分子模拟实验教学体系的构建,不但使我校化学及相关专业学生培养更加完善,也为其他高校开展相关课程提供了一个成功的范例。课程团队在成果推广与应用方面也做了大量工作,例如将课程的建设经验总结为教研论文,先后在《化学教育》《大学化学》等杂志发表,通过举办分子模拟教学与科研研讨会在省内高校推广实施,团队成员已为聊城大学、齐鲁师范学院等培训青年教师20余次。

课程团队

课程负责人:苑世领,山东大学化学与化工学院教授,物理化学教研室主任,分子模拟虚拟教研室负责人,分子模拟实验国家一流课程负责人。

团队成员:张冬菊、张恒、刘刚、马莹。

案例 16：景区旅游产品开发虚拟仿真实验
山东大学

一、课程内容简介

（一）课程内容

"景区旅游产品开发虚拟仿真实验"的实验原理是按照景区旅游产品开发与建设的一般流程和国家标准，将景区旅游产品开发与建设各个环节的知识点设计在实验中，涉及旅游资源、概念规划、空间规划和产品建设 4 个模块的 16 个知识点。

（二）教学目标

文化和旅游产业的融合发展，以及新时代旅游产业智能化等对旅游管理人才培养提出了新要求。面向文化和旅游产业融合发展、智能时代对人才培养提出的新要求，项目团队秉承"以学生为中心"的理念，以"知行合一"为教学结果导向，培养学生主动发现并理解、主动思考并解决旅游实践问题的能力，采用最先进的虚拟现实技术实现对旅游情境的高度仿真，严格遵循国家标准并依托项目团队前期科研积累的成果实现对景区开发经济规律的高度仿真，在"旅游规划与开发"课程中开设"景区旅游产品开发虚拟仿真实验"，为学生获得开发、建设、体验、评价景区产品的真实学习经历提供软硬件支持，旨在让学生通过本实验项目达到如下实验目的。

(1) 了解并掌握景区旅游产品的国家标准。
(2) 掌握并能够对景区旅游资源进行科学认识、评价和优化配置。
(3) 掌握并能够应用景区旅游产品开发成本管理的专业知识。
(4) 具备规划并开发建设 VR 景区旅游产品的能力。

（三）课程实施情况

本实验坚持"能实不虚、虚实结合、以虚补实"的原则，利用线上虚拟仿真实验进行传统教学难以进行的操作，有效地解决了旅游情境中景区旅游产品开发周期长、成本高、难再现等问题，让每一位学生都能在团队合作的基础上，在线上平台完成 VR 景区旅游产品开发建设的实验任务。

二、课程建设特色与创新点

(一) 实验方案设计思路:"以学生为中心"的理念贯穿始终

本项目的核心目标是通过虚拟仿真教学实验的设计把"以学生为中心"的实验教学理念落在实验教学项目上。通过选择合适的旅游景区虚拟仿真场景,抽象旅游理论和研究问题,将旅游知识点的传递与虚拟仿真实验教学设计紧密结合;将激发学生学习兴趣和主动性的场景和环节作为实验方案设计的重点,将学生操作与在线 VR 景区系统的交互作为实验方案设计的重点,以提升实验教学效果。

(二) 仿真现实超越现实:突破成本、时空、现实和传统制约

企业成本制约,是指景区开发与运营的实际成本。高校成本制约,是指学校组织学生到景区认知实习和观摩学习的成本。时间制约,是指景区从可行性论证、选址、立项到规划、建设,再到正式对外开放营业,平均需要 3~5 年的项目周期。这个时间制约,使得认知实习和观摩学习的方式只能让学生看到某一个景区开发建设漫长周期中的一个时间截面的状态,而不是一个连续的过程。现实制约,是指现实世界中景区旅游产品的开发与建设最终只能按照获批的特定方案进行,而决策往往是多方利益博弈与妥协的结果,未必采用的方案就是最优的方案,但是未被采用的方案却永远没有机会参与比较评估了。

突破成本制约和时空制约是应用 VR 技术对真实世界的模拟与仿真;突破现实制约和突破传统教学则是应用 VR 技术呈现真实世界中不可能出现的情景,实现对真实世界的超越。

(三) 教学方法创新:体验式 + 全过程 + 多方案 + 创造型学习

为学生提供高度仿真的体验式学习机会,让学生可以将自己头脑中的理想景区在线上采用 VR 技术建设出来,知行合一,学会做事。通过"景区旅游产品开发虚拟仿真实验",不仅可以实现景区旅游产品开发建设的全过程体验式学习,而且可以实现每个学生或学生团队线上 VR 景区开发建设全过程的记录和数据保存,为学生/团队回顾和反思提供数据基础。

在 VR 技术支持下的虚拟世界中,通过"景区旅游产品开发虚拟仿真实验"则可以突破现实制约,实现多方案的比较学习,就像平行世界一样,线上 VR 景区的开发与建设可以在不同节点按照多个方案同时进行,并可以在线对多个团队完成的多个方案旅游景区产品进行比较。通过"景区旅游产品开发虚拟仿真实验"可以突破传统教与学的关系,让学生回归到学习活动的主体角色实现创造型学习,为学生提供主动发现和理解旅游实践问题的机会,培养学生主动思考和解决旅游实践问题的能力。

本项目从前期策划、规则设计到知识点选择、素材库建设、评分规则等都是建立在项目负责人主持的国家自然科学基金项目研究积累的基础之上的,同时也为科研项目的进行提供线上 VR 景区开发与建设的案例和数据。在线上 VR 景区开发与建设的过程中,教师与学生共同发现问题、共同讨论和研究、共同创造知识,实现师生互动地创造性学习。

（四）评价体系创新：高度仿真旅游景区质量评定国家标准

构建基于旅游景区科学研究成果和实践中官方使用的《旅游景区质量等级的划分与评定》的评价体系，采用系统自动提取指标、小组互评（游客）和教师（专家）打分三分法结构，赋予不同权重，对学生完成的"景区旅游产品"设计与构建结果进行评价。

这套评价体系一方面高度仿真旅游景区质量评定国家标准的评价指标和评分规则，另一方面也高度仿真旅游景区质量评定国家标准的评价实施过程和角色分工，从而保证了"景区旅游产品开发虚拟仿真实验"项目的高仿真程度。此外，教师打分模块的设置赋予教师充分的空间，可以按照课程设计应用"景区旅游产品开发虚拟仿真实验"线上平台开展不同实验设计，设置特殊导向的旅游景区产品开发与建设要求，比如无障碍景区（面向老年人和残疾人的）、限定投资金额上限的旅游景区产品开发等。

（五）教学科研互动：实验教学成为教学科研融合发展新界面

自2014年起至今，该项目的负责人连续主持两项国家自然科学基金，长期关注旅游者行为研究和旅游空间规划理论与方法的探索。"景区旅游产品虚拟仿真实验教学项目"设计不仅有完整的教学理念、教学方法贯穿其中，并且是建立在前期多年积累的科研成果基础之上，对于景区旅游产品评价规则体系的仿真与抽象具有较高的学术水平；同时，该项目在教学中的应用与共享将产生大量的线上VR旅游景区产品，为进一步研究虚拟旅游活动空间和虚拟旅游体验等前沿课题提供了很好的数据基础。

三、课程应用成效

本课程于2019年9月在"实验空间"上线运行，面向全社会开放共享。截至目前，实验空间上的数据为：实验浏览量为75 728人次，实验人数为2 997人，实验通过率为97.7%。

本课程在山东大学主要应用于旅游管理专业本科生、MTA学生及文旅厅专题培训班等，通过实验空间和校内虚拟仿真实验教学平台同步开展。2020年度新增720人时，2021年度新增562人时。学生平均在线时长为92分钟，成绩主要集中在80~95分之间。

本项目基于B/S架构，学生可以远程在线完成VR景区建设的实验步骤、提交实验报告并获得系统自动打分和在线教师的打分评价。通过共享协议的签订实现免费共享，目前已经与南开大学旅游与服务学院、南京大学国土资源与旅游学系、北京第二外国语学院旅游科学学院、北京林业大学园林学院、陕西师范大学地理科学与旅游学院、暨南大学管理学院旅游管理系、西南民族大学旅游与历史文化学院、华南师范大学旅游管理学院、山东师范大学商学院、济南大学商学院、曲阜师范大学地理与旅游学院、山东女子学院旅游学院和新疆大学旅游学院等高校旅游相关专业或院所签署共享协议并应用于学生培养中。

课程团队

课程负责人：黄潇婷，山东大学，教授，管理学院副院长，主要研究方向为旅游者时空行为、旅游规划理论与方法。

团队成员：黄潇婷、杨海军、刘甜甜、孟庆春、王德刚。

案例17:建筑冷热源系统优化设计与运行调节实验教学案例

山东建筑大学

一、课程内容简介

本课程针对建筑环境与能源应用工程专业中的实践教学难点——建筑冷热源系统,基于理论结合实践的开发理念,梳理了重点和难点知识,总结了以往教学中的困难,按照从理论到实践的顺序共开发了四个模块,延伸与拓展传统教学,实验流程如图17-1所示。

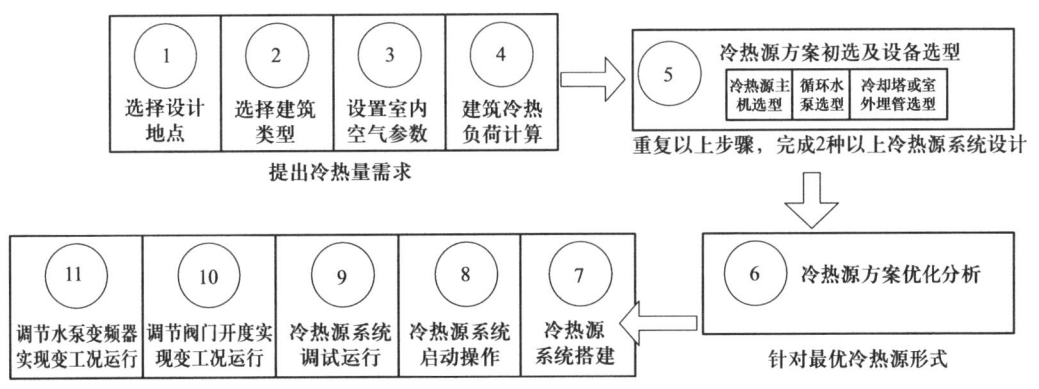

图17-1 虚拟仿真实验流程图

模块一:包含实验步骤1—4,针对负荷计算进行训练。在传统教学中,负荷计算的难点在于影响因素的多样性和计算方法的复杂性,学生的主要精力集中于复杂计算方法的学习,难以深入理解各影响因素对负荷计算结果的影响。在本虚拟仿真实验的开发中,将复杂的计算方法嵌入底层架构,而在界面上构建应用情境,允许用户对各影响因素的取值进行修改,并用图形展示出改变影响因素取值对负荷计算结果的影响。

模块二:包含实验步骤5,针对设备选型进行训练。在传统教学中,这部分内容在课程设计和毕业设计中进行训练,但教学实践中发现很多学生将主要精力集中于图纸绘制,而忽视设备选型。在本虚拟仿真实验中,在设备选型前可点击指导按钮,学习选型规则;并能够对选型过小的问题进行检查与提示,修改合理后才能继续进行后续实验步骤。而针对设备选型过大的问题,在后续的运行调节中通过运行能耗和设备效率的展示说明其造成的相应后果。

模块三:包含实验步骤6,将二维平面上的设备布置和管道连接与三维展示交替出现,提升学生的空间思维能力,并深入认识与理解设备外形尺寸、空间摆放,管道尺寸与走向,以及管道附件的安装位置;理解设备之间的连接关系,尤其是机房设备与室外设备、室内设备的连接关系。

模块四:包含实验步骤7—11,针对传统教学中学生难以操作实际设备的问题,开发了生动的人机互动操作功能,包括对设备的启停操作、阀门的调节操作、空调负荷变化后应进行的调节提示,以及操作后的能耗变化和设备运行效率变化等。这些操作能够形象地展示模块一和模块二中不同的参数设定对运行效果的影响。

二、课程建设特色与创新点

(一)高度还原的冷热源系统三维模型

高度还原的冷热源系统三维模型是本实验各项功能实现的基础。学生可从界面上认识各种设备,既包括主要设备,也包括各种附件及控制面板。

(二)灵活的人机交互操作

1. 设备放置及管路连接训练

设备放置训练是学生通过鼠标选择相应设备,根据界面的提示放到特定的位置上,如图17-2所示;通过这种实操性训练,学生能够熟练掌握建筑冷热源系统中各设备在机房及建筑中的位置。

图17-2 高度还原的冷热源系统三维模型

管路连接训练是学生通过鼠标单击两种设备进行连接,若连接正确,这两种设备之间会出现连接线;若连接不正确,则界面无反应。通过这种操作,学生能够印象深刻地摸索出设备之间的连接关系。

2. 设备启停顺序训练

如图17-2所示,左侧的设备名称既能起到快速定位设备的作用,还提示了设备开启顺序。同时,界面上也设置了设备开启顺序的提示功能,使学生能够轻松地学习设备启停。

3. 应对负荷变化的调节训练

当空调机组的负荷变化后,可以通过调节冷热源流量应对负荷变化。学生可在界面上通过调节空调机组电动阀门或者冷水泵变频器,实现管路性能曲线或水泵性能曲线的变化,当其交点满足要求时,界面将自动弹出完成图框,如图17-3所示。

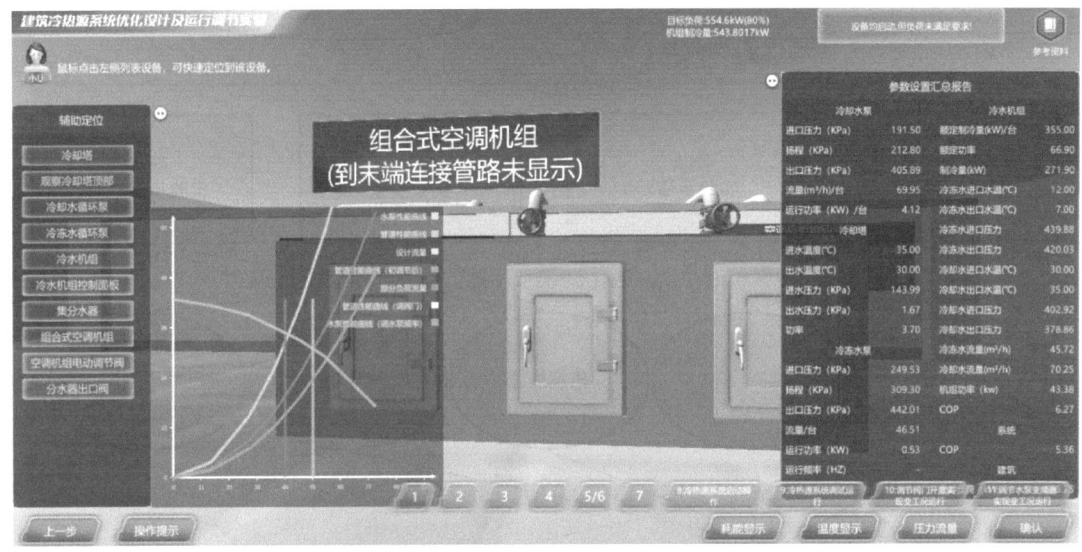

图17-3 应对负荷变化调节界面

(三)理论与实践相结合

将负荷计算算法、水泵曲线、管路性能曲线、热泵性能曲线嵌入软件底层,当学生在界面上操作时,这些理论会将计算结果显示在界面上,实现了理论与实践的紧密结合。

三、课程应用成效

(一)服务多门课程,提升应用广度与深度

在项目建设获批后,建设团队围绕获批项目进一步完善了建筑空调末端的虚拟仿真,以及拓展多变量影响下的系统运行调节的虚拟仿真实验。同时依托学院的山东省新旧动能转换专业对接产业建设项目,结合新能源技术与能源与动力工程相关专业的虚拟仿真建设项目,拓展新能源在建筑冷热源系统中的应用案例,建设了完整的从供能侧经能源输配管网至建筑用能侧的建筑能源系统虚拟仿真平台。

本实验可服务多门课程(如图17-4所示),提升了实践教学的深度和广度。

(二)多维度的开放共享模式建设

本项目从实验地点、面向对象、实验管理平台等方面建立多维度的共享模式。

本实验采用线上实验方法,在有常规计算机和网络的地方均可使用。既可进行线上教学,也可在集中机房进行线下教学,建立了线上线下混合式教学的组织模式。不仅面向在校学生,还对社会上的非在校生开放。

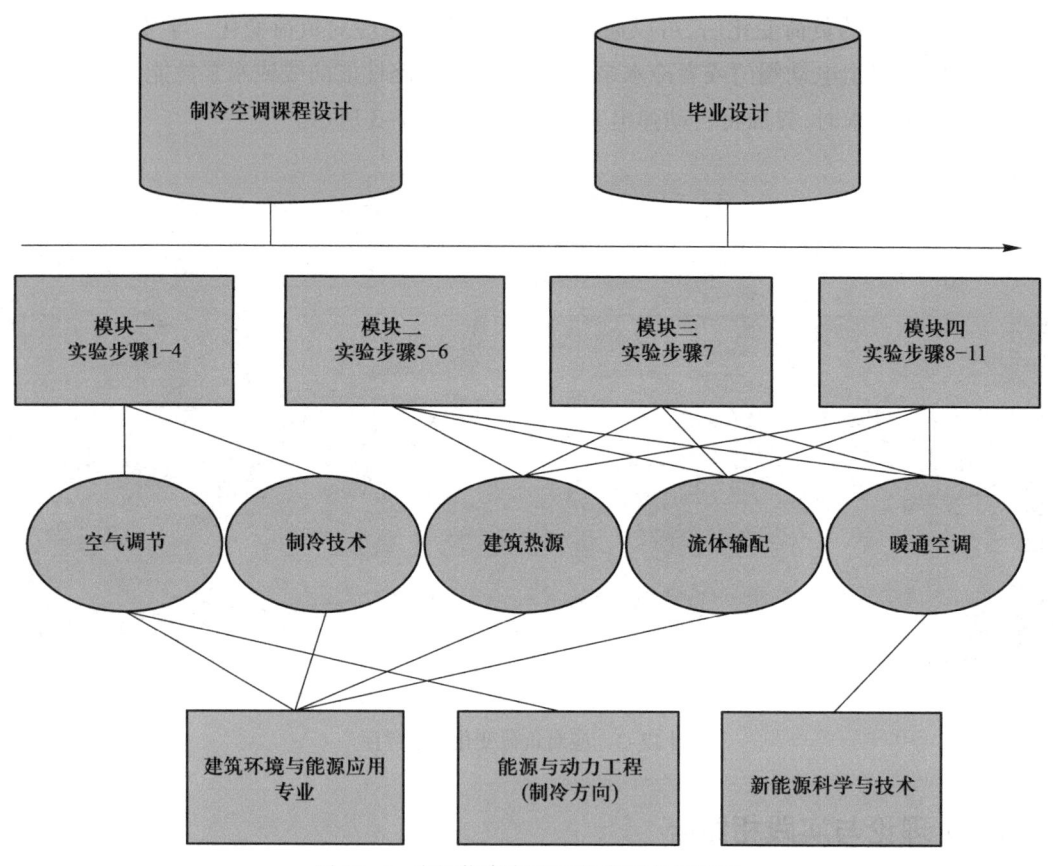

图 17-4 虚拟仿真实验服务多门专业课程

1. 面向在校学生

本虚拟仿真实验项目要求掌握建筑冷热源系统优化设计方法及运行调节方法,因此与建筑能源相关的专业,如建筑环境与能源应用工程、能源与动力工程、新能源与科学工程、能源与环境工程等专业的学生均纳入该实验的覆盖范围;

本校学生本科三年级及以上、完成专业基础课程及专业课程后均将此虚拟仿真实验纳入相关课程的实验教学中,作为提升理论知识深度和广度的教学组成部分。

本虚拟仿真项目将依托实验空间教学平台,向山东省内设有建筑环境与能源应用工程专业及能源与动力工程专业(空调制冷方向)的高校及高职院校免费提供教学资源及远程指导。

2. 面向社会的非在校生

本虚拟仿真实验项目具有较强的工程实践性和系统性,亦可向科研院所及设计类公司免费开放,作为新入职员工的技术培训项目。通过反复操作各实验步骤,设计人员不仅可以熟悉和巩固大学期间所学的理论知识,同时还可以快速掌握系统设计及运行调节的方法。

课程团队:

崔萍、张林华、曲云霞、刘吉营、谢晓娜。

案例 18：虚仿助力实验教学，大力推进资源共享——华中师范大学"发展心理学"实验教学应用示范课程优秀案例

华中师范大学

一、基于虚拟仿真的"发展心理学"实验教学

"发展心理学"是心理学本科人才培养的专业主干课程，主要关注个体毕生心理发生和发展规律。然而，传统"发展心理学"教学主要以理论讲授为主，无法开展整体性的养育实验，主要原因如下。

（1）个体发育发展过程存在"不可逆""时程长"的特点，且由于人类生命体的复杂和珍贵，养育实验受道德伦理制约较大。

（2）常规实验均限制了实验过程和结果，无法实现多元结果和因素探讨。

（3）常规实验一般仅有单一场景，无法实现多场景跨阶段实验。

针对上述难题，华中师范大学心理学院依托心理学国家级实验教学示范中心和心理与行为国家级虚拟仿真实验教学中心建设了"儿童养育过程及其影响因素探索"虚拟仿真实验教学项目，基于虚拟仿真和现代化信息技术，构建虚拟儿童的发展模型，模拟真实的养育事件和场景，实现儿童虚拟养育过程的可视化和操作化。该项目于2018年获批国家级虚拟仿真实验教学项目，并于2020年完成二期建设。

结合课堂教学和虚拟仿真实验操作，能够实现以下实验教学目标。

（1）以整合性、直观性养育实验，助力学生整合发展心理学各子领域知识。

（2）结合生活场景和发展理论，促进学生从理论化学习到实践性技能的落地。

（3）以仿真养育形式，促进学生情感联结和学习动机激发，进一步提升学习热情。

虚拟仿真实验分为虚拟养育和训练反馈两种模式。其中虚拟养育模式以三维动画形式呈现，针对不同阶段，优选关键性成长指标对学生进行养育视角的实践技能训练。举例来说，在新生儿阶段，则会包括新生儿的出生、睡眠、喂养、外界环境刺激、抬头、微笑、翻身、追声、独坐等关键性的成长阶段。学生以父母角色进行养育互动和决策，完成养育任务。基于不同的养育选择，实验会呈现出不同的养育结果，力求还原真实的养育过程。

训练模式以网页形式呈现，包含情景模拟练习、不同领域养育选择、阶段性总结思考、师生互动答疑等步骤，涉及身体发育、智力发展、人格形成等多个领域。该模式以强大的养育数据库为支撑，记录学生的养育过程，通过数据分析，评估养育决策和行为，呈现不同的养育结果，并在阶段性虚拟养育完成后，自动生成生长发育报告，操作示例如图18-1所示。

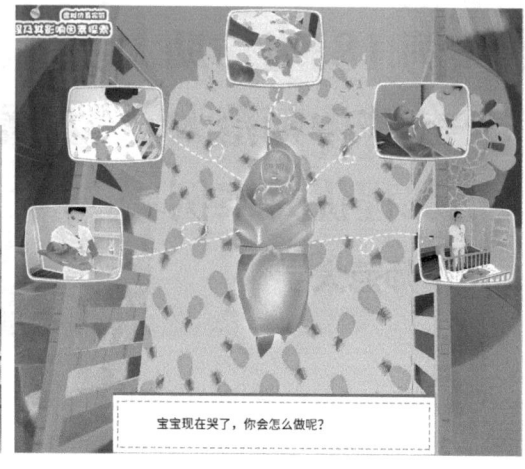

图 18-1　虚拟养育实验操作示例

二、探索"三化五促"的实验教学新模式

课程采用"知识点讲授—课后研讨答疑—儿童养育虚仿实验教学—全方面在线资源提升"的多元教学资源支持的在线授课模式,充分提升学生的学习自我效能,切实实现从以教为主到以学为主的转变,教学设计示例如图 18-2 所示。

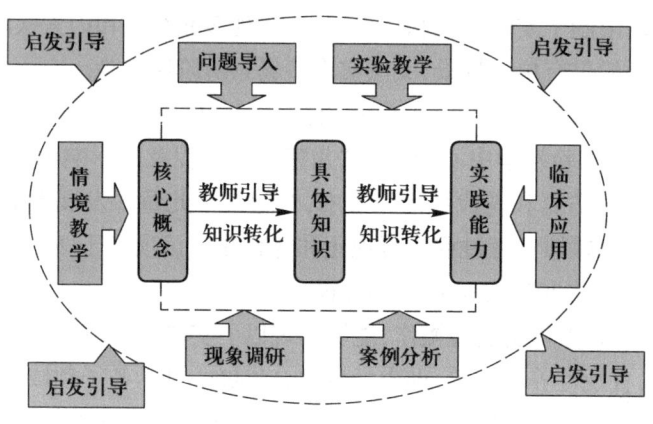

图 18-2　教学设计示例

整体课程内容包括三个模块,分别是理论基础,实验整合和扩展提升三大部分。其中,实验整合部分,能够帮助学生在理论基础学习部分之外,进一步整合不同领域的发展理论和关键知识点。该部分的实验教学分为:实验过程讲解示范、学生分组和角色选择、典型养育事件探索、教师实验指导答疑、思考归纳和总结五个阶段,将"启发式教学""探究式教学""体验式教学"和"同伴辅助学习"(PAL)等模式相结合,实现"三化五促"。"三化"是指通过虚拟仿真技术达到理论视觉化、设置虚拟养育事件实现经典案例生活化、提前预估学习进度和可能疑问进行问题节点化;"五促"是指通过虚拟仿真实验促进理论理解、促进实际应用、促进主动思考,促进学习热情,促进线上学习效率。

课程评价采用多元过程评价体系,实现从结果评价到过程评价的转变。课程整合评估学生的小组讨论(10%)、关键概念研讨(10%)、随堂测验(10%)、实验报告(30%)、小组演示(20%)、期末考试(20%)等环节。同时结合线上实验平台,将过程考核更加多维化,及时对学生进行反馈,激发学生的学习动机。

针对实验教学,也进一步将"三化五促"落实到教学过程中,形成了基于现实情境和虚拟问题解决双重思考模式的特色实验过程,促进学生理论知识到实践能力的整合,实验教学设计示例如图18-3所示。

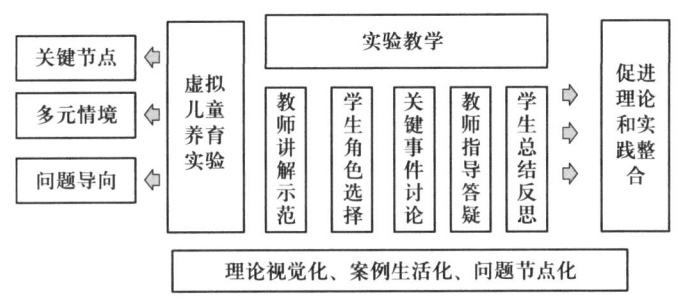

图 18-3 实验教学设计示例

三、持续推进资源共享,力求精益求精

"儿童养育过程及其影响因素探索"项目自获批2018年国家级虚拟仿真实验教学项目后,即部署在实验空间上,面向全国高校进行开放共享。

2020年,华中师范大学心理学院积极探索在线实验教学模式,大力推进虚仿资源共享,充分发挥国家级实验教学中心的示范辐射作用,联合湖北省内心理学兄弟单位组成教学联盟,迅速组建了儿童养育虚仿实验项目教学指导、技术支持、推广服务三个专项工作组,为校内外用户单位持续提供教学答疑和技术支持等服务工作。该项目应用于华中师范大学、广州医科大学、广东财经大学、广西师范大学、河南师范大学等20所学校"发展心理学""学前儿童发展心理学"的课程教学。

2021—2022年,学院持续面向全国高校免费提供开放共享服务,项目应用于华中师范大学、广东财经大学、河南师范大学、湖北科技学院、湖北中医药大学等11所学校的实验教学。截至2022年7月底,项目累计浏览量37 375人次,累计总实验人次5 439,累计做实验人数3 642人,用户覆盖学校100余所。

此外,学院还积极推进虚拟仿真项目的后续建设和开放共享工作,2019年初启动二期项目建设,2020年底基本建设完成,2021年在院内试运行,并搭建了校外开放共享渠道。计划自2022年下半年始,一期和二期项目共同面向全国高校免费开放共享,以最大化项目的共享应用效能,持续提升学科信息化建设与应用水平,全面助力高校教育信息化蓬勃发展。

课程团队

课程负责人:周宗奎,华中师范大学心理学院教授,研究生院院长。

团队成员:刘勤学、赵庆柏、马红宇、孔繁昌。

案例 19：高地应力区深埋软岩洞室开挖及支护虚拟仿真实验教学项目
三峡大学

一、课程内容简介

（一）课程内容

为响应我国"十三五"规划纲要提出的加强深地领域战略部署的号召，本项目结合土木工程专业课程建设目标，围绕"地下建筑结构与施工""隧道工程""土木工程施工""土木工程仿真综合实训""认识实习""生产实习"等课程教学任务，开展虚拟仿真实验教学项目建设。

通过学习，实验者可直观、熟练地掌握地下工程中常见的地应力测试技术、超前地质预报法、超前注浆帷幕施作法、超前小导管注浆法、洞室开挖方法及支护措施的选取与设计。

项目采用校企共建、共管、共享模式，由教师、软件企业、施工单位共同建设。通过模块化组合式方法进行知识点搭建，可满足不同教学目标下的通用教学要求和理论与实践教学结合的个性化要求。实验涉及三大教学模块、十八个子模块及相应的主要交互操作、知识点关系。

（二）课程实施情况

本实验教学项目坚持"虚实结合、问题导向、教研融合、创新实践"的教学理念，依托湖北省土木与水利工程虚拟仿真实验教学中心、国家级野外科学观测研究站等教学及科研平台，大力推进实验教学改革，自主研究并实行了"七模式教学法"，如图 19-1 所示，致力于培养学生的问题意识、创新精神、主动学习和自我反思的能力。

1. 创新型人才培养

本项目在前沿探索模块引入了多项地下施工前沿技术和研究团队创新成果，提供了体验式、开放性、多元化的教学平台，引导和培养学生创新思维，使先进的科研成果和技术快速融入教学，解决了教材内容更新慢，学生无法及时接触相关理论和技术前沿问题，实现了教学的高效性、工程的实用性、理论的先进性。同时，在教学过程中，教师和学生通过互动和讨论，碰撞思维火花。以此为基础，受训学生已获专利授权 300 余项（其中发明专利 50 余项），获得国家级、省级大学生科技创新赛事奖励 20 余项，真正实现了"教学促进科研，科研反哺教学"的良性循环模式。

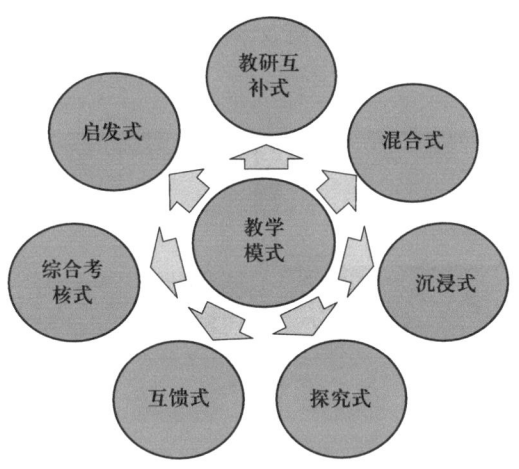

图 19-1 "七模式教学法"实施过程

2. 混合式实验教学

洞室开挖属于隐蔽性工程,造价昂贵,施工过程涉及地应力测试、围岩分级、超前地质预报、开挖与支护、监控量测等 100 余道主要工序,涉及湿喷机、气腿凿岩机、衬砌台车等大型施工设备。因其施工周期长,环境高危复杂,施工过程不可反复展示,现场实践教学有效开展存在较大困难(如图 19-2 所示)。

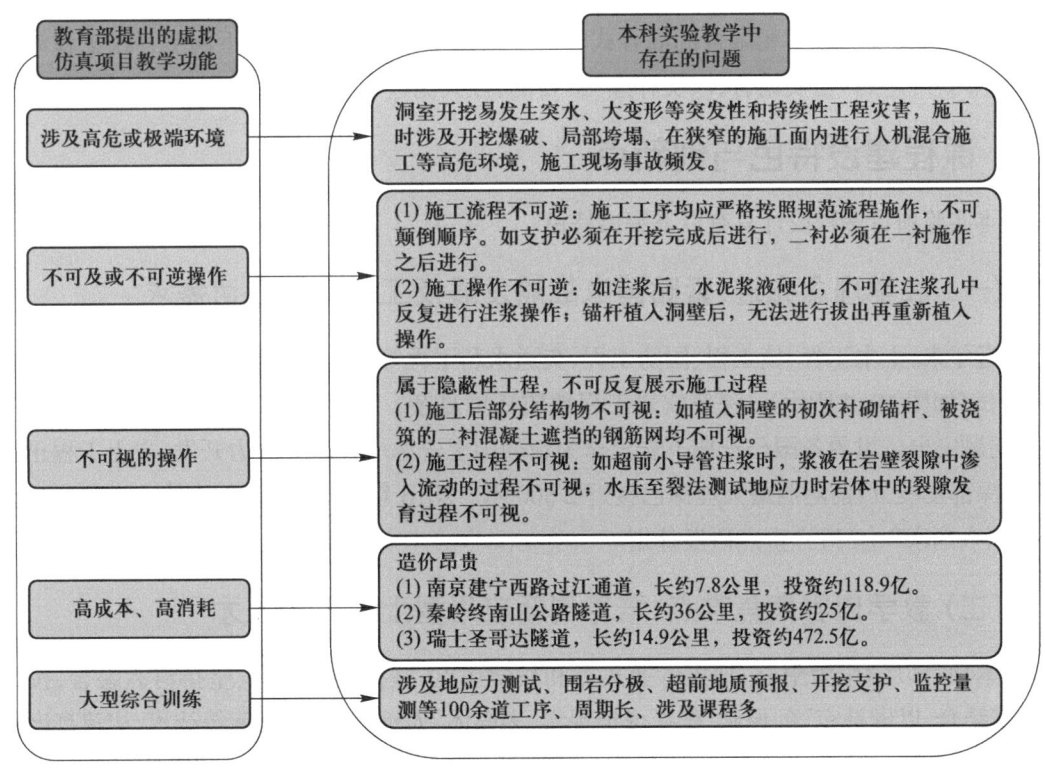

图 19-2 教学中存在的困难

在虚拟仿真实验教学中,学生可进入虚拟的洞室开挖支护环境,直观形象、立体生动地体验、感知与领略高地应力软岩洞室在开挖支护过程中的空间、布局和结构演化规律;掌握工程环境创设的要点、设备设施的配备规范及参数计算;学会规划高地应力软岩洞室施工全过程(如图 19-3 所示)。

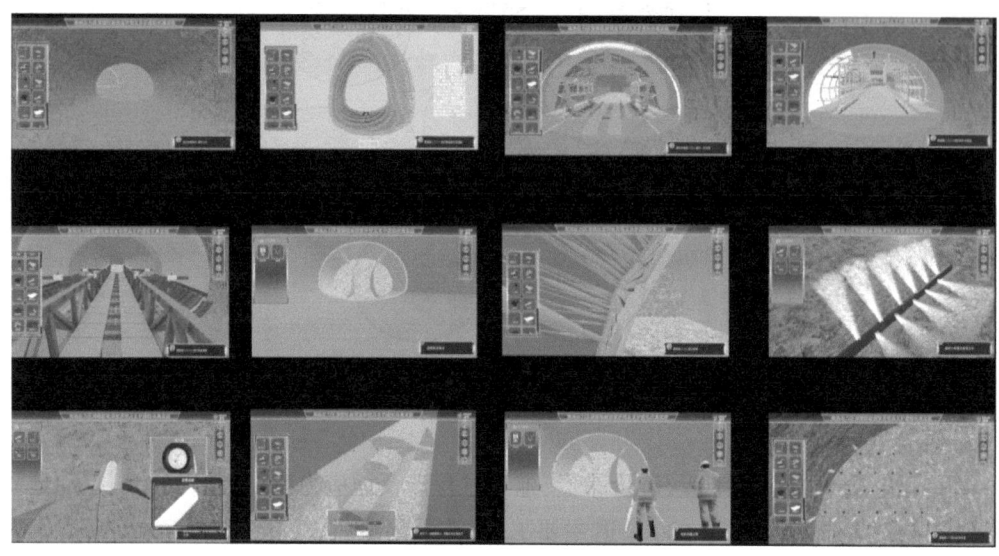

图 19-3　洞室开挖支护沉浸式实验操作体验

为达到更好的教学效果,教师在授课过程中采用了施工现场实地教学、室内模型试验教学及虚拟仿真实验教学相融合的混合式教学模式,从不同角度引入地下洞室开挖工程涉及的知识内容,达到"虚实结合,以实补虚"的目的,极大促进了实验教学改革创新。

二、课程建设特色与创新点

本实验项目课程设计具有以下突出特色。

(一) 教学理念先进,紧贴国家战略发展及工程建设迫切需求

近年来,土木工程、核工程、国防工程、交通水利工程等行业地下工程规模和深度均在高速增长(如图 19-4 所示)。深部软岩工程地质环境复杂,"三高"(高地应力、高水压、高地温)问题突出。世界各国已把地下岩土作为新的国土资源增长点在大力开发,岩土工程正快速向深部发展,目前隧洞最大埋深已接近 2 500 米。2016 年我国将"深部岩体力学与开采理论"列入国家"十三五"重点研发计划。

(二) 教学内容聚焦难点,培养创新应用型土木工程人才

本项目以学生为中心、把握专业热点和教学痛点,坚持问题导向、坚持科教融合,按照"虚实结合、以虚补实"的原则,依托虚拟现实、多媒体、人机交互、数据库等技术,构建高度仿真的虚拟实验环境和实验对象,服务于多门课程。实验设计与教学全过程坚持"育人为本、德育为先"理念,把培育和践行社会主义核心价值观有机融入整个教学体系,为新时代中国特色社会主义建设培养具有专业胜任能力和社会适应能力的创新应用型土木工程人才(如图 19-5 所示)。

图 19-4 多个行业涉及深部地下工程

图 19-5 项目架构图

(三) 教学方法创新,实现了"教学促进科研,科研反哺教学"良性循环模式

本项目成功实现了高水平的科研成果转化应用于教学。项目组已主持完成与本实验项目相关的国家级纵向课题 20 余项及锦屏水电站地下厂房、南水北调穿黄工程等国家重大战略性工程 30 余项,获得省级教学成果奖 3 项及省级、校级教研项目 20 余项,省部级科技进步奖 10 余项。

（四）实现了依托大型工程科研项目，校企共建共享

中国葛洲坝集团路桥工程有限公司等 5 家企事业单位已通过本虚拟仿真项目线上平台对职工进行深埋洞室开挖支护施工技术培训。通过大量可自主操作、自主设计的三维交互操作，大幅提升了职工理论知识和专业技能。同时，企业也作为三峡大学签约实习基地，给学生提供了固定、良好的认知实习基地，丰富和扩大了学生的实践认知领域，学生可迅速了解最新的施工技术动态及技术需求，激发出解决实际工程问题、投身科学研究的兴趣。

通过校企共建共享管理模式，企业、教师和学生均受益颇丰，已合作完成了多项大型工程科研项目。2018 年 9 月，三峡大学与中国葛洲坝集团路桥工程有限公司联合申报的"高压富水复杂地层盾构成洞技术理论研究及应用"项目获湖北省科技进步二等奖。

三、课程应用成效

（一）对理论教学的"补位"作用明显，填补高地应力深埋软岩施工虚拟仿真教学项目空白

地下工程方面的理论教学一直停留于"书面讲解"的阶段，教学过程缺乏形象性和感知性，普遍存在着"教师讲得费劲、学生学得困难"等诸多问题。本项目作为"隧道工程""土木工程仿真综合实训"课程的必修实验内容，让学生在虚拟环境中选择不同施工流程和特殊施工设备并进行互动操作，把线下课堂中所学的知识应用于线上实验中，有助于学生快速理解枯燥的隧洞施工专业理论，提前感知施工环境的复杂性、施工过程的危险性、工程技术方法的重要性。

课程上线以来在课程网站已有 7 714 人次完成了实验，总浏览量近 9 万人次。其中实验空间网站实验人次为 1 877，总浏览量 1 万人次，实验平均用时 61 分钟。使用范围覆盖 19 个省份，2021 年 1 月 9 日湖北电视台教育频道对课程进行了专题报道。

依托本实验项目，教学团队主要成员已获批教育部产学研协同育人项目 1 项；获得"专岩杯"第五届全国青年岩石力学与岩土工程创新创业大赛二等奖 1 项，指导学生获得"挑战杯""互联网+"等国家级三等奖 1 项、省部级二等奖 3 项，2 项教学成果经院士专家组鉴定达到国际领先水平。

（二）校企共建共享实验教学资源、服务社会效果明显

本项目在培养专业化隧洞施工设计人才上具有显著优势，吸引了许多企事业单位人员和社会人员主动接受该项目的培训。自 2016 年 9 月至今，已为葛洲坝五公司、葛洲坝基础公司等施工企业培训专业隧洞设计施工人员 2 000 余人，大大提升了从业人员的专业化水平。

目前，虚拟仿真教学资源不仅惠及本专业的师生，也支持了我校其他相近专业的理论与实践教学，已有 5 个专业 11 门课程采用本实验项目开展教学活动。同时，为进一步服务

社会,共享资源,学院与重庆大学、河海大学、湖北工业大学等5所学校及中国葛洲坝集团路桥工程有限公司、贵阳勘测设计研究院等6家企事业单位达成长期合作协议,实现校企共建共享。

课程团队

课程负责人:王瑞红,三峡大学土木与建筑学院教授,岩土与地下工程系主任,主要研究方向为边坡及地下洞室开挖稳定性研究。

团队成员:刘杰、王乐华、雷进生、汪洪星。

案例 20：基于症状学的临床技能和临床思维虚拟实训教程

中南大学

一、课程内容简介

本项目以常见症状为切入点，基于临床收集的典型案例，通过运用 DDx 的临床鉴别诊断专家对比教学方法，将每个案例分为病史采集、体格检查、辅助检查、检查结果、鉴别诊断、治疗计划等多个功能模块，并通过大量的临床数据采集，将诊疗过程的资料以文字、声音、影像等多媒体互动的形式展示给学习者，并将虚拟的临床操作技术融合到案例中，进一步通过运用系统中强大的在线考核和评价对比功能，综合提高医学生的临床技能和临床思维能力。

目前该项目已经开发了以症状为中心的病例 7 例，主要覆盖内科和妇产科 2 个学科，每个病例 1.5 个学时，总时数约 10 学时，每个病例均符合医学生教学大纲要求，逻辑设置合理，有完整、符合最新医学生教材和诊疗指南的分步诊疗评价评分标准，可以让学生自主挑选病例进行有针对性地学习和练习，也可以用于教师对学生的考核。已经开发的病例有：发热查因、头痛查因、黄疸查因、心悸查因、呕血查因、皮肤色素沉着查因、阴道流血查因等。

二、课程建设特色与创新点

临床思维和技能的培养是医学教育的重要目标，目前国内外基于在线开展临床思维技能实训的教学课程和系统有很多，相对于国内外的同类项目，本项目有如下特色与创新点。

1. 教学理念新进，对接国家对医学生的培养方向：本项目对应本科临床教学和住院医师规范化培训，通过利用 3D 情景模拟的平台，依托湘雅医院临床技能中心网络终端，开发基于症状学的临床技能和临床思维虚拟仿真实训课程，所有案例均参照国家执业医师考核要求，符合医学生教材和诊疗指南的标准。本项目通过虚拟操作训练医学生的临床技能和临床思维分析能力，为进一步的临床实践打下基础。

2. 教学内容丰富，覆盖面广，具有广阔的案例开发空间：虚拟病人均来源于真实的临床案例，以临床症状为起点切入，具有广阔的案例开发空间，能够开发出覆盖多个学科的虚拟实训教程。目前已经开发出以症状为中心的临床思维案例 7 例，今后可以在此基础上不断开发新的病例，覆盖内外妇产科、儿科和急诊等多个学科，使学员可以在医学教育的全程进行有针对性地学习和练习。

3. 使用具有广泛性、便捷性和开放性：本项目基于互联网平台，不受时间、地域的限制，支持 PC 端、手机端、平板，评价机制合理，与临床紧密结合，虚拟病人基于真实临床的病情发展与变化,能够服务于广大的医学生。

4. 教学方法生动、直观、贴近临床真实情景:本项目采用情景模拟的形式,通过人机智能语音交互对虚拟标准化病人(VSP)进行问诊,让学习者掌握采集病史资料的技巧。通过多媒体对 VSP 进行体格检查,让学习者充分掌握体查中器械的使用和体查中各种异常体征的判读。通过多媒体手段模拟医院的辅助检查资料,让学习者掌握辅助检查申请的技巧,并掌握对影像学和检验学结果的判读。同时还可以练习各种相关的技能操作。利用鉴别诊断功能和专家对比模式,建立对学生的形成性评价体系;虚拟课程可以对学生在病史采集、体格检查、辅助检查、鉴别诊断、治疗计划等各个环节给出学习者操作的结果和系统标准流程的差异,通过专家对比模式,让学习者掌握临床技能和临床思维的思路和方法。

5. 项目具有考试的创建和设置功能,能够完成各种在线考核和评价:老师可通过个人账号和密码进行登录,对学生进行临床诊疗能力的教学/考核,并可查看所有学员考核时对每个病例处置的分数以及相关的临床能力分析。

三、课程应用成效

本项目自上线以来一直面向各高等院校的医学生、住院医师免费开放,并在线提供免费咨询服务,使各院校及广大的医学生能够更好地运用本课程,提高学生的临床思维能力和疾病的鉴别诊断水平。项目运行五年多以来,获得软件著作权 7 项,不断收到其他兄弟院校的咨询和合作请求,在基于本系统的技术平台上,其他高校也相继开发了自己的教学案例课程。

另外,本项目已经推广到徐州医科大学、山西医科大学、滨州医学院、宁夏医科大学、新疆医科大学、赣南医学院等高校进行校内教学使用。在 2020 年初新冠疫情防控期间,由于用户数量访问太多,采用了均衡加载技术,及时增加了 2 台服务器支持学生在线学习,除了支持本校学生学习之外,通过实验空间访问量达到 18 203 人次。

2021 年,本项目新增案例课程 1 项,并通过系统自编案例课程的功能模块对外开放,其他兄弟高校基于本系统的技术平台相继开发了 7 门课程,辐射到中医学、康复医学等学科领域。

2022 年,本项目将面向中西部高校启动"实验教学课程西部行计划",由中南大学附属湘雅医院内分泌科王敏教授主讲。

此外,由于本项目是基于症状学查因的临床思维训练虚拟仿真课程,以临床症状为起点切入,具有广阔的案例开发空间,能够开发出覆盖多个学科的临床思维训练课程,还可用于广大医学生和住培学员的培训。

课程团队

课程负责人:吴静,中南大学湘雅医院内分泌科主任医师,教授,博士生导师,内科诊断学教研室主任/临床技能培训中心主任,国家级线上一流本科课程和国家级虚拟仿真实验教学一流本科课程负责人。

团队成员:李新华、王敏、刘泽灏、张晓梅、郭纪锋、胡蓉、邓彭博。

案例 21：甲状腺超声检查及 AI 辅助诊断仿真实验系统

暨南大学

一、课程内容简介

（一）背景概述

甲状腺是人体最大的内分泌腺，甲状腺病变是严重影响人类健康的重大疾病，近年来甲状腺癌发病增长率位列肿瘤发病率首位。超声检查是甲状腺疾病筛查、诊断的首选检查方法，是医学影像学及临床医学专业学生必须掌握的内容。然而，甲状腺超声检查操作流程复杂，涉及知识点众多。传统教学实践由于标准化疾病模型缺乏、教学用超声设备少，学生很难获得充分的甲状腺超声检查实践训练。因此学生对甲状腺超声规范化检查认识模糊，对影像征象认识不充分，导致教学效率较低，教学效果较差，学生学习兴趣不高。同时，医学人工智能在医学影像学科临床实践过程中，已经呈现了众多应用场景，比如肺结节胸片筛查、乳腺钼靶智能筛查等，因此，人工智能环境下医学本科生的素质教育也对医学影像学的整体教学提出了新的要求。

课程团队基于大规模甲状腺结节超声图像构建人工智能诊断模型，预测准确率高达94%，实现了实时、智能、精准诊断，可减少患者不必要的有创穿刺甚至手术，具有重大临床及社会价值。课程团队开发建立了集医教研于一体的甲状腺结节良恶性智能诊断系统网站（如图 21-1 所示），同期开发了两个在线智能辅助诊断软件。在前期甲状腺结节 AI 辅助诊断的科研及教学积累基础上，课程团队利用虚拟仿真技术建立甲状腺超声检查实验系统，使学习者能掌握甲状腺超声检查基本流程、了解超声仪器使用及加深对不同病例的认知。

（二）授课目标

医学教育是卫生健康事业发展的重要基石。面对健康中国新任务，医学教育需要实现创新发展。医学影像学是基础医学向临床医学过渡的桥梁，其专业性、实践性强，内容繁多。而影像诊断是培养学生基本技能、专业能力、技术应用能力和创新能力的重要组成部分；它内向联系疾病发生本质，外向揭示疾病演变规律，是专业知识、实践技能和创新能力培养与实践的重要环节。基于此，课程负责人秉承立德树人的根本任务，坚持"厚基础、宽口径、强能力、重创新、高素质"的教学理念，建立了基于"双轨联动、三向融合"的线上线下混合式翻转教学模式(如图 21-2 所示),以 PBL-CBL 双轨制教学形式传授学生的基础理论知识,着重在线开放课程、虚拟仿真实验、线上教学平台三个方向培养学生的实践能力和创新思维能力,构建"学术交流—AI 诊断—虚拟仿真实验—在线开放课程"多元化教学模式,实现"德育融合、科教融合、虚实融合、医工融合"四维协同,加强对学生实践能力、职业素养、创新思维的培养,积极践行三全育人目标,致力于新时代人才"道术、仁术、学术、技术和艺术"五术一体共同发展。

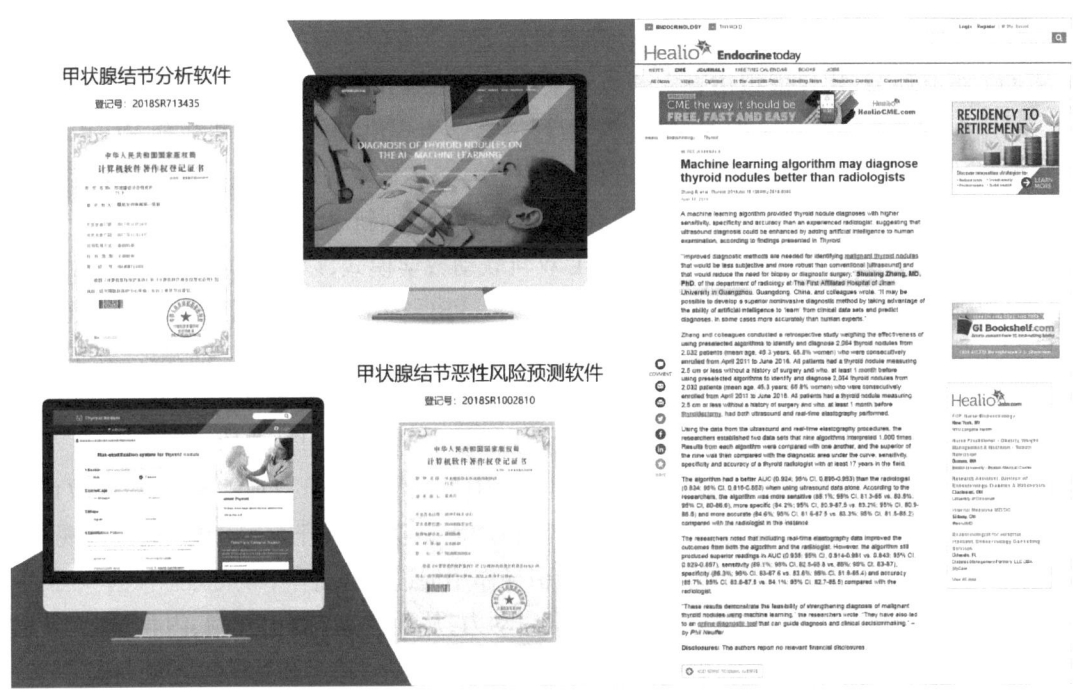

图 21-1　人工智能的甲状腺结节分析软件

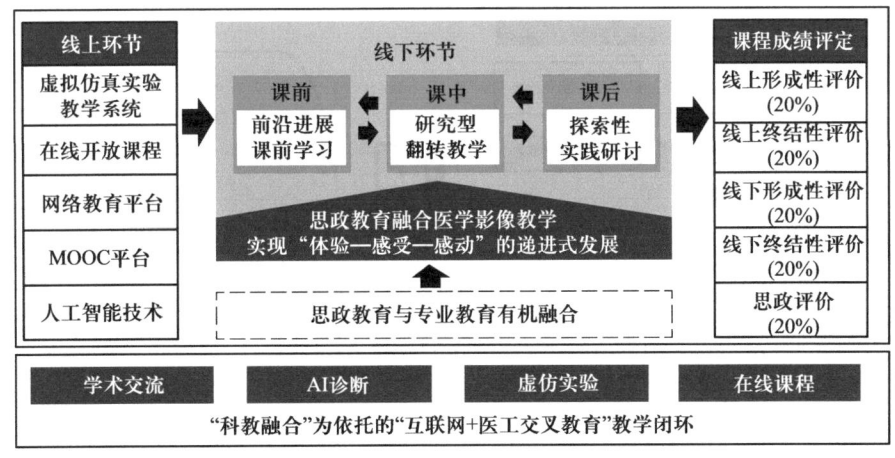

图 21-2　基于双轨联动、三向融合线上线下混合式翻转教学模式图

案例 21:甲状腺超声检查及 AI 辅助诊断仿真实验系统

二、课程建设特色与创新点

(一) 教学设计

1. 教学内容及组织实施改革

建立以"科教融合"为依托的"互联网+医工融合教育"教学平台,平台建设以"学术交流—AI 诊断—虚拟仿真实验—在线开放课程"形成一个教学闭环,实现面向学习者的多元化、全方位教学模式,注重学生实践和创新思维能力的全方位培养。

(1) 线上环节:构建虚拟仿真实验教学系统结合在线开放课程及网络教育平台开展教学,利用虚拟仿真实验系统构建沉浸式学习环境为学生提供实操机会,并结合 MOOC 平台针对甲状腺超声基础理论及相关应用进行重点教学,夯实学生实践基础,同时综合人工智能技术帮助学生了解医学与信息科技交叉前沿,培养学生的创新思维能力。

(2) 线下环节:线下课堂采取 PBL-CBL 双轨联动教学模式,以问题为基础、以学生为中心、以教师为引导,培养学生的临床实践思维能力。PBL-CBL 双轨联动教学模式下,教师是"导演",学生是"演员",在翻转课堂中,教师引导学生对知识主动探索、主动发现,并实现对所学知识的自主构建。此外,本课程特别设置一期两次阅片技能比赛,让学生在比赛实践中学习理论,通过实践理解理论,并结合虚拟实验做到赛训融通,取得预期的教学效果。

(3) 思政教育与专业教育有机融合:课程教学中重视学生的价值观塑造,将思政教育融入教学,以课程思政为指导,构建德育平台增加学生参与度,提升学生自身情感,实现"体验—感受—感动"的递进式发展;加强教师的引导作用促进情感升华,形成感恩社会、敬畏生命、重视责任的核心价值观,提升学生的学习内动力,从而达到"固化于制、内化于心、外化于行"的德育期望,最终将学生培养成具有"道术、仁术、学术、技术和艺术"的新时代"五术"人才(如图 21-3 所示)。

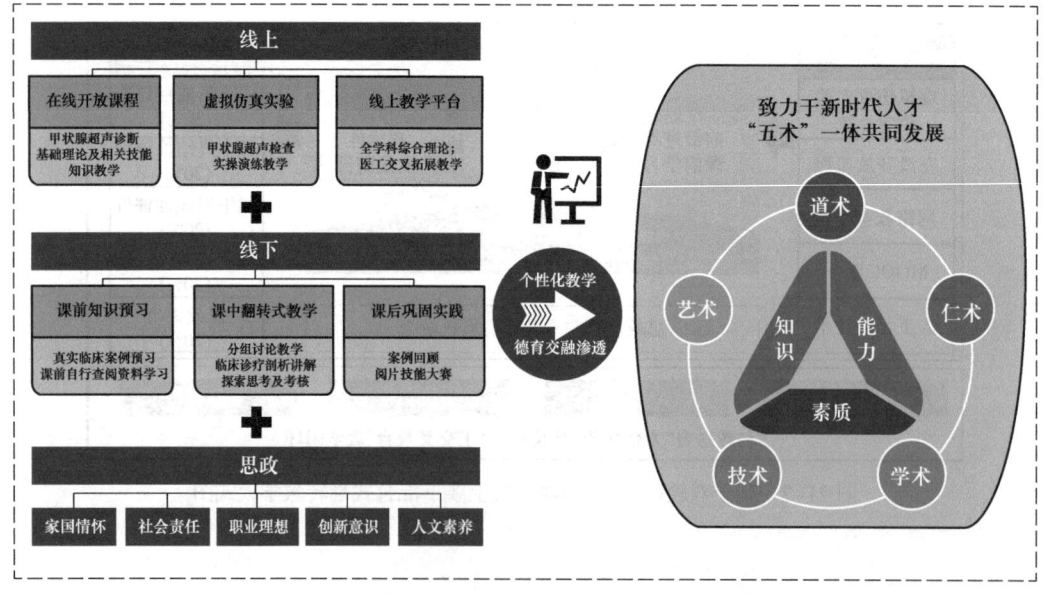

图 21-3 依托"互联网+医工融合教育"教学内容设计:以甲状腺超声检查为例

2. 课程成绩评定方式改革

课程采用将形成性评价、终结性评价及思政评价融入线上与线下交织的混合式科学考评机制,打造课程弹性评价体系(如图 21-4 所示),全面考查学生的综合素质。

(1) 形成性评价(40%)

① 线上:在线视频学习总时长及过程中各种问题穿插答题占到 10%;利用虚拟仿真实验完成实践操作,操作流程分占 10%。

② 线下:线下课堂参与度及小组讨论表现占到 10%,学生对实际病例的分析、诊断能力表现占到 10%。

(2) 终结性评价(40%)

① 线上:线上课程理论测试总分及讨论报告提交占 10%;线上虚拟实践操作完成及结果评分占 10%。

② 线下:每月举行技能学习考核与技能操作考核及期末组织学生举行技能竞赛占 20%。

(3) 思政评价(20%)

考核学生的家国情怀、社会责任、职业理想、创新意识、人文素养。

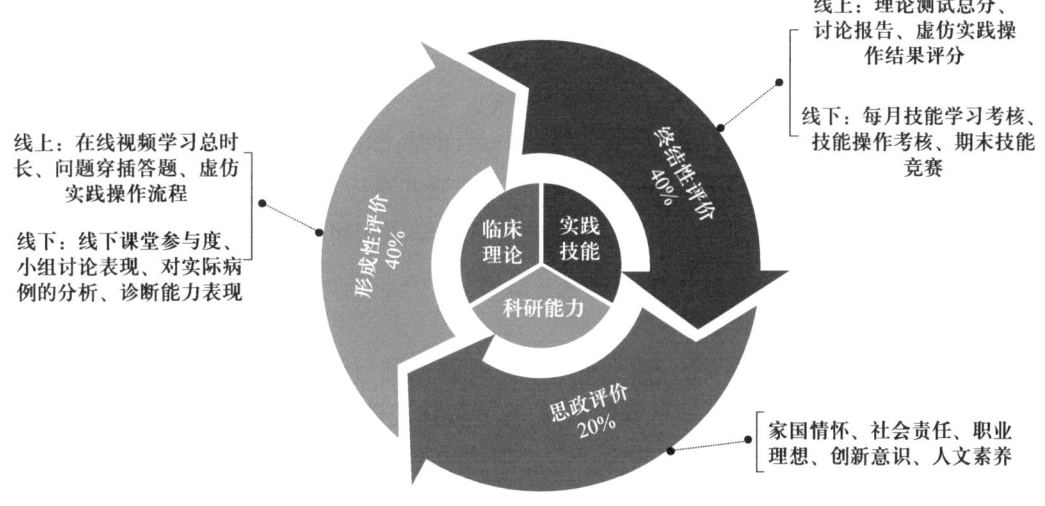

图 21-4 课程弹性评价体系

(二) 教学创新

本项目聚焦国内双一流和协同创新建设目标,紧抓人才培养核心,在课程设置、平台建设、教学组织、医工交叉、教研融合、协同育人等多方面富有创新,走出一条产学研协同创新教学改革之路。

1. 提出并构建了基于知识传授、能力培养、价值塑造、创新驱动递进融合的《医学影像学》线上线下混合式教学理论体系。

2. 提出并实施了"厚基础、宽口径、强能力、重创新、高素质"教学设计理念,创新了"医工结合、虚实融合"的线上线下混合式三全育人教学方法体系。

3. 建成了以"科教融合"为依托的"互联网+医工融合教育"教学平台,平台建设以"学术交流—AI诊断—虚拟仿真实验—在线开放课程"形成教学闭环为手段的全方位多元融合的立体式资源成果体系。

4. 建立健全在线开放教学资源共享应用服务平台,依托"互联网+医学影像学教育"示范性云平台,推动精准、全面的共享教学,提升课程共享广度与深度。

(三) 教学特色

本项目积极践行三全育人目标,推动"德育融合、科教融合、虚实融合、医工融合"四维协同,加强对学生实践能力、职业素养、创新思维的培养,致力于新时代人才"道术、仁术、学术、技术和艺术"五术一体共同发展。

1. 德育融合,完善实践教学德育路径

坚持新时期"立德树人"根本任务,秉持"基础能力、创新能力、实践技能及文化素养"培养齐头并进思路,构建德育平台,实现专业教育、实践教育与德育的交融渗透。

2. 科教融合,创建医教学研互动平台

积极驱动科研成果向教学实践的转化,将人工智能技术与影像专业理论授课相结合,努力提升影像实践临床实际应用,实现医疗、教学、科研三者协调发展,相互促进,树立医、教、研有机结合研究典范。

3. 虚实融合,开展线上线下混合式实践教学

坚持实践育人,紧扣智能课堂。依托在线开放课程、虚拟仿真实验、线上教学平台建设"互联网+医学影像学教育"示范性云平台,加大课程共享应用力度,大力推进线上线下混合式实践教学,以学生为中心,以数据为依据,实现教学资源可优化,教学过程可回溯,教学评价可迭代。

4. 医工融合,加强基础与临床融合

专注"一流学科、一流学院、一流平台"定位,加强基础与临床融合,依托"互联网+医工融合教育"教学平台,整合线上线下教学资源,建立立体式课程资源成果体系,推动以国家战略需求和临床问题为导向、以基础前沿研究为引领的多元融合发展,提高教学效能,提升人才培养质量。

三、课程应用成效

本课程于2019年在实验空间上线,通过课程团队多方的推广与应用,已有20所高校和单位利用该平台进行教学,并取得一致好评。截至2022年7月,该课程的实验浏览量超过46 900次,实验人数超过5 771人,总实验次数达16 332次,实验通过率达到94.9%,平均时长36.85分钟,平均成绩85.36分。

本课程获得广东省2021年在线教学优秀课程案例一等奖及第二十五届全国教师教育教学信息化交流活动创新作品。课程团队通过主办、承办学术会议宣传推广了课程的建设与应用成果,并与企业共同运营"互联网+甲状腺结节智能诊断系统",积极促进了科研成果产业化,树立了产学研用有机结合的成功典范。该系统还获得欧洲知名媒体 Endocrine today 的专题评论报道,认为该智能诊断模型有望改善甲状腺结节目前基于经验的诊断模式。同时本团队还基于甲状腺激素水平及超声图像构建了甲状腺结节风险分层系统,取得了较好的应用效果。

课程团队

课程负责人:张水兴,暨南大学附属第一医院副院长,教授,主要研究方向为神经、头颈影像诊断及肿瘤功能成像、肿瘤微环境可视化影像组学、影像对比剂的临床应用。

团队成员:方进、张斌、昌伟、钟兴。

案例 22：牙拔除术虚拟仿真—触反馈—多媒体实验教学系统

重庆医科大学

一、课程内容简介

（一）线上线下教学结合

课程组设专职教学秘书，全程管理相关教务，学院与北京众绘虚拟现实技术研究院有限公司共建教学资源，保障运营更新、版本迭代和教学的有序开展。

1. 课前集体备课，保障教学质量

为更好地开展虚实结合教学，教研室教师开展课前集体学习、备课，熟悉授课内容，掌握教学流程。

2. 线下教学

牙拔除术是口腔操作技能中比较难的项目，课程组保留了传统的线下教学，结合模型、视频，临床观摩讲解口腔各种局部麻醉的方法、步骤，拔牙器械的分类及用法，牙拔除术的基本操作步骤、方法。同时依托"基于力反馈的口腔线下虚拟仿真教学系统"开展虚拟仿真教学。内容包括"拔牙知识库""单项技能训练"和"拔牙综合训练"三个模块。其中拔牙知识库包括：局部麻醉术、拔牙器械认知及使用、牙及牙槽窝的解剖生理、拔牙术的步骤，以及拔牙的适应证、禁忌证和并发症；单项技能训练的内容包括：局部阻滞麻醉、牙龈分离、牙挺及牙钳的选择和使用；拔牙综合训练模拟了病例查看、工具选择、椅位调整和拔牙操作等完整的临床拔牙过程，并且包含普通牙拔除和阻生牙、埋伏牙等不同难度的病例。

3. 线上教学

在教师指导下，学生通过操作"基于拔牙全过程训练的虚拟仿真线上系统"，强化牙拔除术方法及注意事项的学习，过程包括：① 对虚拟患者进行问诊；② 对虚拟患者进行检查；③ 制定拔牙方案；④ 进行干预治疗；⑤ 术前准备，调整患者体位、医生椅位，选择工具；⑥ 进行虚拟麻醉操作；⑦ 进行牙龈分离；⑧ 使用牙挺；⑨ 使用牙钳；⑩ 进行术后处理；⑪ 查看操作结果。系统全程监控学生的操作，并进行每个步骤的评分和综合评价，从而实现客观、量化的培训考核体系。同时学生依托该课程，开展牙拔除术的课前预习与课后强化学习。课程内容如图 22-1 所示。

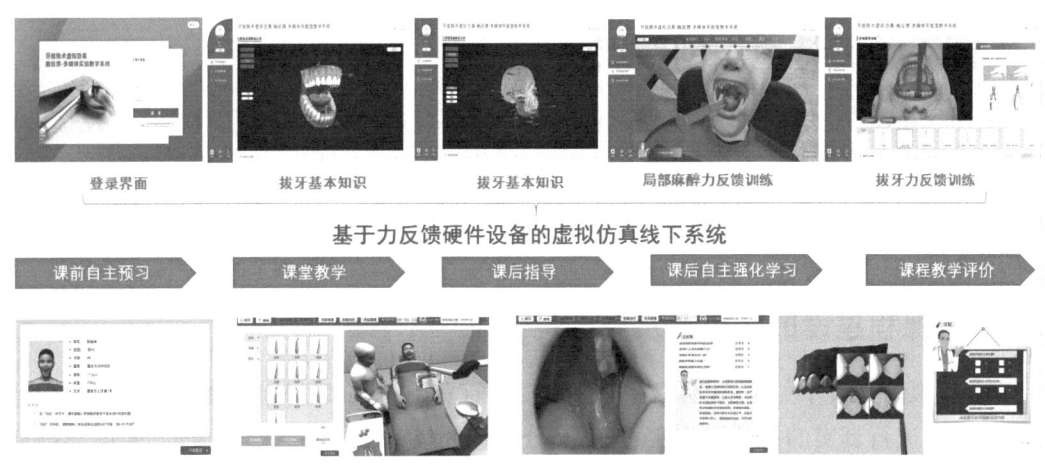

图 22-1 课程内容

(二) 教学评价促进教学改进

开展虚实结合教学质量评价：如图 22-2 所示，59.37% 学生表示实验操作和临床很贴近或者贴近，71.88% 的学生表示系统对实验内容的学习很有帮助或有帮助；92.19% 的学生表示通过系统学习，对操作流程有了更清晰的认识；62.51% 的学生表示虚拟仿真教学系统对提高自主学习能力很有帮助或有帮助；68.75% 的学生希望老师讲解后能够进行示范操作；46.87% 的学生表示非常适应或适应虚实结合的教学，46.88% 的学生表示一般，仅 6.25% 的学生表示不适应。

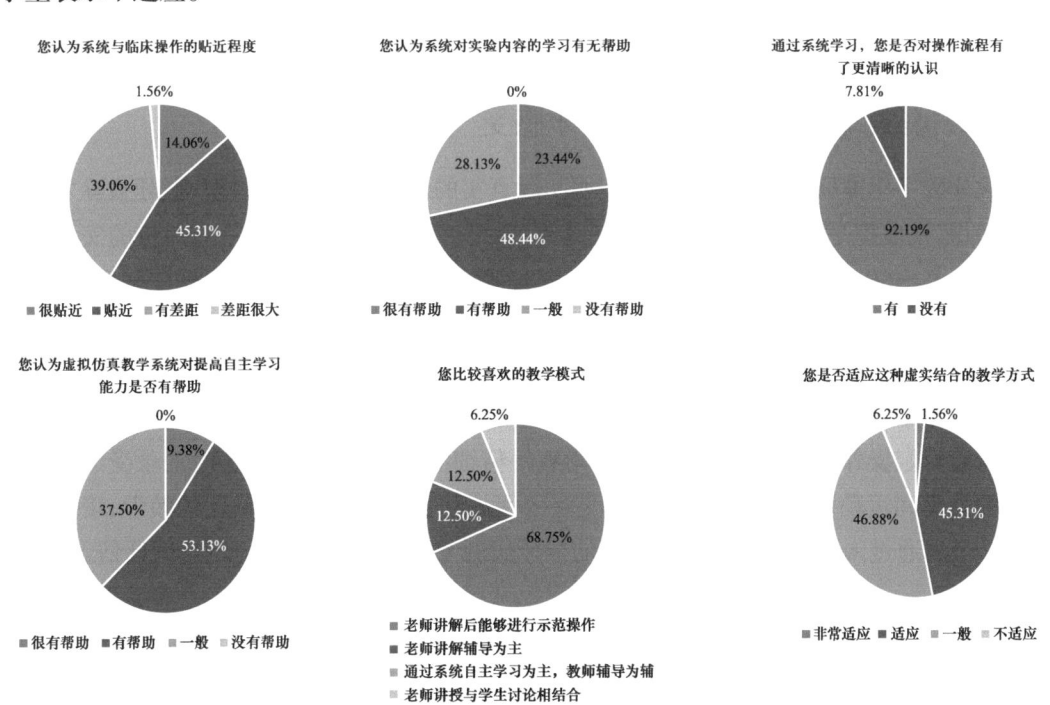

图 22-2 开展虚实结合的教学质量评价

二、课程建设特色与创新点

本课程在建设过程中开发了第一套与临床环境高度逼真,且结合了高精度力反馈装置的牙拔除术操作培训系统。它结合了口腔医学、信息工程、自动化、大数据等不同学科和方向,完美地将多学科进行交叉融合,突出了前沿知识和技术的创新,引领了国内教学模式及方法的进步。

(一)课程建设的必要性及先进性

(1)虚拟仿真拔牙实验系统具有无须耗材、节省费用、无临床风险的优点,可以让受训者在进入临床进行真实的拔牙操作实习前,充分掌握牙拔除术的临床操作流程、要点、器械和主要难点,避免了可能造成的临床并发症和医疗纠纷。此外,还可弥补部分院校无法充分满足学生临床实习需要的不足。

(2)本系统通过建立一个虚拟仿真的力反馈训练操作环境,让受训者进行牙拔除术完整操作步骤的练习,受训者能实际体验特定手术操作所需要的器械、手部力量、运动轨迹和精细的操作技能,避免造成手术并发症。系统可以在考核时记录受训者操作的全过程,并进行人机交互的回放和分析,从而实现量化的教学、培训和考核,让教师可以对学生进行客观一致的评价。

(3)受训者可以从多媒体资料库中选择需要巩固的基础知识,并可自由选择需要重点训练的练习模块进行反复练习,充分调动了学生参与实验教学的积极性和主动性。

(4)本系统能够让教师通过教学总控系统对学生进行实时追踪,从而更有效率地对学生的实习操作进行监督和指导。此外,教师还可根据学生的实习情况,通过上传新的病例,让系统管理人员创建和更新训练内容和考核病例,使系统更适合于各个单位的个性化需求。

(二)虚实结合,力反馈体验拔牙感受

拔牙数字化虚拟仿真培训系统是按照实际真实的牙槽骨解剖、牙体解剖、牙拔除术相关操练知识,在虚拟平台上建立的三维实景仿真系统。在每个仿真项目都有对应的实训项目或机器设备,其中力反馈机制模拟逼真,确保实训教学中虚中有"实"。根据课程教学目标,构建完整的实践能力培养体系,在能实不虚的基础上以虚补实,实现整个课程体系的虚实结合。受训者在经过系统的多媒体交互式教学后,首先在虚拟仿真+力反馈教学环境下,分步骤练习拔牙术中的各项基本技能,然后针对不同类型的拔牙病例进行综合训练。受训者能实际体验特定操作所需要的力量、方向、角度等精细的动作技能;系统实时记录受训者操作过程的力觉和运动数据,可以进行人机交互的回放和分析,从而实现量化的教学、培训和考核等。最后通过人机交互方式进行全程的拔牙病例考核,并由系统进行定量的评估。

(三)学习与评价有机结合

拔牙数字化虚拟仿真培训系统按照牙拔除术的全过程,分为多级任务,一级任务3个,二级任务13个,三级任务若干(可扩增)。通过人机交互和力反馈设备的操作完成全部流程

的拔牙操作,有序地引导学生进行理论学习及操作实训。并对学生的每个学习步骤及操作进行评价及指导。

(四) 传统教学的延伸与拓展

学生在传统教学习得牙拔除术相关理论知识后,通过拔牙数字化虚拟仿真培训系统仿真实训,能够在真实走上临床之前,深入掌握牙拔除术的相关理论知识;反复操作练习,熟练掌握牙拔除术的临床操作能力。拔牙数字化虚拟仿真培训系统为学生搭建起了传统教学与临床实习间平缓过渡的桥梁。

三、课程应用成效

课程依托"实验空间虚拟仿真实验教学课程共享平台",课程通过校内入口和"实验空间虚拟仿真实验教学课程共享平台"对外免费开放上万人次。并被选为由虚拟仿真实验教学创新联盟医学领域工作委员会举办的2021年"第一届医学虚拟仿真实验创新大赛"医学虚拟仿真实验作品创新大赛比赛前学习项目,被皖南医学院、平顶山学院、复旦大学上海医学院、南华大学、中国医科大学、锦州医科大学、华北理工大学等多所高校的师生使用,获得广泛好评。在北京航空航天大学赵沁平院士、四川大学口腔医学院周学东教授等人共同撰写的文章《虚拟现实技术在新医科人才培养中的作用》中,将该案例作为典型应用进行推广介绍,提到"重庆医科大学口腔医学院通过建立口腔牙拔除术培训用虚拟仿真系统,模拟真实感的牙拔除术技能操作环境,进行诊疗全程关键操作步骤真实感操作。通过身临其境的牙拔除术操作练习,使学生能够更加真实地进行操作训练。虚拟仿真系统具有逼真的力反馈手感、实时人机交互、标准规范流程、无耗材反复练习、自我评价和教师监控的优势。系统极大地调动了学生参与实验教学的积极性和主动性,从而提高了教学效率,提升了教学效果"。

课程团队

课程负责人:季平,教授、主任医师,博士生导师,重庆医科大学附属口腔医院/口腔医学院院长,主要研究虚拟仿真技术与教学的融合。

团队成员:宋锦璘、黄元丁、李勇、李婷、李显。

案例23：基于VR技术的强心苷药理作用虚拟仿真实验

西南大学

一、课程内容简介

西南大学药学虚拟仿真实验教学中心于2014年2月被教育部批准为全国首批药学/中药学虚拟仿真实验教学中心，承担药学类及相关专业的虚拟仿真实验教学。强心苷类药物是药理学中重点讲解的一类药物，其药理作用、临床应用、不良反应及其解救都是药学学生学习的重点内容。

本项目采用巴比妥钠建立家兔急性心力衰竭模型，观察家兔心力衰竭后心脏功能的改变，并通过注射西地兰，观察药物对衰竭心脏的强心作用，以及西地兰过量后对心脏的毒性作用；辅以强心苷药物临床治疗作为知识扩展和深入，学习强心苷对衰竭心脏的强心作用及过量中毒表现及临床治疗。课程紧紧围绕"虚实结合"理念，利用VR技术搭建沉浸式的高度仿真实验场景，引导学生快速进入实验状态，进行实验仿真操作。该实验在麻醉、气管插管、动脉插管、心室插管、心衰造模、造模后抢救等步骤都易导致家兔死亡，对于初学者来说实验成功率极低。强心苷的药理作用主要体现在心脏的变化，能显著加强衰竭心肌的收缩力，而心脏的变化在现实实验中无法看到。由于心衰造模所用的戊巴比妥钠属于管制药物，因此很多院校将取消该实验。此外，作为药学类学生接触药物临床应用的机会较少，对各类型强心苷临床应用缺乏认知。因而，建立强心苷药理作用实验的虚拟仿真实验课程，可有效克服现实实验开展的困难、直观观察组织病理与生化指标等实验结果、结合临床场景拓展实验教学内容的广度和深度、突破管制药品对试验开展的限制等，提升学生的实验能力。

二、课程建设特色与创新点

1. 教学理念创新，有利于学生掌握基本知识和技能，提升创新能力

本课程从强心苷在药理学实验教学中的重要地位出发，以强心苷对家兔在体衰竭心脏的作用实验为主，以该药物的临床治疗实验为辅开展实验，结合了动物实验与临床场景，达成在真实实验教学中短时间内难以完成的动物实验和临床应用两个方面的教学，教学理念创新。通过动物实验，学生可以更直观和全面地观察到强心苷对心脏的影响，还可突破时间和空间限制，自主灵活开展反复学习和练习，夯实基本知识和实验技能；通过临床场景，学生以药师的身份对患者病症及用药不良反应与医生进行探讨，拓展实验教学内容的广度和深度。两者结合，有利于学生贯通学习同一药物的药效指标、作用机制、临床使用等，培养药物

研发的一体化思维,促进创新能力培养。

2. 教学过程和教学资源丰富,满足学生不同学习需求

本课程提供了学习训练场景、考核场景;建设了包括学习视频、知识点学习、虚拟仿真操作、文献资料等在内的丰富学习资源,满足学生不同的学习需求。在仿真训练模块,学生通过VR设备,或基于网页,学习对家兔捉拿、麻醉、插管、造模、给药等的实验操作。观察家兔心率、血压、左室收缩压等功能指标和心脏的变化。学生还可以药师角色与主任医师探讨心衰病人不同阶段的用药方案,以及在出现不良反应后如何治疗。实验过程中,针对不同知识点,系统会弹出相应的考核内容,学生根据已学到的知识进行解答。学生还可以点击视频观看已经录制好的实验过程,点击学习相关文献。实验完成,学生进入知识库学习理论知识,可通过作业考核进一步巩固理论知识。对于学习能力较为薄弱的学生,可自主预约后进入虚拟实验室反复学习,巩固学习效果。

3. 教学设计创新,适用面广

本课程具有PC端版本和VR版本两种操作方式。PC端版本使用者在不同的时间和地点都可以继续学习,而VR版本中,使用者可以通过VR头戴设备看到虚拟场景的三维图像,利用手柄进行实验操作,虚拟场景更加逼真,学生的互动性更强,更加具有真实感,促进了学习效果提高。结合教育国际化现状,本课程还开发了中、英文双语版本,有利于本土学生国际化视野形成,有助于来华留学生培养,及推广至国外高校。

三、课程应用成效

本课程促进了实验教学改革与课程建设。依托本项目建设,我校"药理学"课程2021年获批重庆市一流课程;"虚实结合的药学创新实践教学体系的构建与应用"获批重庆市高等教育教学成果三等奖。

本课程有力促进了药学类专业建设与人才培养水平。支撑了西南大学药学、制药工程专业获批国家一流专业建设点。对创新型人才培养水平提升具有支撑作用,药学院本科学生读研率逐年上升,近3年平均读研率为52.5%。

本课程开放共享功能不断增强。本课程除面向校内药学类专业使用外,还与重庆医科大学、曲靖师范学院、遵义医科大学等高校签订了开放共享协议,使用人数超过5 000人次。依托"小小药学家"科普活动,服务中小学素质拓展,服务人数超过2 000人次。

课程团队

课程负责人:陈敏,西南大学药学院党委书记,教授,主要从事中药及天然药物药效物质基础及作用机制研究。

团队成员:何小燕、伍小波、赵晓燕、肖国君、祝慧凤。

案例24：库存管理与自动化仓储虚拟仿真实验
西南交通大学

一、课程内容简介

（一）库存管理与自动化仓储虚拟仿真实验教学建设的意义

我国智能制造、电子商务等新技术和模式的发展对物流效率的要求越来越高，在企业业务达到一定规模后，对自动化存储系统的需求也越来越大。事实上，以京东、唯品会等为代表的电子商务企业，为满足多样性、个性化的购物需求和小批量、多批次的配送需求，已经建设并开始应用自动化立体仓库；以海尔、一汽为代表的制造企业，为满足制造与装配流程的自动化和智能化需求，也构建了与智能制造紧密结合的自动化仓储系统。自动化仓储系统将成为未来我国智能物流发展的重要方向，对当代大学生自动化仓储系统的设计与管理能力的培养需求也越来越高。

（二）实验总体框架

1. 总体框架

本实验课程立足西南交通大学交通运输国家级虚拟仿真实验教学中心，以交通运输国家级实验教学示范中心和具有交通运输特色的物流人才培养模式为基础，以交通运输工程国家一级重点学科和综合交通运输智能化国家地方联合工程实验室为依托，立足自主研发，建成了库存管理与自动化仓储虚拟仿真实验系统，实现了对"高集成、多环节、多品类"自动化仓储作业流程、"多岗位、多工种、多场景一体化"管理过程的虚拟仿真，为物流管理、物流工程、工业工程、交通运输、交通工程等相关专业人才培养提供了强有力的支撑如图24-1所示。

该课程依托自动分拣与智能堆垛实验室全真的自动化立体仓储系统设计开发，以实际配送中心作业流程与管理需求为背景，构建自动化立体仓储系统，制订采购计划，应用仓储管理系统完成相关作业流程，实现自动化立体仓库的实时信息管理。实现四个"二一"，即培养目标实现"两性一度"：高阶性、创新性、挑战度；实验依托"两景一体"：虚拟场景、实体场景、虚实一体化；面向领域实现"两业一化"：专业、行业、智慧化；实验过程实现"两动一学"：动手、动脑、深度学。

2. 实验教学目标

通过本实验课程的学习与实践，可使学生理解如下内容：① 了解自动化立体仓储系统中相关设施设备的功能和技术参数,根据作业流程完成自动化立体仓储系统各模块的集成设计,熟悉自动化立体仓储管理系统、仓储控制系统等软件的功能、操作等;② 掌握经济订货批量模型的计算与应用过程,掌握采购、入库、分拣、出库、配送的全流程设计与管理;③ 培养学生团队合作协作意识、即时决策综合能力以及实践创新能力。

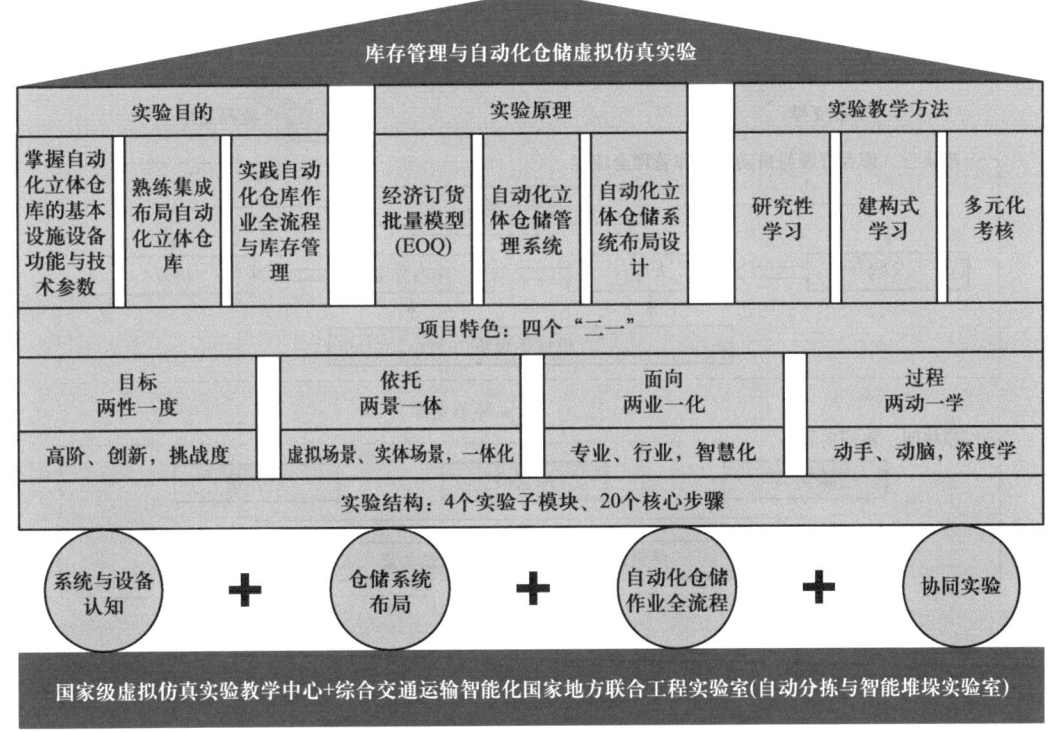

图 24-1　库存管理与自动化仓储虚拟仿真实验的总体框架

(三) 实验原理及核心流程

1. 实验原理

实验课程以"自动分拣与智能堆垛"实验环节和实际配送中心作业流程与管理需求为背景,依托学校现有的大型自动化立体仓储实验系统,借助3D可视化技术、人机交互技术等现代信息技术,构建了逼真的自动化立体仓储实验场景,通过三维交互虚拟仿真实验系统的转换和优化,学生开展库存管理与自动化仓储虚拟仿真实验,构建自动化立体仓储系统,应用经济订货批量模型制定采购计划,应用仓储管理系统完成托盘、料箱在库内的出入库与倒库作业,设计拆/码垛组盘方式,完成自动化立体仓库的流程设计与作业管理,实现自动化立体仓库的实时信息管理。

2. 实验核心流程

如图 24-2 所示,实验分为四个核心模块:系统与设备认知模块、自动化仓储系统布局模块、库存管理与自动化仓库管理全流程模块、协同实验模块,实现"认知—布局—全流程—协作"的系统性构建。

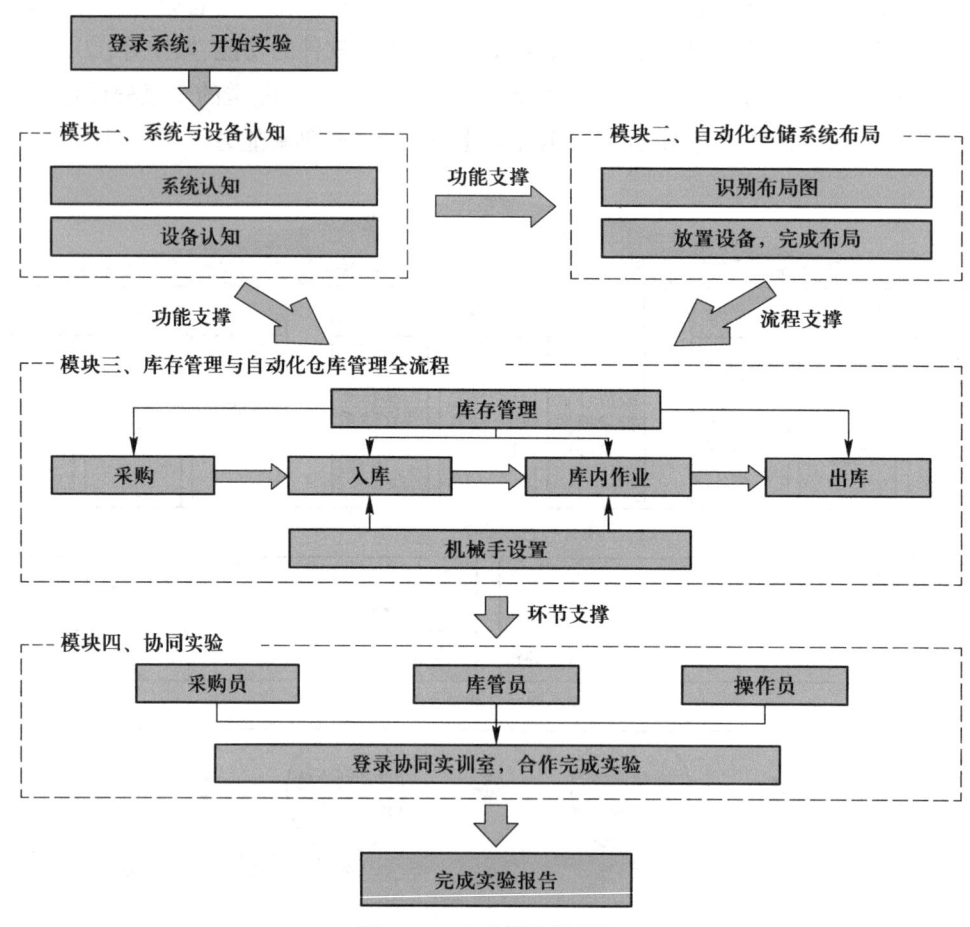

图 24-2 实验模块关联图

（1）系统与设备认知模块

通过系统与设备认知模块如图 24-3 所示，学习分拣、料箱自动化、托盘自动化、机械手、辊筒输送、管理控制、滑块分拣机、料箱自动化立体仓库、托盘自动化立体仓库、辊筒输送装置、机械手拆码垛装置、AGV 小车等各系统的功能与作业方式。

（2）自动化仓储系统布局模块

通过自动化仓储系统布局模块如图 24-4 所示，学习自动化仓库的布局设计。自动化立体仓储系统由 4 个子系统组成：滑块分拣子系统、料箱自动化立体仓库子系统、托盘自动化立体仓库子系统、机械手拆/码垛子系统以及辊筒输送子系统。

（3）库存管理与自动化仓库管理全流程模块

通过库存管理与自动化仓库管理全流程模块如图 24-5 所示，学习库存管理与自动化仓库管理全流程。

（4）协同实验模块

通过协同实验模块如图 24-6 所示，选择协同实验房间，组队共同完成全流程实验。根据各实训室的人员数量和空闲角色选择实训室和角色，与其他同学合作分饰不同角色共同完成实验。

设备选择界面 　　　　　　　　　设备查看与功能介绍

图 24-3　系统与设备认知模块

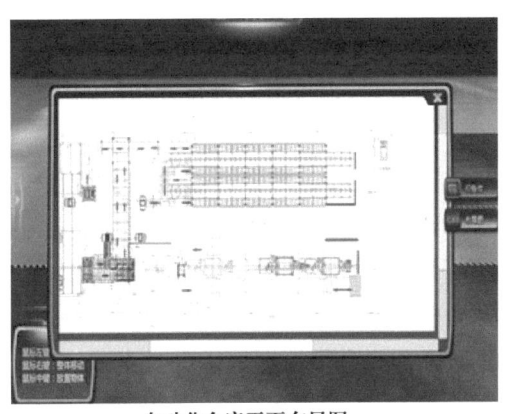 

自动化仓库平面布局图　　　　根据布局图，选择设备，在系统中进行布置

图 24-4　自动化仓储系统布局模块

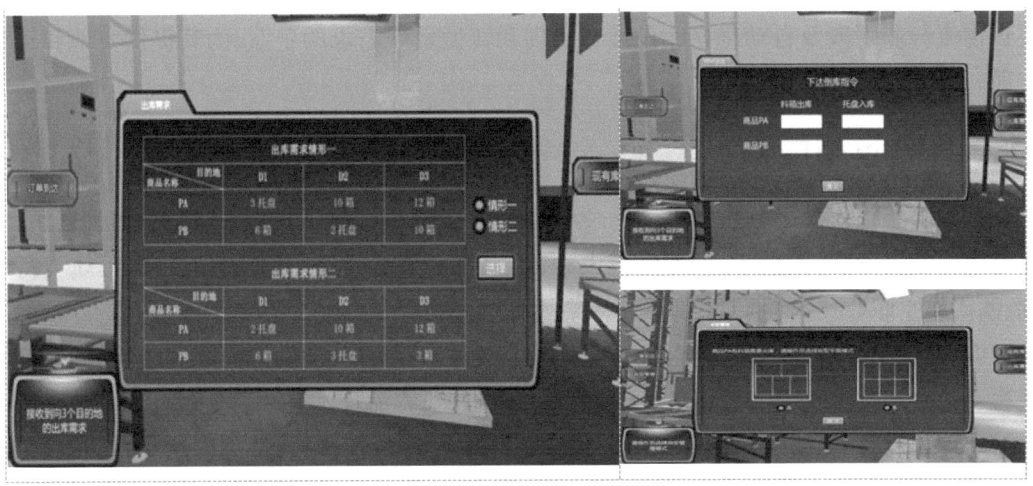

选择模拟订单需求，根据出库需求下达倒库指令，设置机械手操作模式

图 24-5　库存管理与自动化仓库管理全流程模块

案例 24：库存管理与自动化仓储虚拟仿真实验

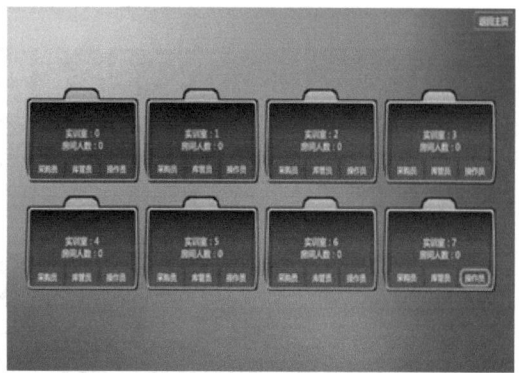

图 24-6 协同实验模块

二、课程建设特色与创新点

本实验将数字化 3D 仿真技术、虚拟设备与仪器以及人机在线交互等技术综合运用，构建了逼真的自动化立体仓储的场景，使学生深度参与，虚实结合、循序渐进地自主学习，激发了学生自主学习的兴趣，解决了目前实验教学中普遍存在的学生参与度低的问题，尤其是涉及大型仪器设备的实验项目。在实验过程中，既可单独实验，也可组队进行分岗位的协作实验，实现个体与团体协作有机融合。

本实验建立分时间、分方式、分层次的立体化开放共享模式，加强资源的有序整合和有效对接；面向交通运输、交通工程、工业工程、管理科学与工程等多个专业本科生，为其与物流相关的专业课程提供虚拟仿真实验项目支撑，更好地服务于物流相关专业人才培养；依托国家虚拟仿真实验教学项目共享服务平台，面向各高校开放共享，提高开放共享服务质量。

本实验将为现代物流向智慧物流转型发展的物流企业人员培训提供重要支撑，在企业新项目规划设计、自动化立体仓库运营管理、员工合作协同等多个流程中提供虚拟仿真环境支撑。实验依托西南交通大学交通运输与物流学院的人才培养实践基地和实习基地依托单位的实际需求，提供物流管理人员和工程技术人员的虚拟仿真实操和培训，并逐步拓展到物流行业中涉及自动化仓库设计与管理和转型发展需求的企业，为其提供实地和远程实训。

三、课程应用成效

本实验课程积极服务社会和行业，为行业和相关高校提供了相应的教学和培训资源，例如辽宁科技大学、海南大学、天津师范大学、燕京理工学院、北京工商大学、中国民航飞行学院、西南航空职业技术学院、成都铁路局集团有限公司等。

课程组在总结库存管理与自动化仓储虚拟仿真实验的教学设计内容和经验的基础上，撰写了一系列教学改革论文并在《实验技术与管理》《物流技术》上发表。

本课程以智慧化场景与技术为引导，促进学生科创实践，提升学生创新能力，开设个性化实验与重点实验室开放项目，指导学生参加国家级、省级大学生科研创新训练计划。

本课程上线运行以来，实验浏览量近 3 万人次，覆盖物流管理、物流工程、工业工程、交通运输、交通工程等多个专业,并支撑了学校"物流工程"微专业建设。

本课程组建立实时更新和维护机制,确保了该课程在实验空间中的24小时良好运行。

课程团队

课程负责人:张光远,西南交通大学资产与实验室管理处副处长,曾任交通运输与物流学院副院长、综合交通运输智能化国家地方联合工程实验室副主任,博士,高级实验师。主要研究方向为实验室建设与管理。

团队成员:龚迪、王坤、刘晓波、张锦。

案例 25：地铁车内空间布局及配色设计虚拟仿真实验

西南交通大学

一、课程内容简介

本实验教学项目属于"交通工具设计"课程，共计 2 个实验学时。实验内容包含车内环境设计知识点学习、车内漫游与部件认知、车内布局与人机适配、车内配色练习 4 个模块，如图 25-1 所示。

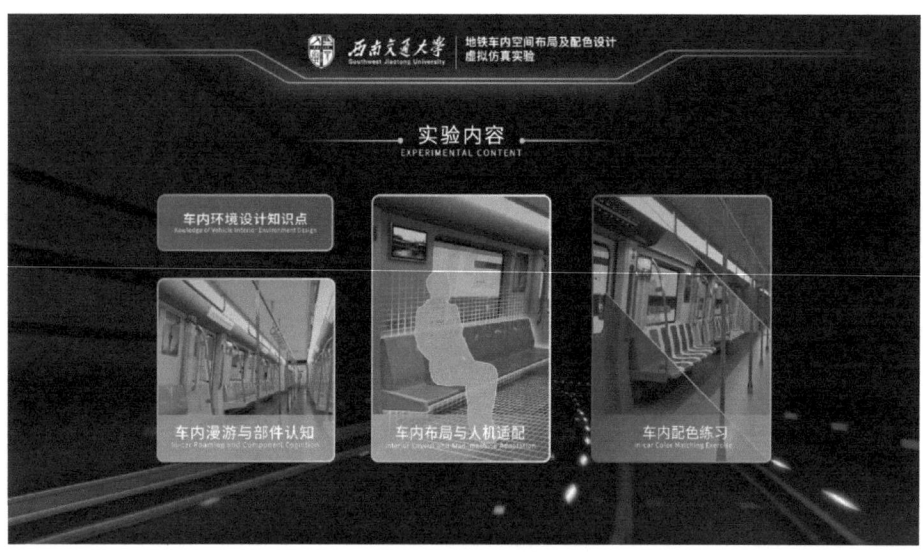

图 25-1　实验课程模块

（一）车内环境设计知识点

本模块可帮助学生更加快速、直观、清晰地理解地铁列车内室环境设计流程与方法、车辆内室相关技术与构造等知识点，如图 25-2 所示。

地铁不仅应具有良好的载运性能，而且应造型美观、色彩新颖，以便为乘客创造良好的乘坐环境。地铁内环境设计就是在技术允许的前提下从美学、文化、功能性、安全性、人机适配等各个方面进行优化与整合设计，使之更加人性化，最大程度地保障使用效率和舒适度。由于地铁线路和车体技术的差异，地铁车型分为 A、B、C、D 及 L 五种类型，分别具有不同尺寸的车内空间。车内空间一般是指车体钢结构以内到内墙板、内顶板及地板布所包络的各部件,每种车型内室空间由照明系统、通风系统、乘坐系统、抓握系统等6大类功能系统构成,车内设计还需要考虑车体结构和车内设备之间的连接关系。该实验可使学生熟悉和理解地铁车内设计的流程和技术特点,有助于对车内环境总体优化概念的形成。

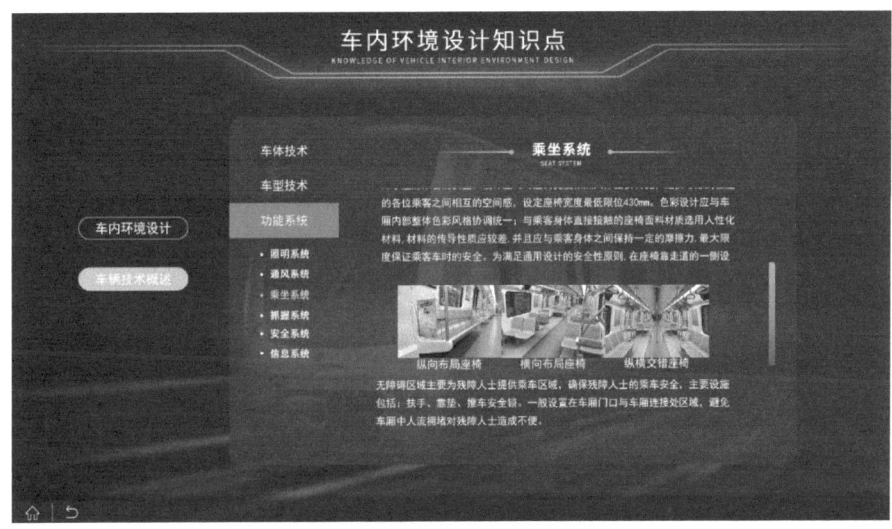

图 25-2　车内环境设计知识点模块

(二) 车内漫游与部件认知

如图 25-3 和图 25-4 所示,本模块以车内三维场景漫游的形式,使同学们直观了解车辆类型与技术约束,认知地铁车型、部件技术、功能定位、车辆定员等约束条件对车内布局的影响。

由于城市不同线路对地铁车辆的需求差异,地铁布局可分为大运量、中运量和舒适型(适用于机场线)三种类型,不同类型的车内布局各有其功能特点,既要保证乘客的舒适、安

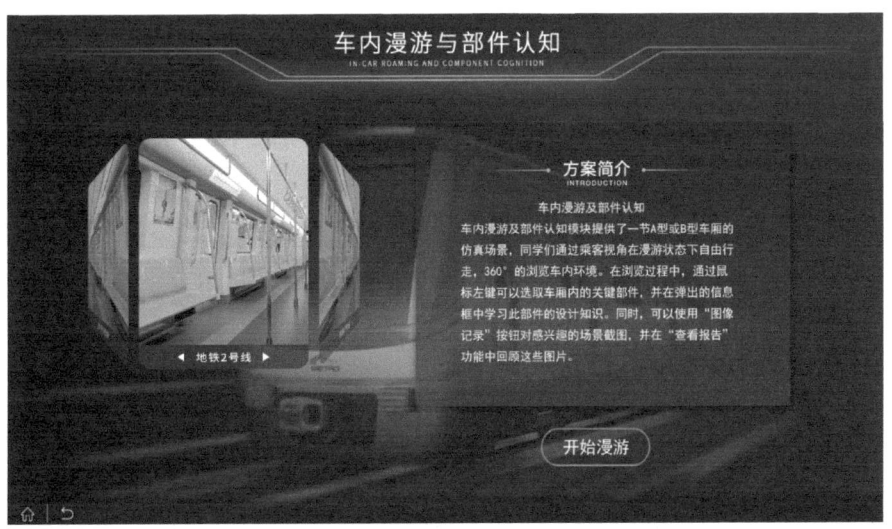

图 25-3　车辆选择页面初始状态

图 25-4 进入漫游界面的场景

全,也要保证乘客快速通过和方便上下车。因此基于不同乘客流量的线路需求,通常采用差异化的布局方式,适于选择不同类型的座椅、抓握系统和无障碍系统等(如图 25-5 所示)。该实验可使学生加强对于车辆线路定位的理解,并对于布局和部件选择形成一个系统化的知识构架。

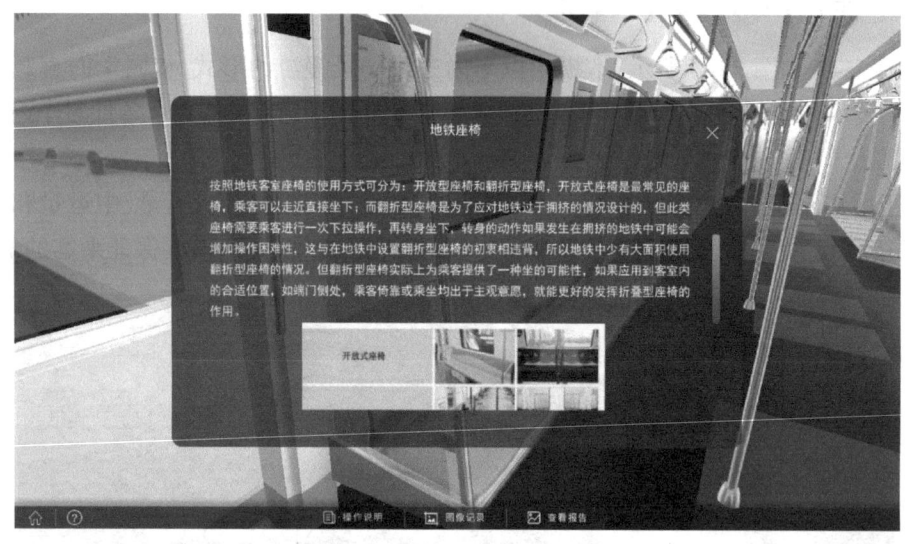

图 25-5 部件信息框用于学习

(三)车内布局与人机适配

本模块是为了让学生掌握不同设计需求定位下车厢内座椅、扶杆、挡风屏等部件的选择和布局方法,了解车内人机适配测评基本方法。

地铁车内布局除了座椅和扶杆,还涉及座椅风挡、照明灯具、空调系统、车载终端显示器、无障碍设施等诸多部件(如图 25-6 所示),在布置时还要考虑乘客的乘降效率、均匀性、安全性、舒适性等因素,是一个多目标优化问题。虚拟仿真实验课程通过实验课程训练,可使学生熟悉地铁内室灯光、座椅、扶手、显示等车内部件的选择方式,掌握根据车型使用需求和设计定位进行车内部件选择,掌握不同布局方式下符合人机适配的尺寸约束条件等设计要点,从而延伸与拓展了"交通工具设计"核心课程,弥补了现有传统教学模式下难以开展的内容。

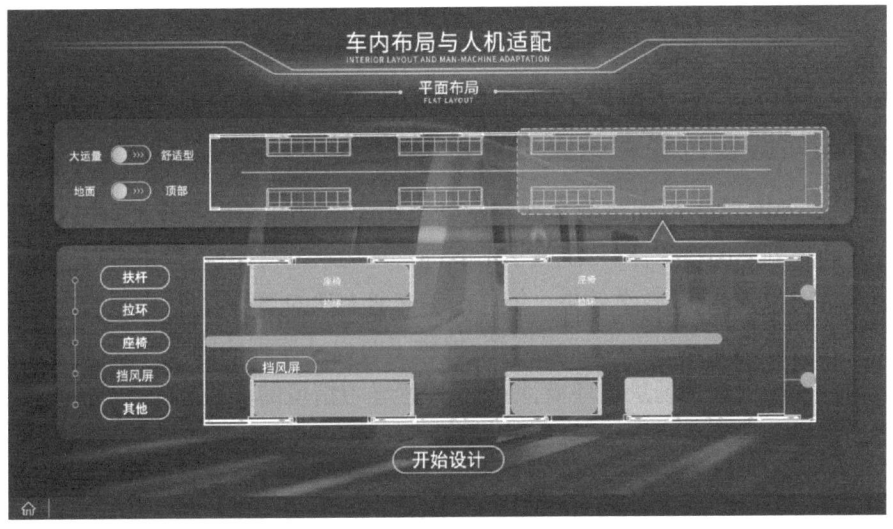

图 25-6　车内布局设计

(四) 车内配色练习

本模块是为了让学生掌握地铁车内配色的理论与方法,如图 25-7 所示。地铁车内设计涉及技术、人文和审美等要素,车内设计不仅要满足功能要求,还要体现城市地域文化特征,而色彩搭配和材质选择是形成舒适环境的重要条件之一。地铁车内的视觉环境由各个功能

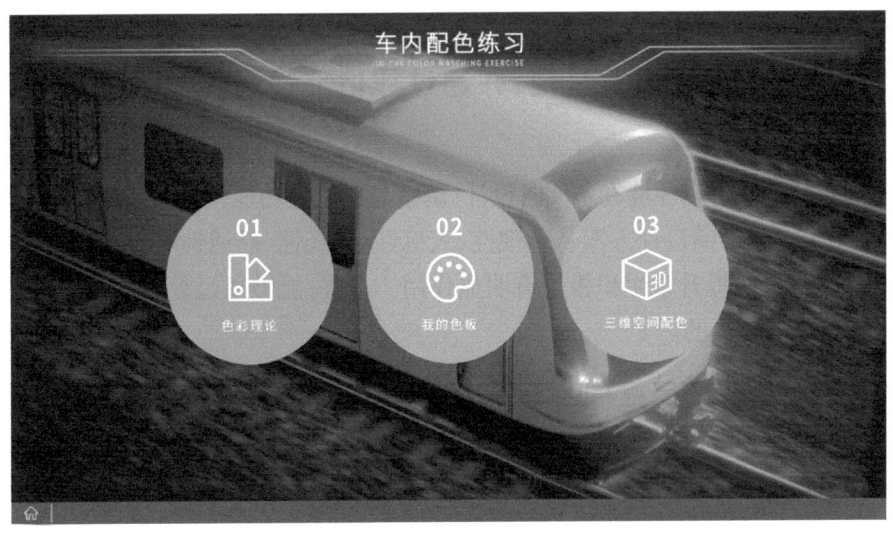

图 25-7　车内配色练习

案例 25:地铁车内空间布局及配色设计虚拟仿真实验　　107

区域(如座椅、墙壁、车顶、地板、扶手、扶杆等)的色彩、材质和灯光共同构成。其影响因素包含了色彩的色相(hue)、饱和度(saturation)和明度(lightness),材质的表面处理工艺、表面纹理等。车内的产品配件数量和形态多样,色彩设计的目标是使车内环境产生协调、悦目的视觉效果。本实验可提供实时、直观的配色设计呈现,有助于学生更好地掌握地铁配色设计的理论和方法。

二、课程建设特色与创新点

(一)实验方案设计思路:构建可感知、可测量的虚拟场景与环境,强化设计教学与实践在过程和结果方面的体验感

在实际教学中,学生需理解与掌握大量列车相关的设计知识与技能,并运用于设计实践。但由于轨道列车的特殊性,传统教学不能进行现场示范与操作,学生难以直观、形象、系统地认识设计对象,影响了教学效果。依托西南交通大学的学科背景,以及与大型轨道列车研制企业长期合作的实践经验与宝贵资源,提供了对设计流程的真切体验,构建可感知、可测量的轨道列车车内虚拟场景与环境,增强了课程学习情境的体验感,有助于学生对知识的吸收与创新思维的培养。

(二)教学方法创新:紧密衔接课程体系与实践经验,强化情境体验与交互性的教学与设计过程,以更好支持整个课程的学生学习成效

教学紧密结合"人机工程""交通工具设计"等核心课程,同时依托省级艺术实验教学示范中心和轨道交通仿真实验室,结合与列车企业长期合作的科研经验,通过增加或提升设计对象、场景、相关参数调节等的更多可视、可交互、可操作的方式和手段,构建了面向本科产品设计专业,以轨道列车内室设计为对象内容的,能够更好支持学生关键知识点学习和设计综合能力培养的虚拟实训平台及其配套的网络课程。

(三)评价体系创新:虚拟仿真系统提供了学生具有实时性的,能够在仿真情境下的设计方案呈现,并通过评估反馈强化了他们的设计综合能力

轨道列车的内室仿真环境具备实时设计、调整与反馈等功能,并通过在系统内置评估功能,有助于学生对自己的设计方案从合理性、人机性、美观性、舒适性等方面进行评估,评估过程直观、高效,且对提升学生积极性有明显作用。最终,能够通过评估反馈功能达到强化学生设计综合能力的目的。

(四)对传统教学的延伸与拓展:虚拟仿真系统延伸与拓展现有的传统核心课程的内容与交互形式,提升了学生主动学习的兴趣与创新思维的积极性

虚拟仿真系统是一种具备专业性与便捷性,且实时、直观、体验感强的教学与设计模式,

系统的运用可以弥补传统教学在实践方面的不足,从课程内容与形式上进行很好补充,从而完善和丰富了现有轨道交通工具设计高水平人才的培养体系。虚拟仿真系统不仅专业、便捷,且实时、直观、自由度大、体验感强,是一种学生更易于接受和沉浸的学习与设计模式,激发了他们自主探究与创新的活力。

三、课程应用成效

本课程通过国家虚拟仿真实验教学课程共享平台向全国高校免费共享,已累计 7 523 人次浏览,登录且完成全套实验 1 000 人次。其中,优秀 460 人,达标 273 人,未达标 267 人,实验通过率 73.3%。该实验课程的评分为 4.7 分(满分 5 分),收藏且点赞数也达到 465 人。

在线下授课中,"地铁车内空间布局及配色设计虚拟仿真实验"与"地铁驾驶空间布局及人机适配虚拟仿真实验"除在工业设计专业本科课程"交通工具设计"和硕士课程"专题设计:交通装备设计"中推广,也作为选修实验在其他专业中推广。据线下统计和反馈,本科生平均实验时长约为 70 分钟,研究生约为 50 分钟,部分实验内容如没有预先学习,难度较大。相比而言,线上完成时间比课程中所用时间短,但通过率偏低,这与教师当场教学指导有一定关系。

课程团队

课程负责人:支锦亦,教授,博士生导师,西南交通大学设计艺术学院执行院长,教育部工业设计专业教学指导委员会委员,四川省高校设计类专业教学指导委员会主任。

团队成员:向泽锐、李然、王超、李芳宇。

案例 26：蛋白质表达纯化及其结构解析虚拟仿真实验教学一流课程的建设与应用

西安交通大学

一、课程内容简介

蛋白质是生命活动的主要承担者，有多种重要功能，其空间结构决定蛋白质的功能，结构异常可导致活性的降低或丧失，进而引起镰状细胞贫血等多种疾病的发生。因此，解析蛋白质空间结构、揭示其结构与功能之间的关系，不但对于阐明疾病发病机制、基于蛋白结构设计研发新药物及新疫苗等具有非常重要的理论及临床转化应用价值；也是生物化学的重要研究内容。然而，由于蛋白质纯化及其结构解析所需的仪器设备（如 X- 射线仪等）、试剂耗材昂贵，再加上教学时数不足，在医学专业基础课程"生物化学"的教学中，很难为本科生开展实验教学。

虚拟仿真技术通过创建与人类感官系统交互的虚拟空间，克服现实世界的空间和物理约束，为学习者提供一种身临其境的交互体验，在教育、医疗等领域得到越来越广泛的应用。我们利用 VR、3D 仿真技术，设计开发了"蛋白质表达纯化及其结构解析虚拟仿真实验教学软件"，建设新时代中国金课，并将其应用于"生物化学"实验教学，为卓越拔尖人才培养贡献力量。

二、课程建设特色与创新点

（一）实验方案设计思路特色与创新：一破一综合、一融现二性

本虚拟仿真实验突破了蛋白质表达纯化及其结构解析实验仪器昂贵、高成本、高消耗等限制，使为本科生开设蛋白质表达纯化及其结构解析的大型综合虚拟仿真实验从"很难或根本不可能"成为"可能"，体现了该虚拟仿真实验教学项目建设的迫切性和必要性；将蛋白质表达纯化及其结构解析的最新科研成果及时融入"生物化学"实验教学，体现了本项目建设的前沿先进性。这是本虚拟仿真实验方案设计思路最突出的特色与创新。

（二）实验教学方法的最突出特色与创新：一自三导向

采用"学生自主学习"与"任务导向、探究导向、小组导向学习（RBL、TBL）"相结合的教学法是本虚拟仿真实验教学方法的最突出特色。

本虚拟仿真实验一方面延伸了《生物化学》实验教学内容的深度及广度、拓展了学生实验操作的时间和空间,另一方面,线上均由学生自主安排学习、仿真操作、自测等的时间,充分体现了"以学生为中心"的教学思想,培养学生的自主学习能力。同时,对学生线上实验指导、仿真交互操作、自测等进行过程考核,可以督促学生完成学习任务,促使其学习由被动变主动,并充分调动学生学习的主动性、积极性。因此,线上的过程考核督促了学生线上自主学习的全过程,不但保证了自主学习效果,而且促进了学生养成自主学习的好习惯。

RBL教学法是以研究或探究为基础的学习;TBL教学法则强调的是以团队为基本单位,以学生为主体,教师主要起引导作用的医学教学模式。RBL、TBL教学法充分体现了以学生为中心、以教师为引导的教育思想,主要是让学生能对所学的虚拟仿真实验举一反三、学以致用,拓展其所学的知识和技术。

(三) 实验教学评价体系的最突出特色与创新:一形五过程

拓展性学习任务环节采取形成性评价、五个自主学习环节采取过程考核是本虚拟仿真实验教学评价体系最突出的特色与创新。对学生自主学习实行过程考核,促进了学生自主学习能力的养成、提升了自主学习效果。对拓展性学习任务考核采取形成性评价,促进了学生探究式学习能力和小组协作能力的养成,提升团队协作精神。

(四) 对传统教学延伸与拓展的最突出特色与创新:一虚四拓展

本虚拟仿真实验延伸拓展了《生物化学》传统实验教学的内容、时间、空间和授课对象,这是本虚拟仿真实验在对传统教学延伸与拓展方面的最突出特色。本虚拟仿真实验将科研成果及时融入《生物化学》实验教学,延伸拓展了《生物化学》传统实验教学内容的深度和广度、时间和空间。

(五) 内化思政教育,铸魂育人担使命

在教学实践中,紧密结合本虚拟仿真实验内容,增加了4个与蛋白质表达纯化及其结构解析虚拟仿真实验内容相关的课程思政案例。例如,简单介绍脱氧核糖核酸(DNA)重组技术奠基人保罗·伯格的科研经历,培养学生严谨的科学精神,帮学生树立职业理想。介绍施一公团队经十年努力最终成功解析剪接体的结构的科研故事,让学生对生物分子结构解析技术和应用有直观了解,增强学生民族认同感,提升文化自信,引导其认识成功来自坚持和不懈努力。通过介绍陈薇院士研发的腺病毒载体疫苗思路和研发流程及其事迹,让学生深入理解DNA重组技术的应用,增强学生的社会责任感、使命感,激发学生科研探索的兴趣和热情。通过介绍我国首个获批的自主知识产权新冠病毒中和抗体联合治疗药物"安巴韦单抗/罗米司韦单抗",培养学生严谨求实、团结协作的科学作风;培养学生只争朝夕、不负韶华、努力拼搏的奋斗精神和创新意识,以及对国家和民族的责任感、使命感。

（六）慕课西行同步课堂，开放共享拓新途

2021—2022学年第一学期，我们与新疆第二医学院生物化学与分子生物学教研室，在新疆第二医学院2020级麻醉学专业开展了"生物化学与分子生物学慕课西行同步课堂"，除了线下实体实验教学及期末考试按各自教学计划进行外，全部理论教学内容、线上集体备课1次/2周、期中考试、虚拟仿真实验均实施了同步课堂。

三、课程应用成效

本虚拟仿真实验课程于2018年开始建设运行，截至2022年6月30日，国家虚拟仿真实验教学课程共享平台统计数据显示：实验浏览量为47 878人次；做实验人数为2 784人；其中优秀2 766人、达标9人、不达标9人。校内外应用情况具体如下。

（一）本虚拟仿真实验课程在我校的应用情况

本虚拟仿真实验作为我校《生物化学》教学的一部分，自2018年开始建设运行以来，已在我校临床(规培)、法医、预防、口腔、药学、基础医学、临床药学、宗濂医学实验班等专业2018—2019学年(579人)、2019—2020学年(589人)、2020—2021学年(638人)、2021—2022学年(898人)的第二学期开展了蛋白质表达纯化及其结构解析虚拟仿真实验，合计2 704人。

随着虚拟仿真实验的开展实施，学生《生物化学》成绩有了明显提升，尤其是70～89分数段学生人数明显增加。另外，学生的实验操作能力、动手能力、分析问题、解决问题，以及创新能力明显提高。学生参加"挑战杯""互联网+""全国大学生基础医学创新论坛暨实验设计大赛"等比赛的人数及成绩逐年提高。例如：2018年我校2名学生分别获得"第五届全国大学生基础医学创新论坛暨实验设计大赛"创新类和实验类一等奖；2019年我校由6名学生组成的医学部代表队经过线上答题和线下操作两轮比赛，以总分位列23支队伍第一名的好成绩获得"全国大学生基础医学实验技能邀请赛"一等奖。

（二）本虚拟仿真实验课程共享应用情况

蛋白质表达纯化及其结构解析虚拟仿真实验课程对用户计算机或特殊外置硬件(如可穿戴设备等)、操作系统软件配置都无要求，也不需要特定插件，支持Windows 7及以上操作系统以及常规64位浏览器(如火狐、Google、edge等)。因此，借助"互联网+教育"的方式更容易线上推广应用。截至2022年5月30日，国家虚拟仿真实验教学课程共享平台统计数据显示：共有31所高校的学生使用过该虚拟仿真实验课程，其中双一流高校10所、其他高校21所。

综上，蛋白质表达纯化及其结构解析虚拟仿真实验教学，不仅极大地延伸了生物化学实验教学内容的深度及广度，也拓展了实验操作的时间和空间；培养了学生的自主学习能力，促进学生养成自主学习的好习惯。我们实验教学团队将不断优化虚拟仿真实验教学内容及成绩管理模板、增加交互操作步骤及练考自测题及英文系统，提升课程重量；借助升级后的

国家虚拟仿真实验教学课程共享平台(实验空间)及学校实验空间、慕课西行同步课堂等平台使课程更好地服务于国内、国际学生,为世界各国大学生提供优质的在线课程资源,使更多学生从中受益。

课程团队

课程负责人:李冬民,西安交通大学教授,主要研究方向为代谢性疾病的发病机制及靶向治疗。

团队成员:张磊、杨旭东、温玉荣、武丽涛。

案例 27：光学扳手——光的轨道角动量探秘
西安交通大学

一、课程内容简介

光镊技术在生命科学、医学和原子物理学中有着重要的应用,该技术获得了 2018 年诺贝尔物理学奖。而光的自旋角动量和轨道角动量是近年来光学领域的前沿研究热点。将两者结合,则可以实现对微小物体的旋转操控,即光学扳手操作。但是由于光的角动量特性很难直接观察,而光镊实验系统精密复杂(实物装置如图 27-1 所示),光路调节困难,仪器设备价值高昂,实验环境要求高,目前很难将这一光学前沿和诺贝尔奖技术实验项目应用于本科生教学。

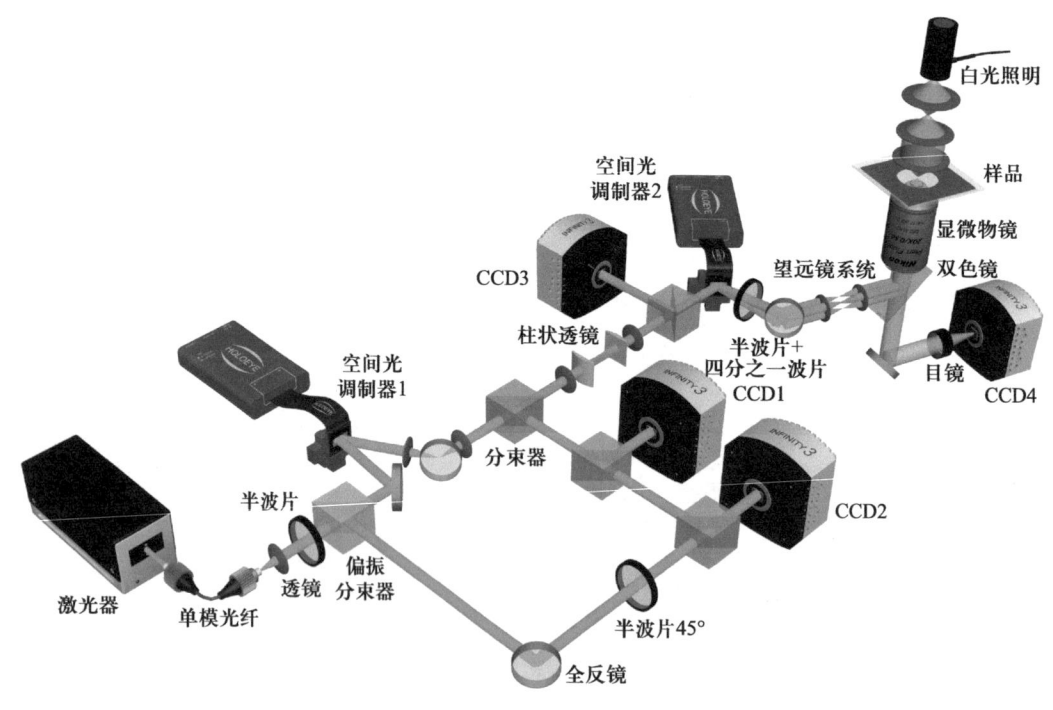

图 27-1 实物装置图

为解决上述问题,西安交通大学物理学院量子光学团队和大学物理国家级实验教学示范中心联合开发了"光学扳手——光的轨道角动量探秘"虚拟仿真实验系统。该虚拟仿真实验系统结合了光学、量子力学、生物学等多个学科知识,属于交叉前沿科学技术,内容包含了携带自旋角动量和轨道角动量光的产生、操控、探测及其在光镊中的应用。利用虚拟仿真技术,可以有效地降低实验成本和实验需求,提高实验的稳定性和可重复性。在降低光路调节复杂度的同时,最大程度地还原实验所有内容,让学生系统掌握光的角动量、光场调控、光镊技术以及光学扳手等知识点,极大地拓展了学生的实验课程深度和学习资源。

该实验为学生掌握光的自旋、轨道角动量以及光镊技术奠定了坚实的基础。本项目内容和资源完全开放共享,校内外人员可以自由使用,可为全国从事物理学、生物医学、生命科学等专业的学生和科研人员提供相关教学服务,具有很好的辐射示范作用。

二、课程建设特色与创新点

(一) 课程建设特色

1. 虚拟仿真实验教学项目建设的必要性

本实验可解决实验系统昂贵、高功率激光器的危险性、无法同时开展批量实验的难题。一套实现本实验所有功能的实际实验系统,其价格昂贵(约每套 300 万元),而且为了保证系统的稳定性,光路都进行了封装,无法自由调节和观察,对学生的锻炼有限。虚拟实验则无此限制,能够满足多组人员同时进行操作实验的教学需求。

2. 项目选题内容先进

光镊和光的轨道角动量属于前沿交叉科学技术。该项目将前沿科技与基础教学相融合,通过光镊俘获粒子的自转与公转,将光的自旋角动量和轨道角动量这两个抽象概念直观地表示出来,极大提高学生的学习兴趣和对前沿科技的了解,有助于加深学生对基础知识的理解,培养其科技创新能力。实验方案设计框图如图 27-2 所示。

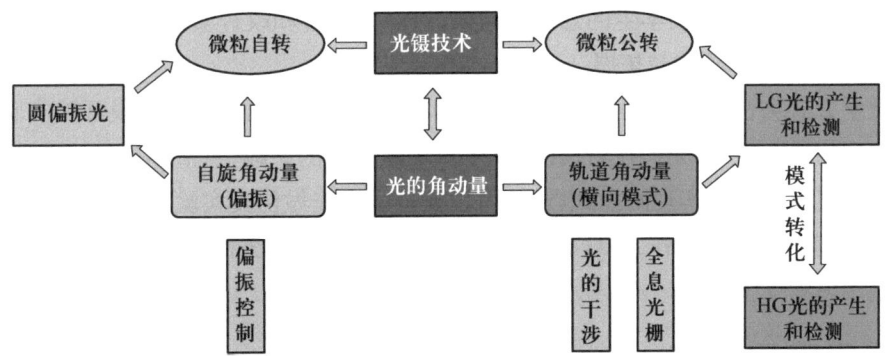

图 27-2　实验方案设计框图

3. 还原真实实验核心内容

光镊实验对于环境要求苛刻,在现实操作(非虚拟环境)中需要用较长的时间用于精确调节实验光路,整个实验大部分时间都花在系统调节上,严重挫伤学生实验的积极性。本项目采用先进的虚拟仿真技术,可以适当减少一些仪器的调节自由度,实验环境稳定,可以大大缩短在实验光路调节上所花费的时间。在核心知识点和实验操作上,严格按照物理规律进行模拟,让学生自由调节,达到"正确的操作得到正确的结果,错误的操作得到错误的结果",从而真实还原实验核心内容,让学生有达到真实实验的体验。

4. 大型综合的实验设计

将光的轨道角动量和光镊技术完美结合,既有光场的基本调控和探测,又有诺贝尔奖技术的演示和探索。对于学生掌握基本实验操作、学习光场基本性质和了解国际学术前沿有着重要的作用。

(二)课程建设创新点

1. 教学方法创新

(1)本实验内容丰富,需要学生课前预习和设计实验。可以先讲授理论知识(基本原理,实验内容及相关要求),在讲解过程中,适当提问,检查学生预习情况。

(2)实验系统中设置有分阶段评分和互动,学生进行仿真实验操作时,能够对学生有疑问的地方重点讲解,加深学生对知识点的认识和理解。

(3)课堂设计方面,本实验始终贯彻以教师为主导,以学生为主体,以问题为基础,以能力、方法为主线,有计划培养学生的自学能力、观察和实践能力、思维能力、应用知识解决实际问题的能力和创造能力为指导思想。同时,整个实验系统能从各种实际出发,充分利用各种教学手段来激发学生的学习兴趣,体现了对学生创新意识的培养。

2. 评价体系创新

本实验的评价考核体系遵循过程与结果并重的原则,强调考核成绩不仅以实验结果好坏评定,还注重学生的实验的综合能力(如方案设计情况、对实验原理的理解程度、实验操作技术、对实验结果分析思考能力、团队合作精神等)。具体将考核内容分为3个部分:实验预习和设计占30%、实验过程综合表现占50%、实验课程报告占20%。另外实验课结束时设有问卷调查,可以及时反馈学生的意见和建议,进一步完善和改进实验系统。

3. 对传统教学的延伸与拓展

在教学方式方法和开放运行等方面,既可以利用仿真实验在网上开设开放实验满足各种层次学生的求知需求,拓展视野,提高学生对实验学习的兴趣,营造多元化的教学环境,也可以与真实实验相结合实现两段式教学,可以安排学生先做仿真实验,熟悉仪器操作和实验过程后再使用真实仪器操作,这样能够提高真实实验的教学效果,缩短真实实验的时间,提高设备利用率和安全性。

三、课程应用成效

"光学扳手——光的轨道角动量探秘"是我校"大学物理实验"课程的线上虚拟仿真实验之一,是物理专业学生"近代物理实验"课程的必做实验,是光学专业研究生的必选虚拟仿真实验。本实验综合性比较强,有一定的难度,需要学生花时间学习相关背景知识,熟悉光路调节和系统设置。实验应用于物理实验课程的虚实互补教学中,能够拓展实验教学内容广度和深度,延伸实验教学时间和空间,提升实验教学质量和水平。从2020年以来,疫情时而反复,线下实验教学无法正常开展,而该仿真实验能够线上进行,成为我校"大学物理实验"线上实验教学的首选内容之一。

本实验课程自从在实验空间上线以来,面向学校和社会开放访问和使用,并提供教学服务,截至 2022 年 7 月,实验访问量达 40 498 次,4 516 人完成实验,其中优秀 573 人,达标 2 511 人,平均实验时长约为 30 分钟,得到了很好的应用和推广。2020 年新冠疫情期间,本实验服务于中国科学技术大学"大学物理——现代技术实验"线上实验教学,获得师生的广泛好评。自实验空间开放智能实验室以来,本实验也受到了老师们的欢迎。同济大学王凤丽老师选用本实验作为"光电专业实验"课程的线上实验项目;同校的张志华老师也将本实验作为"近代物理实验"中的虚拟仿真实验内容之一。

同时,我们将在维持本实验目前上线内容的基础上,会根据用户反馈进一步改进实验项目功能,进一步完善和拓展实验项目内容,力争建成功能更加全面、内容更加丰富、服务更加优良的虚拟仿真实验项目。

课程团队

课程负责人:张沛,教授,目前担任西安交通大学物理实验中心主任,主管物理实验课程组织及教学基地建设工作,一直致力于光场调控与量子信息领域的研究。

团队成员:张沛、高博、刘瑞丰、童童、翟立朋。

案例 28：火电厂热力系统 VR 认知及瞬态过程能耗特性仿真实验

西安交通大学

一、课程内容简介

1. 课程开设背景

在"双碳"目标背景下,我国的电力生产结构逐步从火力发电为主体转变为以火力发电为基础,风能、太阳能、水能等可再生能源互补的结构。火力发电将更多承担消纳新能源的调峰任务,其运行将呈现大幅度频繁变工况的特征,即长时间处于变负荷瞬态过程中,其瞬态过程的能耗特性将是电力行业实现深层次节能减碳的关键。对于高校而言,培养掌握火电机组瞬态过程能耗特性等适应行业实际需求的人才尤为重要。

火电机组具有高温高压高速特性,导致其实体实验平台建设成本高、实验安全性保障难。并且,电厂系统繁杂庞大,物理现象复杂,且各过程相互影响,无法进行单影响因素的实体瞬态实验。为解决上述问题,结合高等教育人才培养目标,基于"学生为本、科教融合、能力导向、立德树人"的教学理念,充分利用现代化教育技术,依托西安交通大学核电厂与火电厂系统国家级虚拟仿真实验教学中心建设了本虚拟仿真实验课程。

2. 课程内容

课程内容包括火电厂热力系统 VR 认知、瞬态过程能耗特性仿真两部分。VR 认知环节包括火电厂场景漫游(如图 28-1 所示)、生产过程介绍、设备原理学习等内容,使学生熟悉火

图 28-1 火电厂全厂场景漫游界面

电厂的生产流程、火电厂主要热力设备如锅炉、汽轮机及热力系统的工作原理等；瞬态过程能耗特性仿真环节包括锅炉、汽轮机、控制系统模型建立、稳态校核、系统耦合、瞬态过程仿真等内容，使学生掌握火电厂热力系统、控制系统仿真建模方法、火电厂热力系统瞬态过程能耗特性等。

二、课程建设特色与创新点

1. 课程内容先进，服务国民经济主战场

课程依托于西安交通大学动力工程及工程热物理学科，该学科是国家一级重点学科、A+学科、双一流建设学科，科研优势显著。针对我国节能减碳需求，在两期"973计划"项目、国家自然科学基金重点项目等研究中，率先将热力系统节能由稳态工况发展至瞬态过程，提出了通过热力系统、热工过程与热工控制优化匹配实现瞬态过程节能的方法，实现了发电机组灵活高效的协同。基于科教相长的思路，将最新的科研成果转化为教学资源，且教学内容动态更新，服务国民经济主战场。

2. 教学方法丰富，激发学生兴趣，提升教学效果

本课程兼具创新性、综合性、开放性，教学方式包括课堂理论讲授、VR认知、瞬态过程能耗特性仿真环节，对于不同的教学内容采用针对性的教学方法。在VR认知环节中，采用自主式的教学方法，学生根据自己的兴趣与需要，在火电厂三维虚拟现实仿真平台进行场景漫游和学习主要设备工作原理、结构等。在瞬态过程能耗特性仿真环节中，在模型建立、稳态校核、系统耦合等步骤中，由学生与指导老师开展互动式、研讨式交流从而完成相关过程。对于自主式教学方法，由学生自主探索仿真机组热力系统在不同运行方式、控制策略下的运行过程，并获得具体的瞬态过程能耗特性。通过多样的教学方式、多元的教学方法，激发学生兴趣并主动参与教学过程，使教学效果得到实质性提升。

3. 课程思政融合，坚定学生科技报国的理想信念

在VR认知环节的课堂教学中，通过梳理电力行业典型技术发展历程，提炼发达国家对我国实施双重标准、技术倾轧、技术封锁等行为，使学生深刻体会到"关键核心技术是要不来、买不来、讨不来的"。对比分析目前我国电力行业在世界中的地位，提高学生的"四个自信"。在瞬态过程能耗特性仿真环节，着重介绍瞬态过程节能对于我国双碳目标的重要性，引导学生意识到自己所学知识对于国家重大战略的重要意义，激发学生学习的激情，坚定学生科技报国的理想信念。

4. 评价体系全面，促进虚拟仿真实验可持续发展

根据虚拟仿真实验教学过程要素，本课程构建了包含虚拟仿真平台建设效果、教师教学效果、学生学习效果3个一级指标，以及进一步细化的平台设计等9个二级指标的评价指标体系，建立了过程性评价与总结性评价相结合、定性评价与定量评价相结合的多样化评价方式的指标权重计算方法，实现了面向虚拟仿真课程的全面、科学、操作性强的考核评价，为课程的可持续发展提供了依据。

三、课程应用成效

本课程经过4年多的建设、改进与实践,共开发了三个版本的教学资源,包括Web版本、PC版本以及VR版本。其中Web版本在国家虚拟仿真实验教学课程共享平台等网站免费共享,供校外用户和部分校内用户使用,PC版本和VR版本则用于校内实践教学、开放实验以及参观等活动。

1. 校内应用情况

本课程已经全面应用于西安交通大学能源动力类专业课程实验、开放实验、认知实习、专业实习、课程设计、毕业设计等实践教学中,其中"热力发电厂"课程实验10学时、"自动控制原理"课程实验4学时、认知实习4学时、专业实习2周左右,每年覆盖能源与动力工程、新能源科学与工程、核工程与核技术、环境工程等专业的学生500余人,取得了很好的教学效果,达到了课程设计的目的。

2. 校外应用情况

本课程已在国家虚拟仿真实验教学课程共享平台、核电厂与火电厂系统虚拟仿真实验教学中心官方网站等免费共享,截至2022年7月,实验浏览量为19 700余次,网站浏览量超过41 000人次。

此外,课程还得到了国内同行的大量关注,浙江大学、哈尔滨工业大学、空军工程大学、苏州大学、天津中德应用技术大学、上海工程技术大学、榆林学院、山东京博集团、湖南电科院等单位均来我校开展过调研交流,对虚拟仿真教学内容给予了很高的评价。本实验课程也多次服务于大学生夏令营、校园开放日、实验室开放日等活动。

综合来看,本课程已经广泛应用于西安交通大学能源动力类专业学生的实践教学中,有效提升了学生的创新实践能力,应用成果辐射效果明显,受到国内外同类高校的认可和借鉴。以本课程作为成果之一的"虚拟仿真在能源动力类创新型人才培养中的探索与实践"项目获得陕西省2021年高等教育教学成果特等奖。

课程团队

课程负责人:严俊杰,西安交通大学能动学院院长,教授,核电厂与火电厂系统国家级虚拟仿真实验教学中心主任,主要研究方向为能源系统优化与控制、汽液两相流等。

团队成员:王进仕、种道彤、陈伟雄、刘明、刘继平、韩小渠、赵全斌、徐彤彤、陈娜娜、王桂芳。

案例 29：橄榄叶中羟基酪醇的分离分析鉴定虚拟仿真实验

西安交通大学

一、课程内容简介

"活性/功能物质的分离分析鉴定"相关知识和技能是生物、化学、食品、医药等领域科研、生产中的共性需求，熟悉和掌握上述内容对于相关人才培养至关重要。而实际教学中受到实验设备、成本、时间、空间、操作次数等因素限制，关键环节难以开展，成为培养短板。

针对上述问题，项目组依据科研基础，以生物样品（橄榄叶等）中活性物质（如羟基酪醇等）的分离分析鉴定为例，设计了涵盖样品处理，色谱分离分析，质谱、核磁、红外鉴定等实验技术的虚拟仿真实验体系，通过学习使学生能真正把握物质分离分析鉴定整体过程，熟悉并掌握各环节的实验原理和关键技能，补足短板。

利用研发的虚拟仿真实验，在"分离综合开放实验""生命科学综合实验"等实验课程中设计了虚实结合、虚实互补的实验环节和内容，通过实验课程教学培养学生查阅文献、自主选题、设计实验方案等能力，教授学生样品处理与制备，色谱分离分析，质谱、核磁、红外鉴定等实验技术。实验以"学生为主、教师为辅、项目驱动"为原则，鼓励"个性化、差异化方案"，利用网站平台对所有的实验环节进行管理。实验注重基础技能的同时还十分注重教学内容的更新，教学内容既保留了目前应用较多的传统分离技术，也不断更新各种新技术和新方法，以保障实验具备"两性一度一中心"属性。

二、课程建设特色与创新点

（一）实验内容成体系，虚拟实验真实度高，虚实互补

构建了涵盖样品破碎提取（实体实验）、动物实验（虚实结合），UPLC 分析（虚拟为主）和物质鉴定（质谱、核磁、红外，虚拟）等分离分析鉴定全过程的实验内容体系如图 29-1 所示。虚拟实验项目来源于科研成果，基于色谱理论模型，建立了参数可调、实验结果真实度近 95% 的虚拟仿真实验。虚实结合开展实验，解除因设备、成本、操作者素养、操作时间等限制，有效支撑学生综合能力培养。

（二）注重实验内容更新，科研转化教学，保证实验先进性

针对物质分离分析鉴定领域的发展，除对已获批的国家级虚拟仿真实验项目进行升级

外,依托科研优势,将领域内其他实体实验中难以开展的实验,以虚拟仿真实验的形式不断研发并应用,促进实验体系完备性的同时,保障实验的先进性和前沿性。如项目组带领本科生利用科研数据推导了影响毛细管电泳分离的多参数函数,参与编写了毛细管电泳虚拟仿真实验核心程序,研发出的"复杂生物样本中氨基酸的分离与检测虚拟仿真实验"获批2020年陕西省虚拟仿真类一流课程,课程界面如图29-2所示。

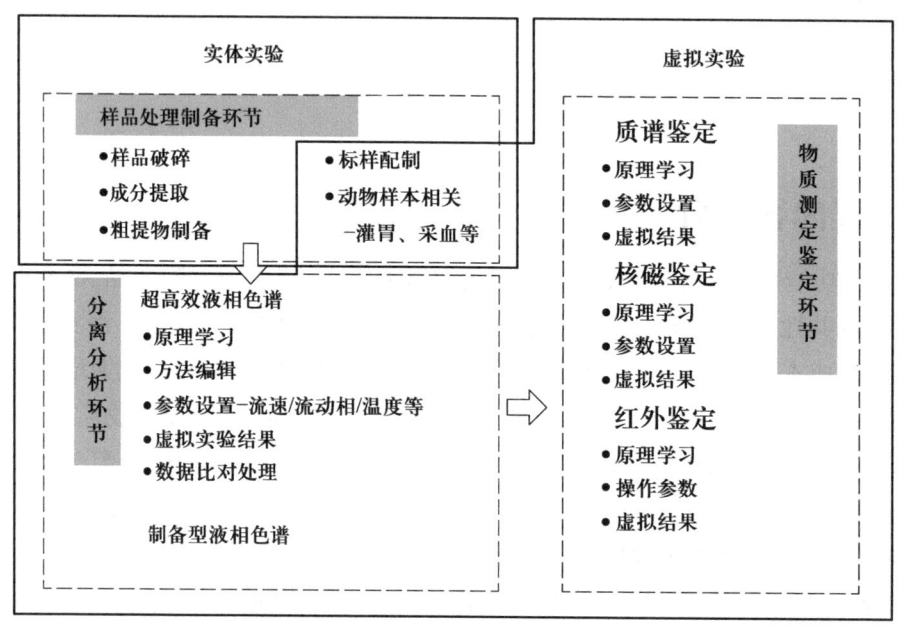

图 29-1　虚实互补的实验教学体系

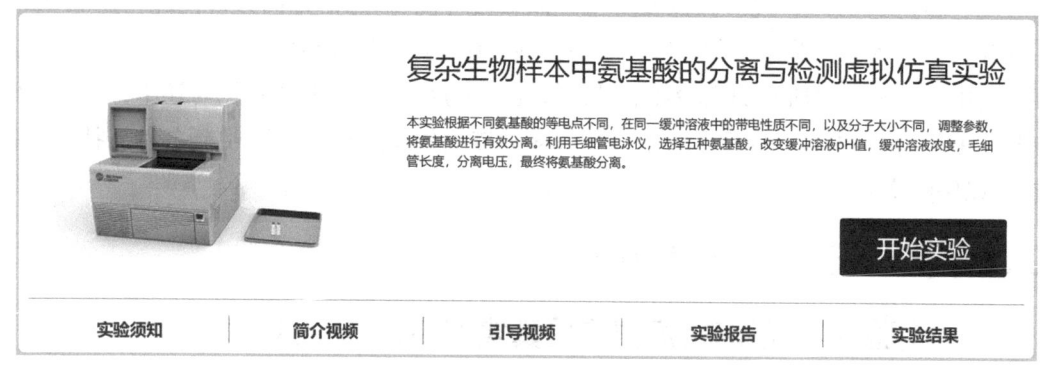

图 29-2　新增虚拟仿真实验网站界面

(三) 课程基于网络平台管理,实施项目驱动,支撑差异化、个性化培养

利用课程网站辅助实验课程管理,实现了课程资源共享、个性化学习任务分布、虚实结合、分组管理、差异化讨论等全教学环节的网络监管,形成了初步可推广模式。具体实施时采取"大方向给定、具体题目依据个人兴趣自定"的原则,实验设计以学生兴趣为中心,学生根据实验的不同,选择不同的虚拟仿真实验和实体实验方案,得到差异化的教学和结果。

三、课程应用成效

（一）学生学习收效

得益于虚拟实验的开展，学生在物质分离分析鉴定方面的知识技能有了显著提升。项目获批以来，学生依据课程实验内容申报并获批 10 余项开放实验和各级大学生创新项目，15 人次获省级、校级竞赛奖，2 名学生参与软件著作权 2 项，5 人次参与科研论文 2 篇。

（二）教师团队收效

基于虚拟仿真实验的开发和运行服务，教学团队有了长足的进步，期间获批教育部产学合作协同育人项目 2 项，获批校级虚拟仿真实验建设项目 1 项，发表相关教改论文 2 篇。

（三）应用推广情况

项目获批以来，累计注册用户 3 226 人，优秀率 71.6%，通过率 96.7%。项目除在本校"分离综合开放实验""生命科学综合实验""生命科学基础课内实验""生化仪器分析"等课程中使用外，还被兄弟院校、企业用于实验教学和培训工作。基于虚拟仿真实验建设及应用等内容，课程组成员受邀交流 4 次。

课程团队

课程负责人：孔宇，西安交通大学生命科学与技术学院教授，实验教学中心副主任。从事实验教学及管理工作，研究方向为分离工程。

团队成员：孔宇、孙书洪、李华、亓树艳。

案例 30：现场数据与场景驱动的分散式风电并网运行控制虚拟仿真实验
西安理工大学

一、课程内容简介

（一）课程内容

1. 分散式风电并入配电网的认知

该内容包括对风电场塔筒底部、机舱内部、主控室的认知学习以及从透视角度观看风机，课程穿插国内某示范性风电场现场采集的场景，并配备理论知识讲解和答题环节。学生身临其境地沉浸在虚拟风电场中，巡游各个设备，学习掌握风电并网系统的设备组成和工作原理。认知实验界面如图 30-1 所示。

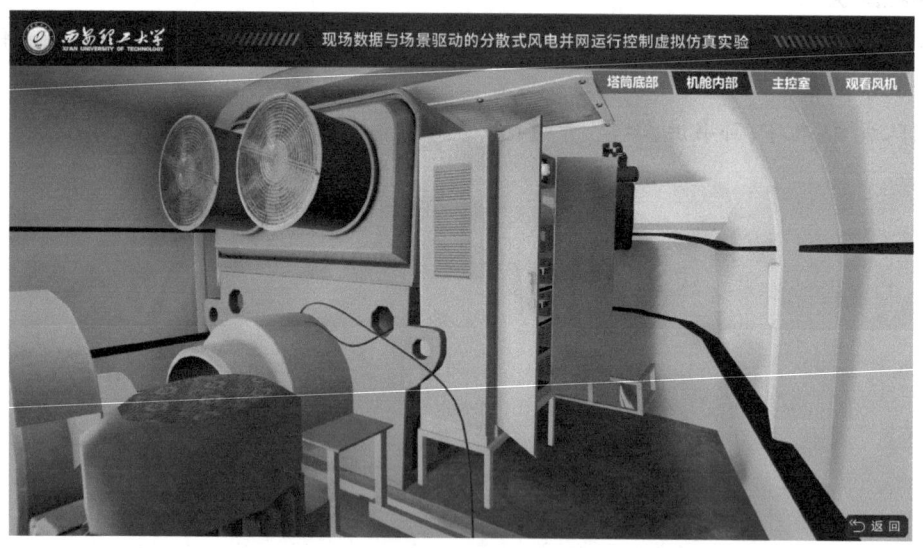

图 30-1　分散式风电并入配电网的认知实验

2. 风电场稳态运行中并网功率预测

该内容融合了风电场现场采集的 2012—2019 年稳态运行大数据，包括发电机功率、发电机转速、风向实时值、风速和机舱外温度等。该内容设置了风电功率预测实验，包括时间序列法、神经网络法、支持向量机和极限学习机 4 种算法，涵盖了传统方法和人工智能方法。学生设计预测模型参数，观测不同参数对预测精度的影响，对比不同预测方法的优缺点，实验界面如图 30-2 所示。最后,学生学习风电并网调度过程,观测、分析并深入理解分散式风电场的就地消纳等特点。

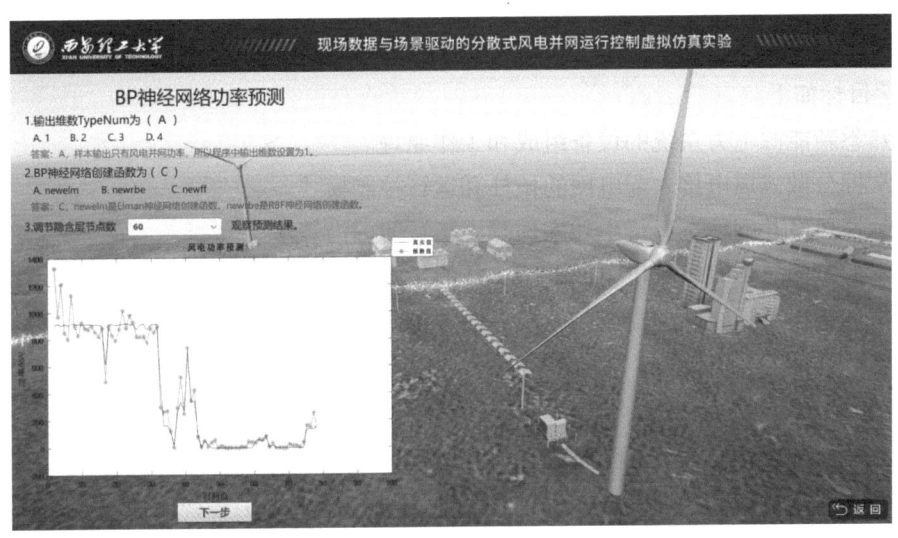

图 30-2　风电场稳态运行中并网功率预测实验

3. 风电机组故障暂态中低电压穿越控制

该内容包括低电压穿越控制仿真模型、励磁控制和 Crowbar 电路控制原理、参数设计、风电机组低电压穿越国家标准图中 8 个典型工况实验。学生完成原理学习和参数设计后,对比雷击引起电压不同程度跌落下有无低电压穿越控制时,风电并网点电压、电流、有功功率和无功功率波形,观测风电机组转速、Crowbar 装置和变流器电流变化,学习并掌握低电压穿越暂态控制策略,实验界面如图 30-3 所示。该内容采集了近三年某示范性工程的风电机组低电压穿越控制现场试验数据,学生将现场数据和仿真数据对比分析,总结优化真实分散式风电场的低电压穿越控制方法。

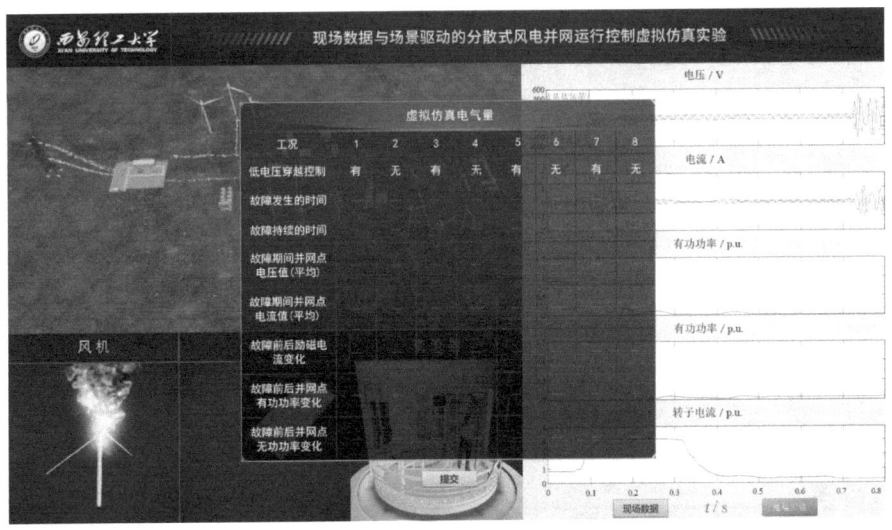

图 30-3　风电机组故障暂态中低电压穿越控制实验

（二）教学目标

该实验课程支撑"电力系统自动化""电机学"等理论课程，服务"电力系统综合实践"专业课程，旨在使学生感性、直观地掌握风电并网运行控制技术、提高综合实践与创新能力。具体教学目标如下。

1. 熟悉新能源电力系统的设备组成和工作原理。
2. 掌握分散式风电接入配电网的拓扑和运行控制模式。
3. 掌握风电并网稳态运行中功率预测人工智能前沿算法。
4. 掌握电网故障时风电机组低电压穿越的暂态控制策略及设计方法。
5. 掌握运用所学知识解决风电领域复杂工程问题的能力，综合实践能力和探究能力。

（三）实施情况

该课程已列入我校电气工程学院"电力系统综合实践"课程教学大纲，在电气工程及其自动化专业院级选修课、智能电网信息工程专业必修课和电气工程智能控制、新能源科学与工程等专业校级选修课"电力系统综合实践"中实施使用。该课程通过实验空间面向校内外、行业企业、社会人士开放共享。

二、课程建设特色与创新点

该实验课程在课程设计方面具有以下特色。

（一）现场数据与场景驱动、3D 虚拟和专业仿真结合的实验方案

实验课程将风电场与配电网现场采集的 7 年稳态运行大数据、可遇不可求的故障暂态场景和 3D 虚拟风电场深度融合，学生可将虚拟模型和实际风电场场景对比，学习分析风电场运行数据，利用现场工程试验数据进行实验分析。现场数据与场景驱动的虚拟仿真实验界面如图 30-4

图 30-4 现场数据驱动的风电虚拟仿真实验界面

和图 30-5 所示。风电场现场数据与场景的融入拉近了实验课程和风电行业的距离,使学生感性、直观地学习风电系统运行原理,掌握利用所学知识分析、解决风电场现场复杂问题的能力。

图 30-5　现场场景驱动的风电虚拟仿真实验界面

实验课程通过 3D 虚拟技术的浸入感和专业仿真软件的定量分析方式,全方位地使学生对高电压、高危险、大功率、耗时长和故障不可逆等风电实体实验无法开展的实验内容得以最大限度地获得基础认知,进行设计分析,进而拓展创新。学生不仅能够定性观看风机转速、Crowbar 等装置的变化,还可以定量分析仿真结果,引导学生掌握定量分析的科学分析方法。

(二)"专业基础 + 综合设计 + 探索创新"多层次课程内容

课程内容可开展专业基础、综合设计、探索创新三层次实验内容,由易到难,先基础后提升,满足本科教学的全方位需求,巩固学生基础知识,提高综合实践能力和创新能力。风电分散式并入配电网的认知(如图 30-6 所示)属于专业基础实验,风电场稳态中并网功

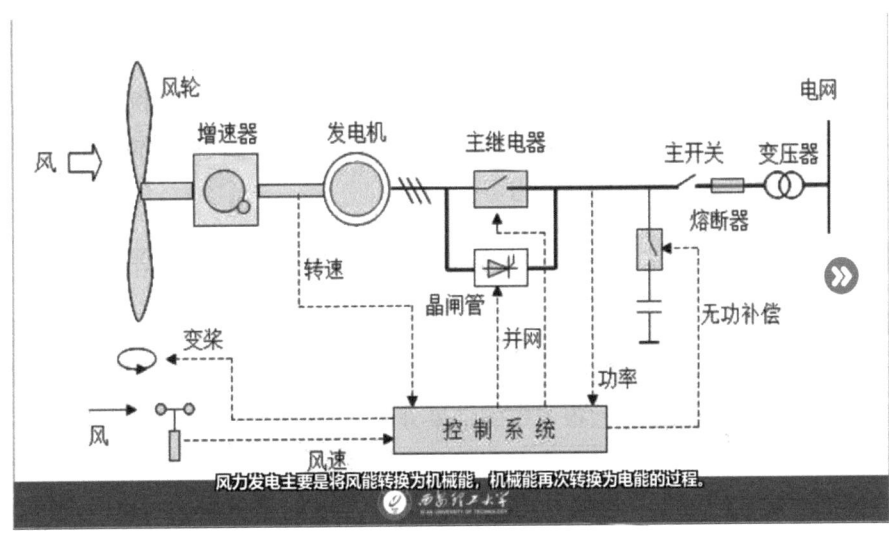

图 30-6　分散式风电并入配电网的认知(专业基础)

率预测和风电机组故障暂态中低电压穿越控制(如图30-7所示)为综合设计和探索创新实验。

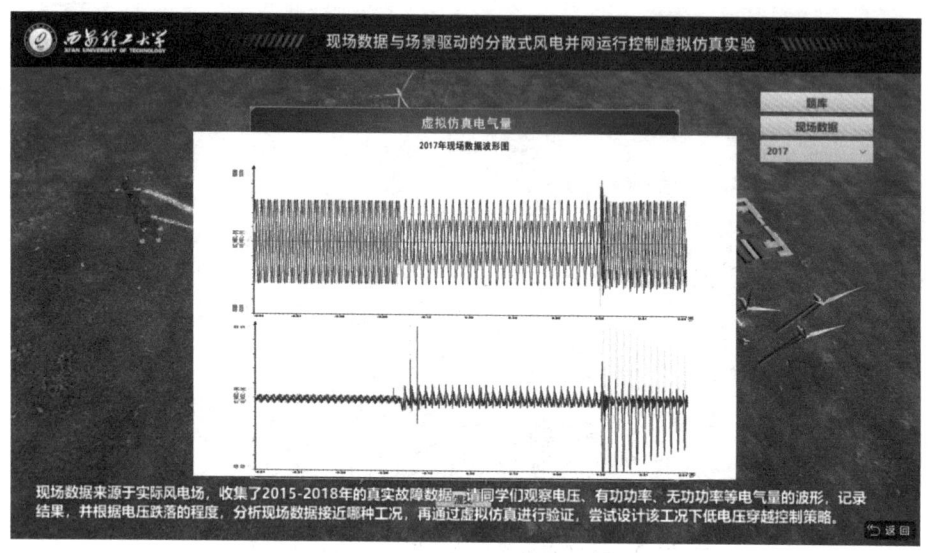

图30-7　风电机组故障暂态中低电压穿越控制(综合设计+探索创新)

实验课程通过风电场认知,帮助学生感性直观地理解风电系统的运行原理,巩固对理论知识的掌握;通过风电并网功率预测模型建立、参数优化和低电压穿越控制仿真,增强学生的综合设计和分析能力,培养学生解决复杂问题的能力;通过引入前沿算法,激发学生的探索热情,提高探究与创新能力。

(三) 虚实情景式、深度互动式、工程案例式、资源开放式特色教学方法

实验课程以学生为中心,通过虚实情景式、深度互动式、工程案例式、资源开放式的特色教学方法引导学生主动掌握理论知识、拓展创新。

通过融合风电场真实场景的虚实情景式教学,使学生感性直观地学习风电系统的理论知识和运行原理;通过交互操作答题的深度互动式教学,巩固对理论知识的理解,帮助学生掌握控制算法,提升教学效果;通过引入大量风电场现场工程案例的案例式教学,使学生掌握综合运用所学知识解决风电场实际工程复杂问题的能力;通过代码、仿真模型等资源完全开放的开放式教学,培养学生的创新能力。

(四)"主观+客观"评分、学生教师双向互评的全方位评价体系

实验课程采用"主观+客观"评分、学生教师双向互评的全方位评价体系对学生的课程学习情况和教师教学情况进行评价。实验平台根据学生的仿真实验操作和答题等情况进行自动客观评定分数,教师根据实验报告中的结果分析、遇到问题及解决措施、思考题、开放性课题分析等进行主观评价,实现过程考核和能力考核并重,最终客观分数和主观分数构成总成绩。该评价方式弥补了单一考核方式的不足,让学生及时了解自己对风电理论知识的掌握程度,便于学生查缺补漏,切实促进学生的学习效果。

除了教师对学生的评价,学生可以在实验平台上对教师的虚拟仿真实验教学方法进行评价,同时学生可以评价该实验课程,提出意见和建议,促进实验课程的持续建设和完善。

三、课程应用成效

共享应用高校:西安、北京、长沙、武汉等多所高校。

共享应用企业:华能新能源股份有限公司陕西分公司。

校内实验人数和共享服务人数:3 846人(包含局域网版本使用人数)。

实验课程浏览量:30 589人次。

该课程弥补风电实体实验的不足,有助于学生感性直观地理解和掌握风电系统的控制原理,加强学生的综合设计能力和创新能力,引导学生了解"双碳"目标的战略意义以及发展新能源电力系统、走绿色低碳发展道路的必要性和紧迫性。该课程用于风电行业技术员工的岗前培训,为风电行业的技术仿真分析和技术创新提供平台。

基于"现场数据与场景驱动的分散式风电并网运行控制虚拟仿真实验",课程团队发表教研论文6篇,其中SCI检索论文1篇、中文核心期刊1篇、EI检索论文2篇。

课程团队

课程负责人:段建东,西安理工大学电气工程学院副院长,教授、博导,主要研究方向为综合能源系统、新能源控制技术等。

团队成员:段建东、呼梦颖、王建华、李洁、姬军鹏。

第 二 部 分
课程共享应用机制创新

案例 31：轨道交通列车运行控制虚拟仿真实验项目

北京交通大学

一、课程内容简介

轨道交通列车运行控制虚拟仿真实验项目按照新工科工程教育新理念的要求，采用以学生为中心、以产出为导向的思维模式，将北京交通大学自主研发的国际最前沿科研成果——具有完全自主知识产权的国内第一套基于通信的列车控制系统转化为虚拟仿真实验内容，按照虚实结合、线上线下国际化共享服务的理念，通过半实物系统仿真、虚拟系统仿真两种形式进行展示，设计了列车通信控制、列车模拟驾驶、列车自动防护三个模块化的多维共享开放实验场景。

场景可以仿真现有系统无法安全实验或再现的场景，通过设备认知、原理学习、数据交互、故障排除等多个实验环节，学生进行自主实践对实验方案进行设计开发与最优选择，并根据前沿科技的探索与追踪结果，使用现代信息工具对实验结果进行评估与验证，从而胜任多任务、多成员、多角色的切换与任务协同，培养学生解决具体复杂工程问题的能力。

二、课程建设特色与创新点

（一）思政育人，搭建系列优质虚拟仿真资源

为推动虚拟仿真实验教学项目内涵式发展，建设团队以培养学生综合能力为目标，面向学生知识、能力、素质有机融合的培养需求，坚持立德树人，形成课程思政与工程教育理念有机融合的思政育人大格局，搭建系列优质虚仿资源。建设团队将信号专业故障导向安全理念融入虚拟仿真实验教学内涵，按照设备认知、原理学习、数据交互和故障排除四层递进框架，设计实验项目教学任务，学生能够根据实验项目教学任务要求进行自主实践，对实验方案进行重新设计开发与最优选择，并根据前沿科技的探索与追踪结果，使用现代信息工具对实验结果进行评估与验证，从而胜任多任务、多成员间多角色的切换与任务协同，进而培养学生解决复杂工程问题的综合能力和高级思维。

建设团队通过持续建设虚拟仿真实验教学项目，将北京交通大学自主研发的具有完全自主知识产权的高铁、城铁等轨道交通列车控制系统转化为系列实验教学内容，先后开发了列车运营系统虚拟仿真系列实验、列车运行控制虚拟仿真系列实验、信号与控制虚拟仿真系列实验、列车模拟驾驶虚拟仿真系列实验、行车调度综合在线实验、车站信号自动控制在线

实验和轨道电路在线实验等全系列、多维度轨道交通列车运行控制虚拟仿真实验项目,构建了列车运营管理、列车运行控制、列车模拟驾驶等模块化、层次化、难度适宜的原创性系列优质虚拟仿真资源。

系列虚拟仿真资源以"两性一度"为标准,注重实验问题设计,培养学生解决复杂工程问题的综合能力和高级思维(即高阶性),持续改进实验内容、平台和教学方法(即创新性),师生都需要认真花时间、花精力、花情感投入实验,并在有限时间内参与完成多类实验(即挑战度),打造一流本科课程,培养轨道交通信号与控制领域的优秀人才,促进实验教学内涵发展。

(二)师生互动,实施混合教学方法改革

按照新工科工程教育新理念的要求,建设团队坚持以学生为中心、以产出为导向的思维模式,持续更新虚拟仿真实验教学项目的创新性和挑战度。同时,结合全国新开设轨道交通信号与控制专业的院校对虚拟仿真实验课程在线实验指导的实际需求,建设团队于2018年在校内课程平台上线虚拟仿真实验项目配套实验指导课程《铁道信号综合实验》,开始探索线上线下混合式师生互动实验教学模式改革,本实验课程线上线下组织实施过程如下。

1. 线上实验引导

借助学校课程平台与中国大学MOOC开展线上课程,教师给出实验的基本方法和理论,帮助学生为完成该实验建立基本的知识基础并形成实践操作的整体思路,同时对实验中的难点、要点及要注意的问题进行分析介绍,引导为主,培养学生自己分析问题,找出最优解决方案的能力。

2. 混合实验指导

依托本实验课程虚拟仿真内容开展线上实验,依托半实物内容开展线下实验,为学生提供实验指导,包括:布置个性化基本实验要求、协助学生选择最优实验方案、确定团队分工并分析实验结果、协助解决实验中的问题,总体上注重培养学生协作完成实验的能力,包括团队协作、最优方案实现、解决实验问题等。

3. 线下分析研讨

组织线下研讨会总结分析学生在实验中出现的问题,在分析过程中引导学生主动参与研讨,协同合作运用现代工程和信息技术工具分析实验结果、总结实验成果等。

混合式师生互动实验教学模式在取得阶段性成果后,建设团队于2019年将虚拟仿真实验项目配套实验指导课程在中国大学MOOC上线开课,与虚拟仿真实验教学项目配套使用。

(三)协作共享,创立优质资源共享模式

为最大限度地发挥优质虚拟仿真实验教学资源优势,并实现推广与应用,建设团队牵头成立并建设全国信号专业虚拟教研室,进行虚拟仿真实验教学资源共享应用机制创新研究。虚拟教研室由北京交通大学1所高校引领,10所核心高校深度合作,全国48所开设信号专业并招生的不同类型高校参加,创立了"1+10+48"的信号专业虚拟教研室教研模式新形态,

协作开展跨校区、跨地域、跨时空的教研活动。创立的自主在线实验的优质资源共享模式，覆盖了全国所有开设轨道交通信号与控制专业并招生的 48 所高校。通过协同开展优质资源共建共享，有效推进了实验实践教学质量的协同提升与发展，实现了高等教育优质资源的普及化。

三、课程应用成效

（一）面向校内

近几年面向在校学生开展实验实践教学年均 1 781 人次。根据实验课程学生能力评价和问卷调查，学生解决复杂工程问题的综合能力得到明显提升。

（二）面向京内

共接收 96 名来自北京工业大学信号专业"双培计划"学生开展专业培养，接待北京联合大学线下入校实验实践教学共计 5 526 人学时、线上 SPOC 教学 41 人次。接待交大附中 40 余名学生社会实践活动。根据委托单位及学生反馈意见，学生工程实践能力与专业视野明显提升。

（三）面向全国

全部在线实验资源均已开放。2021 年，在实验空间交通运输类学科人气指数中排行第一，虚拟仿真实验项目近一年的独立访客有 5 963 人次，浏览次数达 20 818 次，分布在北京市、云南省等虚拟教研室深度合作高校所在省份。中国大学 MOOC 课程累计选课人数在同类课程中名列前茅。

（四）面向国际

本项目组承担了肯尼亚国家铁路留学生本科教育、越南城市轨道交通发展与规划研修班、澳大利亚伍伦贡大学留学实践等教学环节，接待兰卡斯特大学、莫斯科国立交通大学、萨格勒布大学、格里菲斯大学等国外高校教师到访交流。

课程团队

课程负责人：戴胜华，北京交通大学电子信息工程学院轨道交通控制研究所所长，教授，主要研究方向为轨道交通自动化及控制。

团队成员：李正交、周兴、黄赞武、李绍斌。

案例32：以国家虚拟仿真实验项目为抓手，创新化工实验教学应用模式

天津大学

一、课程内容简介

（一）建设背景

化学工业在各国的国民经济中均占有重要地位，世界化工产品年产值已超过15 000亿美元。2021年，中国石油化工行业营业收入14.45万亿元，实现利润总额1.16万亿元，创出历史新高，是我国的基础产业和支柱产业之一。但由于化学工业门类繁多、工艺复杂、产品多样，生产中涉及危险化学品、工艺复杂、控制难度大，时有安全危险发生，对国家和人民的生命及财产造成威胁。精馏实验过程繁杂，操作点和控制点多，传统的实验过程评价困难，结果性评价方式不能完整反映学生学习效果。利用虚拟仿真技术实现化工类相关学生实验及实践教学，既可以培养学生的实践能力，还可以降低实验危险性和设备投入。将本质安全内容嵌入虚拟实验中，系统提升学生的安全意识、安全防范能力、社会责任感，对化学工业长期健康、绿色、可持续发展具有重要意义。

（二）课程内容及目标

"精馏综合拓展3D虚拟仿真实验"以精馏为主线，将学生在化工原理实验中涉及的"三传"（动量传递、热量传递、质量传递）进行串联，课程设计从学生角度出发，在教学内容上按照由浅入深、由易到难的方式，通过对化工过程中典型的"三传"进行综合设计如图32-1所示，采用虚拟仿真技术，构建包括仿真操作、工程拓展、综合设计三层次的精馏实验模块，将与"三传"相关的知识贯穿于精馏操作全过程。本课程从学生的需求和发展出发，构建了三层次（包括仿真操作型、工程拓展型和综合设计型）、七个教学模块的实验教学内容如图32-2所示。内容的三个层次在知识水平、能力要求上逐渐提高，由易到难，学生可以根据自身的学习基础开展深入学习。拓展实验教学的广度和深度，以学生发展为中心，实现全过程评价。

通过泛在化学习，达到以下教学目标：

(1) 深入理解精馏相关基本理论知识；

(2) 全面了解精馏过程中常用设备的内部结构特点；

(3) 熟练掌握精馏过程的操作步骤与方法；

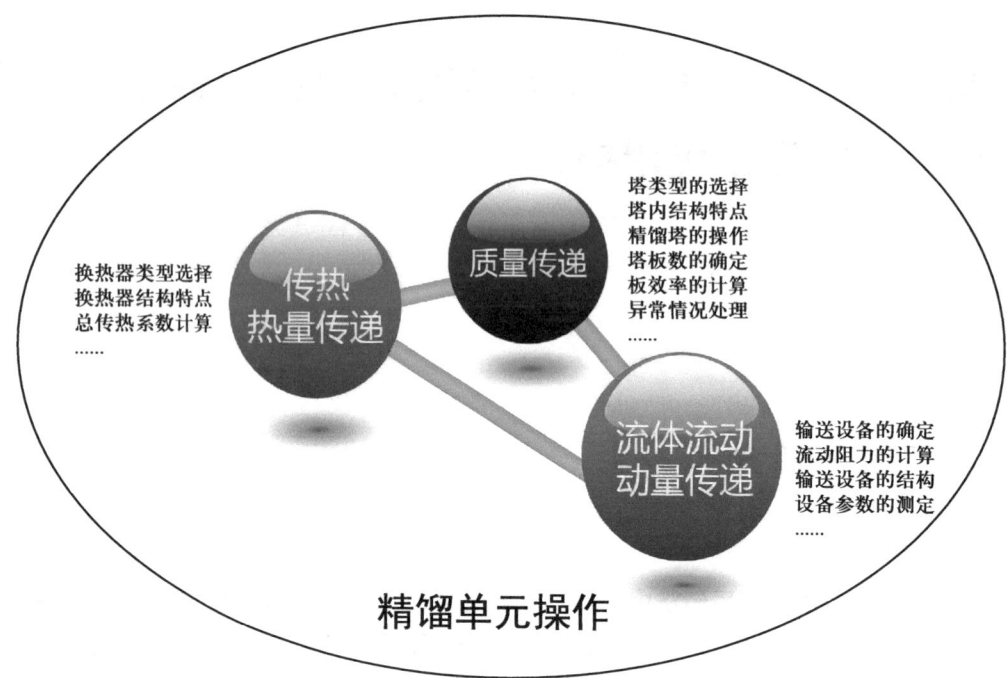

图 32-1　项目内容联系与知识要点

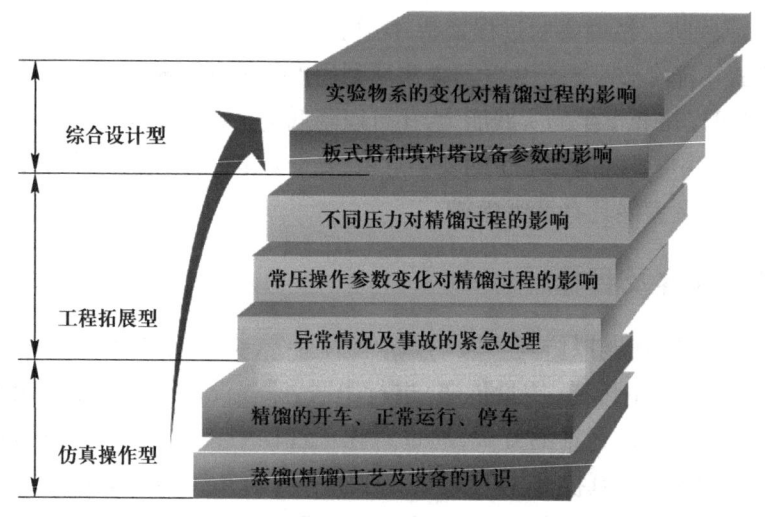

图 32-2　递进式三层次结构与七个教学模块

（4）培养分析和解决复杂问题的能力，提高对综合过程的工程设计、开发能力和创新能力；

（5）培养安全、节能、降耗意识。

二、课程建设特色

（一）以雄厚实力为基石，课程体系完善有张力

本课程依托天津大学化工学院，该学科在全国化学工程与技术一级学科中名列前茅，拥有雄厚的精馏技术实力。课程由化工学院化工基础实验中心开发，该中心是首批国家级

实验教学示范中心和首批国家级虚拟仿真实验教学中心,参与建设"化工原理及实验"国家精品课程和国家级精品资源共享课。经过长期教学实践,构建了以本课程为核心的一整套具有自主知识产权的实验设备和实验体系,课程体系完善且具备张力,成果推广应用于全国200余所高校。

(二)以学生发展为中心,课程模块融合有活力

在项目获批后,建设团队继续开展项目的深入建设。在深度上,建设团队增加了实验物系,使学生对不同物系的精馏条件和精馏实验结果有了更深入的认识;还引入了小型的设计环节,使学生对化工流程有了更全面的了解。通过深度建设,使学生解决复杂问题的综合能力有了进一步提升。在广度上,借鉴获批项目的成熟经验,建设团队持续增加精馏相关知识点的建设工作,围绕精馏相关的流程、设备增加虚拟仿真实验内的教学内容,提升了学生的实践能力。

三、课程应用成效

(一)以获批项目为抓手,提升课程整体质量

作为化工技术基础实验中具有典型代表性的一个单元操作,精馏集合了化工原理实验中所涉及的"三传"(动量传递、热量传递、质量传递)。在项目建设获批后,建设团队以获批项目为抓手,以点带面,将项目所在的化工技术基础实验课程的其他虚拟仿真实验也进行了相关建设,形成了体系化的虚拟仿真实验项目群。还建设了实验课程的虚拟仿真实验教学平台,将实验与实验基础理论、操作讲解视频、预习自测题目等资源进行规划整理,使学生系统地在平台上获得与教学相关的在线资源,大大提升了学生自主学习的便利性。课程的教学团队与企业的技术团队一起,形成了良好的校企合作运行机制,双方共同建立了网上答疑平台,第一时间响应学生学习遇到的问题。平台仍在持续建设过程中,实现内容不断丰富,建设水平不断提升。通过资源和平台的建设拓展学生自主学习自由度。

建设团队积极探索虚拟仿真实验与线下实验的有机融合,通过教学组织与教学模式设计,建设了线上线下混合式课程,以实验教学平台为依托,将化工技术基础实验课程的教学资源都进行了归纳整理,通过平台结构建设,形成了线上线下互为衔接的教学组织模式,提升了课程质量,极大地激发了学生学习的主观能动性,《化工技术基础实验》课程也获批为天津市线上线下混合一流课程,正在参与国家级一流课程的申报。

(二)多方式结合推动项目开放共享,开展应用模式研究

1. 课程应用情况

课程在 2017 年在国家虚拟仿真实验教学课程共享平台上线后,在化工类课程中的共享应用与关注度一直名列前茅,截至目前,人气指数在所有上线项目中排名第三,共享指数在所有上线项目中排名第二,实验浏览量超过 189 900 人次,在所有化工与制药类项目中排名第一。

在校内的应用中,从2017年上线开始,在本校的教学应用中已经顺利开设了8个学期,校内教学人数超过了2 500人。取得了良好的教学效果。

2. 课赛结合实践

本课程于2019年创立了课赛结合的方式,将课程中的拓展内容作为实验竞赛项目应用于全国大学生化工实验大赛的华北、中南赛区竞赛中,扩大了课程项目的影响力。目前已举办四届全国大学生化工实验大赛,有三百多所高校千余名学生参赛体验本课程项目的建设成果,共享应用覆盖面遍及全国,既扩大了课程影响力,也在实践中检验了项目的建设水平。

3. 共享开放成效

课程组以本课程项目为抓手,开展了系列实验项目的建设工作。截至目前已经完成了实验中心所有线下实验的虚拟仿真实验建设工作。形成了体系化的虚拟仿真实验项目群,具备了开设线上线下实验课程的能力。2020年,课程不仅应用于本校的实践教学,课程组通过天津大学化工学院的微信公众号发出新闻,将中心建设的虚拟仿真实验全部免费对全国高校开放。此举在全国开设化工相关专业的高校中引起强烈反响,也起到了良好的示范作用。据统计,在2020年全年,共有488所学校的35 865名学生,使用了实验中心建设的包括精馏综合拓展3D虚拟仿真实验在内的虚拟仿真实验。实验项目2020年使用次数前十名高校情况统计,如图32-3所示。

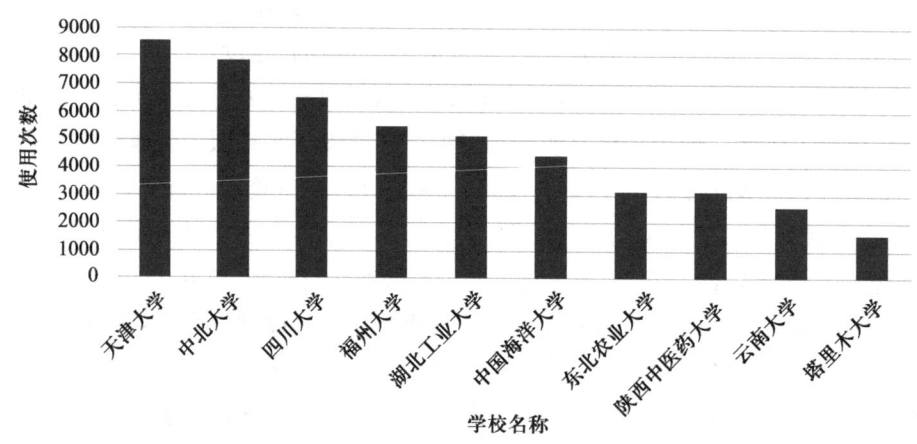

图32-3　实验项目2020年使用次数前十名高校情况统计

4. 研究探索成果

在课程建设和应用过程中,建设团队不断对项目共享应用模式进行探索。结合天津市高校化工类相关专业的特点,牵头组织了天津市高校的共享应用平台,通过各校结合自己的优势研究领域,在共享应用中不断总结提升,共同进行项目和实践教学平台的建设与应用,开展校际共享合作的运行机制研究,相关研究内容"共享融合的'智慧化工'实践教学综合改革"申请获批了2020年天津市普通高等学校本科教学质量与教学改革研究计划项目的重点项目。此外,建设团队还联合中西部和东北地区高校,结合各高校的办学特色、地区特点,开展虚拟仿真实验的深度开发、开放与应用,通过各高校在所处地区、特色研究领域等方面的示范辐射作用,提升优势虚拟仿真实验教学项目的建设水平与行业影响力。建设团队在研究中积极探索项目建设、运行、开放等方面的工作机制,相关工作"化工虚拟仿真实验建设与教学应用策略研究"获批了教育部 2020 年教育信息化教学应用实践共同体项目,在 2021 年,围绕专业实验开放共享的相关工作还获批教育部首批虚拟教研室。

四、结语

建设团队本着创新、协调、绿色、开放、共享的新发展理念,力图不断提升课程建设水平,拓展共享开放形式,凝聚、形成合力,与兄弟院校、企业联手促进化工类专业虚拟仿真实验教学、共享开放水平的持续提升。

课程团队

课程负责人:夏淑倩,教授,现任教育部化工类专业教指委秘书长,天津大学教务处副处长,主要研究方向为化工热力学、石油化工工艺等领域。

团队成员:范江洋、郭翠梨、胡彤宇、肖晓明、张吕鸿。

案例33：企业模拟运营决策仿真实验
哈尔滨商业大学

一、课程内容简介

（一）课程简介

"企业模拟运营决策仿真实验"以供应链上下游企业业务流程为主线，以现代生产制造企业为核心，以行政单位和金融单位等服务性机构为依托，打造全景商业生态环境。学生通过就职于总经理办公室、采购部、生产与研发部、物流部、市场部、人力资源部和财务部各个岗位，从事相应的职能工作，模拟企业的经营过程，涉及企业筹建、原材料采购、产品生产、市场营销、财务管理等经营活动，使学生真正体会到企业中完整的经营和管理过程。

（二）建设目标

1. 让学生在虚拟的商业社会环境中模拟企业间的博弈与对抗，系统领悟和学习企业经营管理中生产制造、市场开拓、财务管理等相关知识，掌握如何分析市场环境、如何创造商机、如何为企业盈利等企业经营管理方法，使学生具备企业实际运营过程中分析问题、解决问题的能力。

2. 熟悉现代企业运作流程和岗位分工，学会协作与沟通，体会实际商战中优胜劣汰、适者生存的现实，训练创新思维，树立创业意识，释放创新激情，成就创业梦想。

3. 通过团队的努力，提升自我素质，锻炼并培养学生的实践能力、创新能力，从而提升学生的就业竞争力和在未来不确定性环境下的应变适应能力。

（三）采用的技术路线

在"大数据"的信息技术时代，更加智能化、人性化、功能化是大势所趋，以往虚拟仿真课程系统只提供简单的实践教学服务。企业模拟运营仿真决策实验平台具有跨专业、高仿真、实践性强、评测标准、管理规范、兴趣度、移动化、云端化、博弈对抗、可视化数据等功能，通过统一身份、统一认证、统一管理、统一运维的集约化管理，利用大数据技术、云技术、人工智能算法，打造以数据服务为支撑的综合性的虚拟仿真实验课程。该课程管理和服务不是单一应用界面，而是可以在计算机、移动设备、自助终端上充分享受云平台系统所带来的方便，更智能的是可以根据身份的不同将服务通过恰当的方式推送到学生和教师面前，不受时间和空间的限制。

(四)实施情况

"企业模拟运营决策仿真实验"于2019年获得首批经济管理类国家级虚拟仿真实验教学一流课程,并于2020年纳入教育部主办的中国大学生工程实践与创新能力大赛虚拟仿真赛道企业运营仿真赛项。课程在2017年9月面向学校和社会开放,目前已运行使用五年。课程在实验空间上线浏览量达到12万人次,做实验人数6 198人,其中获得优秀3 394人,优秀率过半,实验通过率83.9%。

二、课程建设特色与创新点

企业模拟运营决策仿真实验将数据分析处理中心统一分布在云端,建立企业模拟运营虚拟仿真实验云,学生能方便快捷实时登录实验平台,具有较好的实验体验效果。实验项目平台交互页面具有场景化、动态化特征,具有良好的交互性。实验高效快捷,成本低廉,方便共享使用。

(一)教学方法创新

1. 实验设计遵循OBTL(基于目标和成果的教与学)教学模式。以学生为中心,以培养学生的企业运营能力和综合素质为根本;项目内容采用PBL(以问题为导向的教学方法)进行决策设计。为学生设置了清晰的学习目标、多样化的教学活动以及多元化的考核手段。在教学过程中,充分调动学生自主创新的积极性和融入角色的主动性;教师只承担"支持"和"服务"的角色,及时发现和纠正学生在学习过程中存在的不足和偏差,促进学生达到学习目标。

2. 教学组织将传统讲授方式和角色扮演相结合。学生由4人组成一组,成立一家企业,学生分别扮演虚拟企业的各岗位角色,完成企业全生命周期的经营决策。学生围绕实训内容完成各种PPT演示,如"三分钟演讲""可行性分析报告""市场定位分析""破产报告""实训总结汇报"等,从而彻底打破传统的以教师为中心、教师讲授式的教学方式,实现面向未来的综合能力提升和发展。

3. 跨专业实训。不仅能满足会计、财务管理、财政、金融、人力资源管理、市场营销、物流管理、电子商务、信息管理等经管类专业需求,同时能满足其他专业需求。在实验过程中,学生深入了解企业在经营管理中不同部门之间的分工协作机制,培养学生企业运营管理能力。

4. 采取教学需要和日常自主学习模式相结合,分为教学模式、竞赛模式、学习模式。同时通过专业知识扩展、业务知识指导,结合实际的仿真业务操作,完成各个仿真实训目标。

(二)评价体系创新

实验成绩考核分为过程考核和结果考核两个方面,其中过程考核包括平时出勤、课堂表现、小组发言和团队合作,结果考核包括企业经营排名和实验报告。成绩考核注重将团队业绩和个人业绩相结合,指标多元化,考核体系科学合理,不仅重视经营结果考核,还重视学生实验过程的管理,摒弃了传统只重视最终结果,不重视过程的做法。

(三) 对传统教学的延伸与拓展

1. "以实仿虚,虚实结合"的教学手段创新。线上利用虚拟仿真技术,以实际社会经济系统结构及运行规律为基础,结合教学需求,构建虚拟仿真系统运行模型,实现"将企业搬进校园"的高度仿真。通过模拟训练,让学生身临其境体验企业的实际运营与管理过程,弥补经管类课程尤其是实验课程中,学生参与性不足的问题,对于提高学生的认知能力和企业运营管理能力具有积极作用。

线下利用相应的虚拟仿真教学硬件设备,老师结合真实企业案例,对学生模拟运营数据进行分析和点评,学生在真实案例中检验决策优劣,让学生将所学理论知识应用于模拟运营决策仿真实验。同时线下真实的团队组建和分工,让学生通过角色扮演,学会合作共享,真实体验职场的艰辛与喜悦。

2. "全生态圈,按需组合"的教学内容创新。实验内容按照"全生态圈,按需组合"的要求设计。系统设计遵循"总分结合,商工结合,专项训练"的思路,在实验中引入产品设计建模认知模块,结合经管知识模块实现按需组合,构建虚拟仿真场景,实现多专业知识协同应用,训练学生的职业素养和专业能力。学生学习过程中,既可以全面掌握企业内部管理过程和市场博弈过程,也可以在某一岗位或者某一专业单元得到充分训练。学生既可以按需学习供应链中的财务管理、生产管理、市场营销等任何一个相关知识点的实验,教师还可以利用平台进行跨专业、全供应链的综合实践,从而实现教学内容和组织形式的创新。

三、课程应用成效

企业运营仿真实验由哈尔滨商业大学自主研发,面向高校和社会开放。

(一) 校内应用

企业模拟运营决策仿真实验在哈尔滨商业大学已纳入人才培养方案,30多个经管专业学生需集中三周开设"公司创建与运营"综合实训,企业模拟运营决策仿真实验是其中模块之一,目前已开课五年,参与学生12 000余人,取得良好的教学效果。

(二) 校外应用

向全国各高校及社会人员提供免费共享服务。省内作为黑龙江省大学生企业模拟运营大赛指定平台,共有47所高校4 000多名师生参加了四届黑龙江省大学生企业模拟运营大赛,受到参赛师生好评,课程在参赛院校得到应用和推广。

企业运营仿真竞赛已于2020年纳入教育部主办的第七届全国大学生工程训练综合能力大赛(即中国大学生工程实践与创新能力大赛)虚拟仿真赛道企业运营仿真赛项。2021年举办了全国大赛,总计29个省(自治区、直辖市)的384所高校、28 700多名学生参加,竞赛云平台累计浏览量超过100万。

通过该课程的学习,极大地激发了学生参与实践活动的热情和积极性,三年学生发表论文 50 余篇,实用新型专利/软件著作权/外观专利 6 项,注册公司 5 家;学生参加各类学科竞赛获奖 100 多项,如 2020 年,获得第六届东方财富杯全国大学生金融精英挑战赛一等奖(3 项),第八届全国"TRIZ"杯大学生创新方法大赛一等奖,"创新创业"全国管理决策模拟大赛一等奖,全国大学生人力资源知识技能竞赛一等奖;2021 年,获得第十七届全国大学生数智化企业经营沙盘大赛全国总决赛一等奖,全国大学生企业模拟竞争大赛一等奖等。

课程团队

课程负责人:张莉,哈尔滨商业大学教授,教学实验设备管理中心主任。

团队成员:章刘成、鲁啸军、谢红燕、尹龙。

案例 34：产房分娩及新生儿处理虚拟仿真实验教学
浙江大学

一、课程内容简介

"产房分娩及新生儿处理虚拟仿真实验教学"于 2018 年上线，已开设 6 个长学期课程，主要面向医学本科生、留学生、妇产科学研究生及住院医师，网站浏览达 72 711 人次，实验观看达 43 033 人次，1 645 名学生完成教学内容，实验通过率达 79.9%。获评首批国家级虚拟仿真实验教学一流本科课程、浙江省高等教育"十三五"第一批教学改革研究项目。

二、课程建设特色与创新点

（1）本课程根据浙江大学"双一流"建设要求，遵循医学人才培养规律，以需求为导向、以学生为中心，构建从虚拟到现实，从基础到临床，从动物实验、模型训练、仿真病人(标准化病人)培训到真实病人实习一体化的妇产科学实验实践教学体系，有机结合，逐层深入，环环相扣。

（2）契合教育部卓越医生培养精神，注重学生拔尖创新能力的提升。在国内首次全面应用浙江大学主编的本科国家级规划教材《妇产科学》(第九版)及增强现实等新技术进行虚拟仿真教学，实现妇产科学实验教学的信息化和优质资源的共享，建成一个具有开放性、扩展性、兼容性、前瞻性的"重基础、求创新、厚人文"的高水平妇产科学虚拟仿真实验教学中心。

（3）依托浙江大学医学院"国家级虚拟仿真实验教学中心"和浙江大学医学院附属妇产科医院，将建立虚拟仿真技术应用于妇产科教学的标准化流程和评价体系。所有妇产科学虚拟仿真实验教学项目向学生开放，实现主动控制学习、即时学习和就地学习。将教学课件、教学录像等资料上传至浙江大学"妇产科学"教育部"来华留学英语授课品牌课程""国家精品课程""国家级精品资源共享课"等课程网站，扩大国内外影响力。

（4）"产房分娩及新生儿处理虚拟仿真实验教学"不仅应用于医学专业教学过程，更在本科通识核心课程"女性生殖健康"中予以应用，让非医学专业学生拥有了体验医生诊疗过程的机会，引导更多学生关注女性健康，主动参与"健康中国"建设。

三、课程应用成效

(一)教学效果分析

1. 医学专业课程应用

浙江大学医学院临床专业本科生在进行妇产科学习时均需参与"产房分娩及新生儿处理虚拟仿真实验教学"学习。同学们在理论学习的基础上,通过虚拟仿真实验教学,让同学们在进入临床实践之前就可通过系统性、可重复的操作熟悉临床诊疗思路和操作技能,对理论知识进行查漏补缺,为临床实习打好基础。

课程组对 2015 级(未应用虚拟仿真实验教学平台)及 2016 级(应用虚拟仿真实验教学平台)临床医学学生妇产科学学习成绩进行统计分析,2016 级平均成绩显著高于 2015 级平均成绩(81.91 ± 10.70 vs 76.53 ± 6.51)。同时对 2016 级妇科及产科亚学科成绩进行分析,发现产科成绩要显著高于妇科成绩,可见"产房分娩及新生儿处理虚拟仿真实验教学"更能提升医学专业学习效果及理论实践掌握程度。

2. 通识核心课程"女性生殖健康"应用

课程基于"产房分娩及新生儿处理虚拟仿真实验教学"实现"线上线下混合、理论实践融合"创新型教学模式,同学们不仅充分掌握了女性生殖健康相关知识,还通过实践开拓思维方式和创新能力。许多同学通过课程学习积极主动参与生殖健康维护的科普志愿服务,共同服务于"健康中国"建设。

课程组对"线上线下混合、理论实践融合"创新型教学模式的学生进行主、客观题考核评分,与 2019 年仅线下教学课程班学生考核分数进行比较,创新型教学模式组分数(86.86 ± 8.23 分)高于传统线下教学模式组(83.57 ± 12.52)。一定程度上体现了教学资源及形式更为丰富的新型教学模式可提升学生对于知识的掌握及运用能力。在授课形式满意度评价中,创新型教学模式组中 98.3% 的学生非常认可该授课形式,高于传统线下教学模式组的 97%,可见这种新型教学模式更受学生欢迎。

(二)教学推广

1. 医学专业课程

开展跨院校合作,主要应用于临床医学本科生课程、留学生课程、妇产科学研究生课程及住院医师培训,目前已将"产房分娩及新生儿处理虚拟仿真实验教学"推广到北京大学医学部、上海交通大学医学院妇产科学系、湖北省妇幼保健院等高校医学院、综合医院妇产科及妇产科专科医院。

2. 医学通识课程

"产房分娩及新生儿处理虚拟仿真实验教学"已应用于浙江大学本科生通识核心课程"女性生殖健康",该课程以非医学专业学生为主,课程中专门设置妊娠、女性孕期保健等理论知识学习,同时,同学们需通过虚拟仿真实验教学平台完成在线实践模拟练习,不仅能够加强同学们对理论知识的掌握,同时给了很多非医学专业同学一次当医生的机会,体验了完整临床病例的诊疗过程。

3. 社会大众

基于中国大学 MOOC 课程"女性生殖健康","产房分娩及新生儿处理虚拟仿真实验教学"已实现向社会大众的推广。社会大众在选修这门课程时,均能通过平台指导使用虚拟仿真实验教学平台,让妇幼健康知识科普覆盖到更多社会大众,让更多人全面地了解正确的孕期健康维护方法,做自己健康的守护者,做健康中国的践行者。

课程团队

课程负责人:张丹,浙江大学医学院副院长,教授,主任医师,博士生导师,教育部生殖遗传重点实验室首席科学家。主要研究方向为生殖健康与配子胚胎源性疾病。

团队成员:徐向荣、阮恒超、陈丹青、冯素文。

案例 35：MOOC 教学模式下的危险化学品使用综合实验（化学实验安全知识 MOOC）

中国科学技术大学

一、课程内容简介

安全是化学实验室工作的重中之重，教育部发布了相关规定和通知，强调高校实验安全工作的重要性，明确要求实现高校全员安全教育。其他相关部门也制定和更新必要的标准和法规，规范安全工作。例如"职业健康标准""实验室建筑标准""危险化学存放标准""危险化学品管理办法"等。同时这些标准和法规需要及时整理，确保安全教育内容的时效性。

参考 ACS（*Guidelines and Evaluation Procedures for Bachelor's Degree Programs*）（2015 年版），指南明确了化学专业学生必须掌握 6 个基本技能，其中之一就是安全技能。近年来，实验安全方面的课程资源越来越丰富。中国科学技术大学化学实验教学中心（以下简称中心）在 MOOC 和虚拟仿真融合方面开展了一定的探索工作。

（一）"化学实验安全知识"MOOC 建设

中心在国内率先进行化学实验安全教育模式的创新工作，开设的"化学实验安全知识"MOOC 为国家精品在线开放课程，国家级一流本科课程，课程在"中国大学 MOOC""好大学在线""e 会学""超星""学堂在线"平台上线。自 2017 年 3 月上线以来，年均受益学生超过 1 万人。"化学实验安全知识"MOOC，形成"积跬步至千里"的安全教育方法，提供了一种零散的安全知识，碎片化时间的学习模式。建立起国内化学实验安全教育的课程授课群，解决了化学实验安全知识大范围教的问题。

（二）危险化学品虚拟仿真实验建设

化学实验安全教育中危险化学品的安全使用方面的训练至关重要。但危险化学品总量共有 9 类、2 000 多种，在实际的训练中，很少有实验室同时存放不同种类的危险化学品。在此教学目标的前提下，2019 年中心开始尝试将 MOOC 和虚拟仿真实验项目相结合，通过两种教育技术的融合，进而完善课程内容体系，形成新的安全教育教学模式。探索 MOOC 教学的虚拟化、实验化，危险化学品使用实验涵盖 1 个"危险化学品安全使用综合实验"和 5 个"危险化学品使用系列实验"。

二、课程建设特色与创新点

（一）危险化学品安全使用综合实验

危险化学品安全使用综合实验侧重安全知识点考核，涵盖了化学实验安全知识的大部分内容。通过对"化学实验安全知识"MOOC中大量知识点的梳理，形成系统、关联的不同模块。

实验设计为游戏闯关模式，实验开始前设计"防护用品和设备图片库"（40种个人、消防防护用品）必过环节，选择错误不能进行任何实验，实验前养成防护到位、应急预案到位的良好习惯，强化人是实验的主体，也是防护的主体。

实验开始经过模块实验的游戏分数累积，获得主线危险化学品使用实验资格，强化危险化学品使用的资格审核。模块实验分为模型组合、安全找茬、危险化学品鉴别。

模型组合模块实验，在结构和原理上了解50种常见的实验、防护、消防设备（喷淋装置、洗眼器、灭火器、防护面罩等）。

安全找茬模块实验，模拟200项实验室安全隐患场景，实验中在规定时间内找出隐患点。

危险化学品鉴别模块实验，参考《全球化学品统一分类和标签制度》相关内容，即100种化学品鉴别、分类、存放、使用等方面的知识。实验中在一定的时间内快速、准确地识别化学品的危险性。完成一定数量化学品安全标志、试剂瓶、消防用品的选择。

（二）危险化学品使用系列实验

危险化学品使用系列实验内容也是综合实验中的主线实验内容。每一个实验可以单独开启，也可以通过模块实验考核开启。危险化学品系列实验中参考危险化学品分类标准，选择具有代表性的危险化学品过氧乙酸、硫酸、氰化钾、叔丁基锂和氢气，涉及化学实验室中最常使用的5种危险品类别：有机过氧化物、腐蚀品、有毒品、压缩气体、易燃液体。形成全面、系统的危险化学品安全使用培训线上资源。

三、课程应用成效

2019年秋季开始进行MOOC与虚拟仿真相结合的融合实践工作，在"中国大学MOOC"平台和"好大学在线"平台的教学内容中，融入实验空间上的"危险化学品安全使用综合实验"和"危险化学品使用系列实验"，进行大范围的教学尝试，将虚拟实验作为MOOC课程的一部分内容，占成绩的10%。"多校一课"授课群体涵盖吉林大学、东北师范大学、安徽师范大学、黑龙江大学、湖南师范大学、新疆师范大学等十几所高校。2021年秋季再次进行了融合实践，参与人数为3 399人。其中新疆师范大学311人，东北师范大学176人，吉林大学263人，安徽师范大学568人，湖南师范大学958人，中国科学技术大学本科生和研究生分别有234人和889人。

虚拟仿真实验设计以危险化学品操作为载体，实验的目的是让学生掌握这种危险化学品的使用,实验过程中强化实验室准入制度、实验安全自查能力、危险实验资格审查意识。

通过 MOOC 与虚拟仿真实验的融合实践,获得了虚拟仿真项目的互动性、参与性、浸入感,实现了学生的参与性与实践能力的培养。而模块实验的设计实现了 MOOC 教学知识点的互动考核,使得整个 MOOC 教学内容焕发勃勃生机!目前已经形成了一个全国性的"化学实验安全知识"授课群,仍需借助"MOOC 或 SPOC"展开更多的虚拟仿真教学的融合尝试,实现国内高校其他优质资源融合实践工作,进而实现技术赋能教育。

课程团队

课程负责人:冯红艳,中国科学技术大学国家级化学实验教学中心副主任、高级实验师,国家级一流本科课程负责人。从事基础教学和教学研究工作。

团队成员:冯红艳、吴红、方思敏、王钰熙、朱平平、郑媛、兰泉、黄微、高明丽、刘红瑜。

案例36：油田地质实习虚拟仿真实验项目
中国石油大学（华东）

一、课程内容简介

（一）课程平台的建设思路

项目以资源勘查工程专业"油田地质实习"实践课程的教学大纲为依据，按照以学生为中心、产出为导向、持续改进的理念，以培养学生跨界视野、专业思维、综合分析能力和创新意识等为目标。

本实验平台由三个部分组成，一是胜利油田录井公司捐赠给我校的真实综合录井仪，包括录井仪器房、色谱仪等全套设备；二是学校自主研发的仿真钻井平台及实训系统；三是课程组与中国石油大学（华东）工训中心联合研发的虚拟实验系统。

实验系统有以下特点：科教融合、虚实结合，综合录井仪的认识和操作实验采用实物和虚拟结合；对地面可见、但高危险的钻井、录井井场、采油井场，以及石油钻机等无法获取实物的大型设备，采用仿真实物模型和虚拟3D模型相结合的方法（如图36-1所示），第一人称或第三人称漫游学习；对原油、岩石及岩心等采用建设虚拟和实物相结合的方法，重点建设包括中西部深层-超深层资源在内的全国主要含油气盆地的典型油样、岩石及岩心虚拟博物馆，构建问题场景。借助无人机三维建模技术构建不同盆地野外露头的典型地质体三维地质模型，分析地下储层非均质等问题，培养对地质体的空间理解与分析能力及创新能力。

图36-1 钻井及录井井场的虚拟漫游

实验以录井井场、工艺和录井工程仿真实训（如图36-2所示）为基础，以原油、烃源岩、储集岩、典型井的连续岩心观察，以及相对应地质体三维模型的分析为核心，虚实结合，由浅入深。实践环节分为认知实训、基础实训、综合实训、提升和创新实训四个层次。

图 36-2　录井工程的仿真实训平台

（二）虚拟实验教学内容

项目平台分为井场漫游与录井实训、采油井场漫游、原油及烃源岩的观察、储集岩的特征鉴定、虚拟岩心、三维地质模型、在线考核等子系统。

1. 井场漫游与录井实训、采油井场漫游认识实验

井场漫游与录井实训、采油井场漫游 2 个子系统的实验和方法近似。针对高危险、野外大场景的井场等，设计了与真实环境一致的虚拟三维井场场景及设备运行状态，通过该系统能够交互的查看和学习钻机、钻头、录井循环系统等设备及工艺。通过虚拟现实、可视化、人机交互，学生在虚拟环境中漫游、认知和学习，掌握钻、录井现场的布局，泥浆录井循环系统、钻井起升系统、旋转钻井系统及其中的关键设备。通过采油井场漫游模块，可以掌握采油井场的主要组成、注水开发的过程等。

仿真场景还能够实现对钻井、录井以及处理事故等过程的模拟学习；虚拟实验中，学生还可以在系统中设置场景参数，变换场景，动态学习。

录井实训是利用本软件平台、结合仿真实物模型共同开展"虚实互补"的实训教学，包括在线知识学习、传感器拆装等在线虚拟操作，以及工程参数采集、气体信息采集、录井资料综合解释、异常事故解释等训练。

2. 原油、烃源岩及储集岩的观察及描述

原油及岩石特征鉴定是资源勘查工程专业学生的重要实践能力，该部分借助建立的 2 个虚拟资源场景完成。包括：全国主要含油气盆地原油及烃源岩虚拟资源场景；虚拟全国主要含油气盆地的储集岩资源场景。虚拟样品包括松辽盆地、渤海湾盆地（胜利、中原、大港、华北及辽河等油田），苏北盆地、二连盆地、鄂尔多斯盆地、四川盆地、柴达木盆地、准噶尔盆地、塔里木盆地、南海珠江口盆地等地区不同层位的原油样品 390 件、烃源岩 80 余件、储集岩 400 余件。

展现形式包括虚拟 3D 模型、宏观及微观（放大镜、显微镜）图像、分析化验基础数据等，学生可以从不同角度认识岩石的特征及差异，还可以对比不同盆地间的原油、岩石等特征，结合文献调研，开展创新性研究。

3. 岩心观察和分析

岩心是最直观反映地下地质情况的第一手资料,也是油田最珍贵的档案资料之一。岩心的获取难、易损坏,不同油田的差异大,且学生到现场看岩心的难度大。为此,构建了渤海湾盆地东营凹陷、沾化凹陷古近系、准噶尔盆地侏罗系、塔里木盆地志留系、三叠系、侏罗系、四川盆地志留系等10口井的系统取心的虚拟场景。实验资料有岩心的三维虚拟模型、局部放大的动态影像、电子放大镜、显微镜镜下的图像和典型分析化验数据等。

学生可以开展以下操作:岩心资料的认识与深度恢复;岩心的颜色、岩性、结构和沉积构造特征鉴定;绘制岩心录井图,分析沉积相、储层特征等。

4. 三维地质体分析

前面原油及岩石的鉴定、岩心观察和分析分别是"点"和"线"的基础训练和综合实训,该环节是对三维地质体的宏观认识和分析。

本实验利用无人机建模技术在野外拍摄高精度图像、通过专业软件建立的三维地质体模型,本系统构建了与井下岩心相对应的三维模型,包括准噶尔盆地白垩系河流相、四川盆地志留系三角洲相等不同相带的虚拟三维地质体。

学生根据虚拟三维地质体,绘制砂体分布及结构分析图,探讨储层的砂体叠置关系、隔夹层分布特征,分析砂体成因等。

二、课程建设特色与创新点

(一)按照"以学生为中心、以产出为导向"的理念,构建了"理论与实践相结合、虚实互补、两主线、四层次"的虚拟仿真实践教学体系

实验的总体思路,是由简单到复杂,由基础实验到综合和创新性实验,从地表(场景和工艺)到地下(岩石),从"点"(样品)到"线"(剖面、取心井段)、面和体(三维模型),由单一盆地到不同盆地;宏观(岩心、野外露头)和微观(放大镜、显微镜、电子显微镜)相结合,虚和实结合。

项目包括两条实训主线,一是以含油气盆地为主线,选择某个盆地,从"点"(原油及岩石的鉴定等基础训练)到"线"(典型井取心井段的描述和分析等综合实训)到"面和体"(根据三维模型分析砂体特征)、不同盆地间的对比分析等创新性实验或研究(如图36-3所示),即纵向实训。二是根据相对独立的知识点,开展井场漫游、录井实训、原油及烃源岩观察、储集岩鉴定、岩心描述、三维地质模型分析等一个或多个实践环节,即横向实践。

(二)按照科教融合育人的理念,构建了内容丰富、共享性强、类型多样的全国各主要含油气盆地的油田地质实习虚拟资源

项目除了井场漫游与录井实训平台、采油井场漫游平台等之外,还建立了覆盖19含油气盆地、30余个油田、1 000余块原油和岩石样品、10余口的取芯、10余个无人机地质体三维模型等虚拟仿真实验教学资源,可以帮助学生轻松实现"行万里路、读万卷书"的梦想,为学生提供了一个自主学习的优质资源平台。

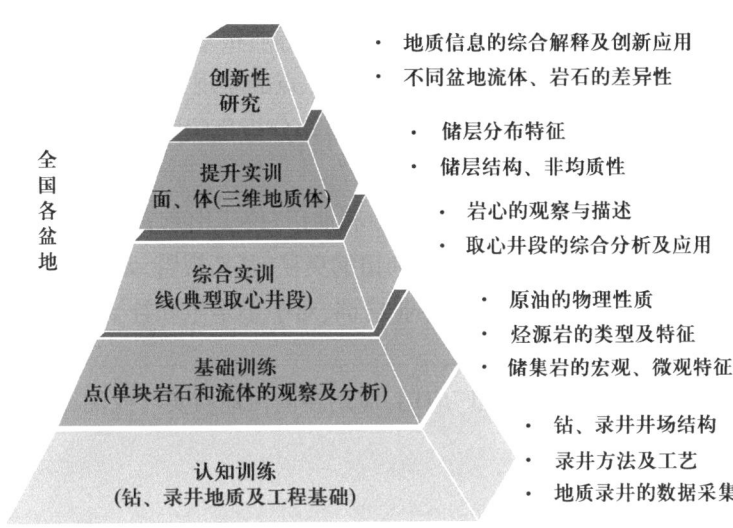

图 36-3 四个层次的虚拟实验教学体系及对应的知识点结构图

(三)建立了"以问题为导向,设置情景为主线,教师引导与自主学习相结合"的混合式教学方法

通过形式多样的虚拟仿真技术展现实习场景及资源,教师根据学生的专业类别及知识水平,选取合适的实习模块或实习案例(场景资源),以在线考核和不同实习区间的对比式实训引导和启发学生思考与探究。此外,学生能在实习的不同阶段开展自主学习和移动学习,显著提高实习效果。

(四)建立了课前预习、在线练习、模块考核、综合能力考核、口头汇报等多元化的过程评价体系,全方位考核学生学习效果

项目从学生完成岩石样品识别与鉴定的准确度、岩心描述及岩心录井草图的编制情况、口头汇报、综合研究及实习报告完成情况等进行总体成绩的评定,促进学生的全面发展。

三、课程应用成效

与学校工训中心联合开发虚拟仿真实验项目、联合共建校内实训基地,与胜利油田录井公司等联合建设校外实训基地。产学研融合,共建共享,在企业技术人员培训中发挥作用,提高了企业的积极性和平台的使用效益。

该实践教学具有开放性、交互性和易操作等优点,学生在不同阶段进行自主学习,提高了效率,拓展了实习的深度和广度,受到了师生的好评。

(1) 本项目由课程组和学校工训中心共享,应用到资源勘查工程、地质学、石油工程等相关专业学生实习或课内认识实验,每年超过 500 名学生受益,每年节省实习经费 30 万元以上,降低了学生实习安全风险。

(2) 学生普遍评价虚拟仿真实验效果很好。传统实习必须到具有高度危险性的油田现场,随机观察的现象并不一定很典型,岩心的保存可能极不完整,而应用虚拟仿真实验可以

随时随地学习,高效便捷。传统实习受到各种条件限制,很多岩心在实习点只能观看其表面特征,不易观察其结构特征,而虚拟仿真系统中知识点的呈现方式变得更加丰富、直观生动,学生通过电子放大镜图像、显微镜镜下图像,甚至是分析化验资料和3D模型等开展深入观察和探究。

(3) 平时的实习仅能到距离学校较近的胜利油田(位于山东省东营市),而系统可以让学生体验相隔万里的塔里木、准噶尔、四川等油田的奥秘,开拓视野,延伸课外自主学习。

(4) 该项目还对石油公司人员开展专业培训、对中小学生和社会人员开展科普教育,培训和参观人员累计5 000余人次。

(5) 已在东北石油大学等院校推广应用,应用在油田地质实习或油田开发地质学等课程教学中。

课程团队

课程负责人:张立强,中国石油大学(华东)地球科学与技术学院教授,教育部课程思政教学名师、山东省教学名师,主要从事油气地质与勘探、油气储层地质、油田开发地质学等方面的教学和科研工作。

团队成员:李晓东、蒋有录、马建民、刘太勋。

案例37：海洋哺乳动物生物学特征与行为习性观察虚拟仿真实验：以中华白海豚为例

暨南大学

一、课程内容简介

本虚拟仿真实验课程突破时空限制，结合科研优势，选择素有"水上大熊猫"之称的典型海洋哺乳动物中华白海豚，充分利用VR、3D、AI等技术，学生可通过线上自主学习，掌握海洋哺乳动物的生物学特征和行为习性。观察海洋哺乳动物生物学特征与行为习性在传统实验中是不可能做到的，也难于做到直观性、互动性、重复性。本虚拟仿真实验融实验、观察、分析、研究于一体，可有效培养学生的综合素质和能力，实验主界面如图37-1所示。

图37-1 虚拟仿真实验主界面

其实验教学性目标包括以下几个方面。

（1）掌握海洋哺乳动物分类检索和特征检索方法。

（2）掌握以中华白海豚为例的海洋哺乳动物的形态结构、生活习性、生境分布、食性等知识。

（3）掌握中华白海豚通过牙齿测定年龄的实验方法。

（4）掌握海洋哺乳动物调查方法和种群数量的测算，掌握照片-重捕法在鲸豚类个体识别中的应用。

（5）了解大数据、图像识别和人工智能对中华白海豚个体识别和种群大小测定方面的方法。

（6）了解鲸豚类搁浅的救护和保护方法。

本课程发挥移动实验具有的即时性、参与性、情境性、泛在性、愉悦性等优势，调动学生参与实验教学的积极性和主动性,激发学生的学习兴趣和潜能。采用问题导向,重点解决真实验项目条件不具备或实际运行困难。虚拟仿真内容可以提高学生实验兴趣和自主学习能力。沉浸式、交互式、协作式、混合式实验教学方法开拓了学生的视野,使实验变得更有吸引力,学生的自主学习能力增强,对整个实验过程的环节理解更加清晰,使得知识体系更加完整。该课程经过多个轮次的教学应用,不但增强了学生的自主学习和主动探究能力,学习成绩也得到进一步的提高。学生模拟测量及三维观察中华白海豚实验界面如图37-2、图37-3所示。

图 37-2　学生模拟测量实验区域的环境参数

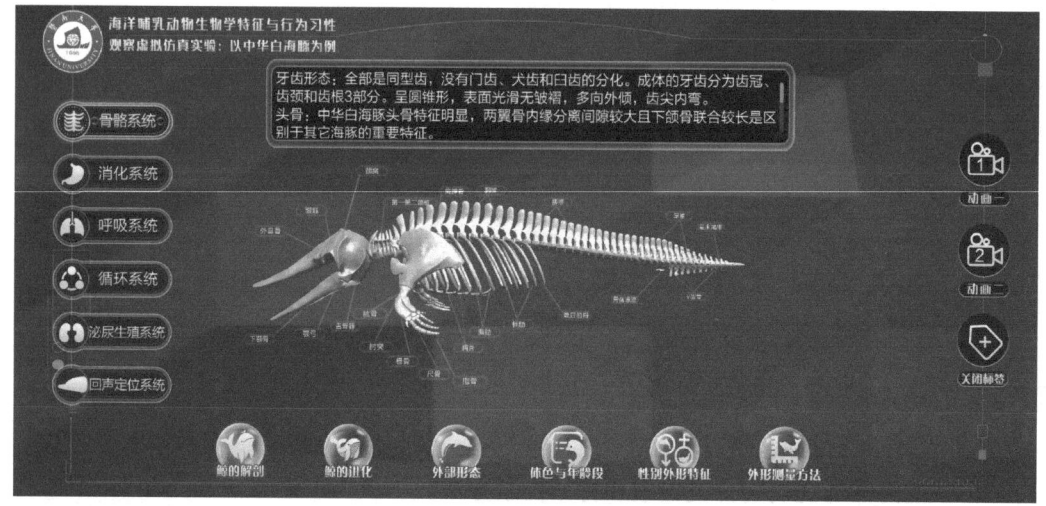

图 37-3　三维观察中华白海豚的骨架系统

二、课程建设特色与创新点

1. 教学方法创新

本项目提供在线学习、在线答疑、在线测试,实行沉浸式、交互式、协作式、混合式的教学方法。通过新媒体、新技术体现虚拟仿真实验的沉浸度和真实度。虚实结合,以虚补实,通过学生线上线下混合式学习,突破时间与空间限制,突破实体实验中做不到、做不好的实验内容,让学生对海洋哺乳动物有一个全面的认识。利用科研优势和突出的教学研究基础,用教研科研反哺教学。

2. 评价体系创新

具备完整的实验过程记录及评价反馈机制,提供在线学习、在线答疑讨论、在线测试等支持服务。考核评价体系包括预习测试、过程评价、考核评价、综合评价和虚拟仿真实验报告等。开展基于虚拟仿真项目的移动学习,具有灵活性、交互性和共享性等特点,采用多种模式的评价体系,有利于开展研究型、综合型实验,提高学生的实践与创新能力。学生利用虚拟仿真实验中获得的数据进行相关的模拟统计、回归分析等,结合实验结果,进行统计分析,撰写研究性实验报告。

3. 课程思政与教学内容的延伸

本课程提高学生对海洋哺乳动物的认识,增强学生的海洋保护意识,保护生物多样性,保护海洋环境,造福人类。教学资源的延伸包括了中华白海豚不同生态环境的全景 VR 和视频、海洋哺乳动物数据库、动物数字显微结构库。海洋哺乳动物检索系统是目前国内高校最为完整的数据库,包括模糊检索、分类检索和特征检索等多种检索方法。通过数字海洋哺乳动物博物馆可获取更多的实验教学拓展资源。

三、课程应用成效

本项目已纳入学科专业教学体系,经过 4 个轮次的教学应用,本校虚拟仿真实验的使用人数 4 000 多人。

近年来,通过与中山大学、海南大学、华南师范大学、天津科技大学、西北大学、西北师范大学、曲阜师范大学、北部湾大学、南昌师范大学等高校开展共建共享,该项目已经在多所高校的"动物学生物学实验""生物学野外实习""大学生物实验""自然科学概论""自然保护概论"等课程中投入使用,与传统实验互为补充,获得师生一致好评。海洋哺乳动物检索系统和海洋哺乳动物博物馆因内容丰富、使用方便也受到师生的一致认可,目前,在实验空间的实验人才达到 7 000 多人,实验浏览量达到 60 000 余人次。

1. 相关成果获奖情况

2020 年,课程获得广东省本科高校在线教学优秀案例奖,第十届暨南大学教育教学成果特等奖,第三届、第四届广东省大学生生命课程竞赛二等奖。

2. 经验交流分享与推广

近几年课程负责人在全国教学类会议上的经验交流分享汇总如下。

(1) 动物学野外实习虚拟仿真资源的构建与应用(2019,青岛)。

(2) 基于信息化深度融合的"生物学野外实习"教学体系探索(2019,长春)。

(3) 国家虚拟仿真实验项目的设计与应用(2019,南宁)。

(4) 在线开放课程建设、应用与线上金课的申报探索(2019,百色)。

(5) 动物学野外实习国家虚拟仿真项目"金课"建设与应用(2019,广州)。

(6) 生物学野外实习虚拟仿真实验教学项目建设与实践(2020,全国生物学野外实践教学联盟在线研讨会)。

(7) 动物类国家虚拟仿真实验教学一流本科课程的建设与应用(2021,第六届全国生物和食品类虚拟仿真实验教学资源建设与应用研讨会会议)。

(8) 动物类国家虚拟仿真实验教学一流本科课程的建设与应用(2021,第六届全国生物和食品类虚拟仿真实验教学资源建设与应用研讨会)。

(9) 打造金专、金课,培养生物类卓越人才的实践(2022,"生命学科人才培养模式虚拟教研室"建设启动会)。

课程团队

课程负责人:黄柏炎,暨南大学生命科学技术学院教授,暨南大学国家级实验教学示范中心副主任,生物科学国家级一流专业负责人。

团队成员:杨维东、印尤强、崔淼、唐勇。

案例38：中药炮制学虚拟仿真实验教学应用示范课程案例

暨南大学

一、课程内容简介

中药炮制学是系统研究中药炮制理论、工艺和规格标准等内容的重要学科，是中药学专业的一门专业课。中药材必须炮制成饮片后才能入药，这是中医用药的一大特色，中药炮制这项传统的制药技术对于保证中药临床用药的安全有效至关重要。中药炮制技术于2006年列入我国首批非物质文化遗产名录，中药传统炮制技术的传承和实践操作能力的培养是本课程教学的重要目标。

珍稀与道地药材的加工炮制是中药炮制学的重要教学内容，有必要开展相应的实验教学。但是，珍稀药材价格昂贵、资源紧缺，其销售和使用往往受到国家政策的限制，道地药材因受特定产地和采收季节的限制，使得该课程的实验教学很难开展珍稀道地药材的加工炮制内容，仅限于理论讲解，无法在实验教学中开展具体实验内容，在一定程度上影响了教学效果，有必要进行虚拟实验项目建设。虚拟仿真实验教学借助仿真和虚拟现实等技术在计算机上营造可部分替代甚至全部替代传统实验的相关软硬件操作环境，实验者可模拟完成实验项目，能够突破传统实验对"时、空"的限制，有助于提高实验教学质量。

本课程选择牛黄、蕲蛇、肉苁蓉等10种珍稀药材和广地龙、广陈皮、广藿香等9种岭南道地药材，构建了"珍稀道地药材采收加工与炮制虚拟仿真系统"。该系统涵盖了珍稀道地药材的基本信息库、地域分布、产地加工、饮片炮制、知识点考核共5个模块（见图38-1）。在

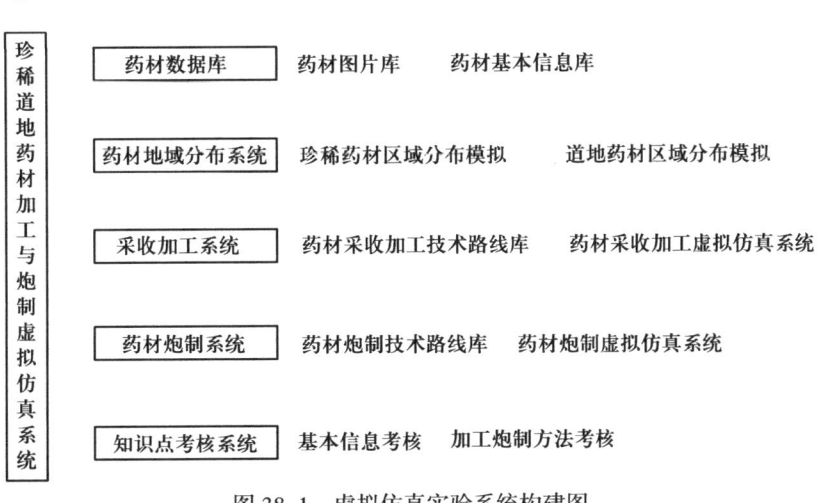

图38-1 虚拟仿真实验系统构建图

饮片炮制系统采用"图片+视频+虚拟仿真操作"的模式让学生对目标中药材的炮制工艺流程、方法与操作要点进行系统综合的学习,基于虚拟现实技术让学生自主进入虚拟实验室,通过沉浸式、交互式的体验式教学,培养学生的实验操作能力。通过完整的实验过程记录和考核知识点反馈机制,全面评价学生的实验操作并自动生成实验成绩,学生可多次实验直至掌握课程知识点,实现教学目标。具有较强的应用和教学价值,可有效补充本课程的实验教学资源。

二、课程建设特色与创新点

(一)实验教学的在线共享应用

中药炮制学是一门传统学科,也是中药学专业的专业课,传统炮制技术的传承和实践操作能力的培养是本课程教学的重要目标。在受到各种客观条件限制,无法开展真实实验的情况下,本课程所建设的虚拟仿真教学平台采用虚拟现实技术为中药炮制学在线实验教学提供了必要的新的教学形式和资源,并在国内实现了开放共享。

(二)内容丰富、质量高、代表性强

已为全国中药炮制学在线实验教学提供了3项具有自主知识产权的虚拟实验项目,其中一项为教育部首批认定的示范性虚拟仿真实验教学项目,为目前中药炮制学唯一的国家级项目。在实验内容选择方面,坚持"能实不虚,虚实结合"的原则,涵盖了4种炮制方法,3种代表性品种。

(三)特色的教学方法与完备的质量评价体系

基于虚拟现实技术让学生自主进入虚拟实验室,通过沉浸式、交互式的体验式教学,培养学生的实验操作能力。通过完整的实验过程记录和考核知识点反馈机制,全面评价学生的实验操作并自动生成实验成绩,学生可多次实验直至掌握课程知识点,实现教学目标。

(四)"虚+实""理论+实践""线上+线下"的三结合教学模式

基于虚拟仿真实验教学平台,结合腾讯会议、雨课堂等在线教学工具,在线教授学生中药炮制的基础知识和实验技能;再利用线下创新型实验项目,训练学生理论知识综合运用和解决实际问题的能力,培养创新思维。构建"线上理论教学+虚拟仿真实验教学"结合"线下综合创新实验训练"的虚实结合教学模式,实现在线基础教学目标向线下创新能力培养的跃升。

三、课程应用成效

(一)课程应用成效

"道地药材广地龙加工炮制的虚拟实验教学项目"是本课程所构建的"珍稀道地药材采

收加工与炮制虚拟仿真系统"中的一个代表性项目,该项目为教育部2017年度认定的首批示范性虚拟仿真实验教学项目,2020年获批国家级一流本科课程。

1. 虚拟实验教学内容的实施,扩展了实验教学内容

中药材的采收与加工一直是中药学专业教学过程中的薄弱环节,因受药材产地和采收季节的限制,此部分内容仅限于理论教学,无法开展实验教学。通过本虚拟实验教学内容的实施,使学生掌握了广地龙的采收与产地加工技术,掌握了影响广地龙药材及饮片质量的产地加工技术要点,将地龙药材养殖与饮片加工有机联系起来,达到了生产实际与课堂理论的融合。

2. 以问题为导向的互动教学方法,增加了学生的学习主动性

从地龙药材中的灰分这个与产地加工和炮制密切相关的检测项目切入,提出问题。学生带着这个问题学习地龙的采收与产地加工、炮制相关知识点,在学习过程中从解决问题的角度出发,带着兴趣去寻找答案,便于掌握该部分的重点与难点。在互动讨论和资料检索的过程中,增加了对重要知识点的总结和扩展训练。

3. 基于教学过程的成绩评定方式,促进了学生的学习积极性

加强过程管理,增加平时成绩在总成绩中的比重,利用虚拟教学平台进行本次实验教学的在线测试作为基础成绩,同时给予在线互动讨论和课堂讨论中表现积极、回答问题准确的学生增加奖励分,最终形成综合成绩,这种成绩评定方式借助虚拟教学平台的成绩统计功能可大大提高教师的工作效率,可操作性强、成绩客观准确,学生的学习积极性明显提高,教学效果得到改善。

(二)共享应用机制

为了使该课程应用范围得到充分拓展,教学团队与教育部中药学教指委中药炮制学课程联盟(以下简称"课程联盟")形成了常态化的课程共享机制。从2020年开始,课程联盟将中药炮制学虚拟仿真课程资源信息发布至联盟各理事单位,用于该课程的在线实验教学,使得在线使用的高校几乎涵盖了全国开设中药学专业的所有高校。尤其是在2020年新冠疫情期间,该课程及时实现了国内开放共享,在各高校无法开展真实实验的情况下,为兄弟院校提供了宝贵的在线教学资源,也为高等院校的在线实验教学提供了必要的新的教学形式,以该课程所建设的《道地药材广地龙加工炮制的虚拟实验教学项目》为例,2020年上半年该项目的在线使用频率是非疫情期的15.3倍。截至2022年7月,累计浏览量达13 365人次,实验操作达937人次,通过率为83.8%,校外用户数占用户总数的96.2%,校外用户实验人次数占总实验人次的97.3%,共享率极高。

课程团队

课程负责人:马志国,暨南大学药学院教授,主要从事中药炮制学教学科研工作。

团队成员:曹晖、张英、吴孟华、徐俊、周光雄。

案例39：以国家虚拟仿真实验项目为载体，创新企业综合实训教学新模式——《23价肺炎球菌多糖疫苗GMP生产制备实验》

四川大学

一、课程内容简介

疫苗生产与国民健康息息相关。成都生物制品研究所作为实习实训基地，公司生产的23价肺炎球菌多糖疫苗是全球第三个、国内第一个23价肺炎球菌疫苗产品。了解疫苗的研发生产对于生物技术专业学生是必要的实训内容。但是，由于GMP的生产车间超高洁净度要求，学生无法进入生产线，常规实验开设条件不具备且开展成本高，通过与公司合作开发的虚拟仿真实验项目，涵盖了疫苗生产GMP实施指南要求、生产流程技术、设备及公用辅助设施、生产规模、生产方式、生产控制等实践内容，可以弥补学生在生产实训环节的缺失。该课程是将23价肺炎球菌多糖疫苗GMP生产制备过程转化为虚拟仿真实验，通过完成实验了解生物高新企业的历史、生产管理经营状况和行业发展现状，完成常规实训无法实现的超高洁净度的大型综合实验，使学生领会GMP对生物制品质量与卫生安全的重要性，初步掌握生物制品的严格生产工艺和安全控制规程。

二、课程建设特色与创新点

（一）依托优势企业资源，建设高标准虚拟仿真实验教学资源

由于23价肺炎球菌多糖疫苗生产场地和条件的特殊性，如超高的洁净度和封闭式生产流程，规模化学生实习实训是企业难以承接的。依托四川大学国家级生物科学与技术虚拟仿真实验教学中心、生命科学学院雄厚的师资实力和生物科技高新企业实训基地，大力推进实验教学改革，创新实验教学技术与方法，建立有利于培养学生实践能力和创新性思维的实验教学创新模式。课程建设团队本着"虚实结合，相互补充，能实不虚"的建设原则，结合自身教学特色和生物技术专业实训的教学目的要求，将理论教学、实验训练、企业实训和虚拟仿真教学有效结合，实现企业综合实训教学内容的整合与创新。

课程建设团队通过与成都生物制品研究所合作开发的虚拟仿真实验项目（如图39-1所示），由生物制品研究所专业技术人员提供生产车间生产制备流程技术参数，团队教师根据企业综合实训教学要求转化为适合教学的实验设计脚本，由软件公司通过数字化技术转化为虚拟仿真实验，支持学生进入虚拟GMP生产车间，了解疫苗制备细节流程和关键技术，具

备设置实验参数、互动回答问题,操作生产设备等功能,最终掌握工业化设备操作,使学生的理论学习、虚拟训练和工厂实习有机结合,尽快让学生了解系统完整的工业化生产流程,为学生打下宽厚扎实的生物工程技能基础。

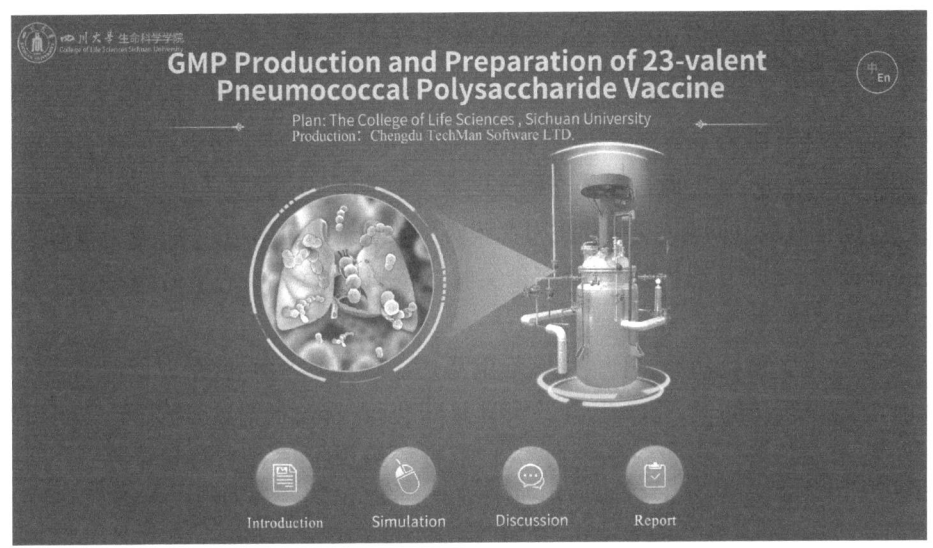

图 39-1　虚拟仿真实验教学中英文双语界面

(二) 优化实验教学设计,提升课堂教学质量

课程建设团队以学生为主体,发挥虚拟仿真实验教学项目在传统实验教学的延伸与拓展。

1. 实验方案设计力求真实还原

将 23 价肺炎球菌多糖疫苗的 GMP 生产制备过程以虚拟数字化形式建设成为虚拟仿真工厂实践训练实验室,实验流程依次为:疫苗菌种的开启与传代;疫苗菌种的三级发酵培养,一级罐容积 42 L,二级罐容积 420 L,三级罐容积 3 000 L;发酵液杀菌、发酵液的收获离心;发酵上清液的粗制超滤;超滤浓缩液的去培养基和沉淀多糖;洗糖和收糖;半成品配制、分装、轧盖、物检、贴签和包装。模拟 23 价肺炎球菌多糖疫苗 GMP 生产流程,学生置身于逼真的虚拟生产车间,了解生产的基本生产流程、工业设备的操作管理,完成理论知识向生产实践的转化,激发学生学习生物技术理论知识的兴趣,让他们明白学有所用,也为培养学生的自主学习能动性和创新实践能力提供了有利条件。

2. 以生产人员第一视角,进入虚拟生产空间开展实验

学生以生产人员角色进行实验操作,通过启发式和情景教学法,完成从菌种开启至疫苗生产包装的全过程实验操作,随着生产流程的进行,获得感官上的体验和互动。学生是虚拟实验的参与者,在虚拟环境中学习相关知识点和完成各项实验任务,对学生来说都是全新的实验教学模式。

3. 考核方式智能化

考核方式主要以过程中设置的题目来控制实验进度,答题获得相应分数,答错不计分,

系统自动统计成绩,给出最终的实验成绩。通过虚拟实验教学项目在生物技术专业企业综合实训课程中的开设,弥补了学生无法进入实际生产车间训练的缺失,让学生详细了解生物下游技术和生物制造技术。

(三)多渠道实现开放共享,示范辐射效益显著

项目升级为中英文双语版,拓展实验教学资源受众人群。为便于支持更多实验课程,建设团队于2019年升级为中英文双语版,积极开展虚拟实验与实验课程教学的有机融合。通过发布实验教学任务,学生通过账号密码实时登录网站学习,根据学生使用感受,对现有实验流程进行优化升级。同时,设置有使用者调研反馈意见和建议功能,可进一步对实验项目进行完善和改进,增加互动体验,设置多条实验线路和实验结果,力争做到专业性与趣味性并举。

多样化的共享平台访问,开放共享范围更广。虚拟实验项目是以网站作为载体,可实现随时随地进行访问学习,学生通过账号登陆获得权限,通过实验空间、"四川大学生物科学与技术虚拟仿真实验教学中心"和"学校校级虚拟仿真实验教学平台"网站对外免费开放。开放式的资源能实现校内外其他专业课程的需求使用,突破了学时与场地的限制,推动信息化条件下学生自主学习、探究学习、协作学习等实验教学方法改革,为培养学生的综合应用和创新创业能力提供了有效的教学平台,增强了毕业生的职场竞争力和适应性。目前,已和西南大学、武汉大学等十余所高校签订了虚拟实验项目共享协议。

三、课程应用成效

该项目于2015年5月上线,至今已完成14个教学周期,支持了企业综合实训和生命奥秘探索等实验课程教学。2021年,根据教育部共享平台"实验空间"统计数据,23价肺炎球菌多糖疫苗GMP生产制备实验(国家虚拟仿真实验教学一流本科课程)支持本校实验教学课程3门(如图39-2所示),实验人数455人,本校实验数12 057人次。校外共享应用的学校67所,实验人数1 103人,校外用户实验数113 157人次、平均实验时长1.5小时、平均实验成绩83.13分。

图39-2 项目开展课堂教学场景

在实验空间上,该项目被评为2021年度共享指数排名第一、人气指数排名第二。

课程团队

课程负责人:林宏辉,四川大学生命科学学院党委书记,教授,主要研究方向为植物生理与分子生物学、作物抗性生理及其适应逆境的分子机理以及园林植物生物技术。

团队成员:王甜、杨祖幸、熊莉、樊佳。

案例40：高速铁路供电综合监控虚拟仿真实验
西南交通大学

一、课程内容简介

（一）课程内容

本虚拟实验项目依托学院自主研发并在高铁现场广泛使用的高速铁路供电综合监控SCADA系统开发。实验项目重点面向"远动监控技术""牵引供电系统"等轨道交通专业核心专业课程的关键知识点和能力培养要求。

依托轨道交通电气化与自动化国家级虚拟仿真中心，由牵引供电学科带头人钱清泉院士担任顾问，四川省教学名师陈维荣教授担任负责人，在国家级精品资源共享课"远动监控技术"实验教学中利用3D仿真、信息网络等技术，通过网络化、浸入式、互操作的虚拟仿真教学，实现包含"设备巡视""监测监视""远程控制""应急处置"等高铁供电监控调度指挥生产过程的多岗位、多工种、多场景一体化虚拟仿真以及调度指挥和应急处置"全过程"虚拟控制。

（二）教学目标

高速铁路供电综合监控SCADA实验系统由控制中心（调度端）仿真子平台、工业现场控制（被控端）子平台、通信子平台、数据库服务器、仿真/通信服务器组成。利用该系统可模拟远程控制和监视铁路局管辖范围内的牵引供电设备，确保列车供电的可靠性和稳定性。解决铁路不能现场实际操作和错误操作后果严重的问题，可实现供电调度员、变电所值班员、接触网工程师等多岗位多工种模拟实验。

通过调度端的操作训练，熟悉调度员工作站岗位涉及的基本理论知识；掌握遥控、遥调、调度命令发布等基本技能。

通过被控端的操作训练，熟悉变电所值班的所有业务操作，完成现场设备巡视的要求和重点、设备检修、设备操作等基本理论知识，掌握现场设备巡视、设备检修、设备操作等基本技能。

通过多工种的应急处置协同演练实验模块，模拟控制中心供电调度员、变电站值班员、接触网工程师等岗位按照应急操作流程进行应急处置，实现不同岗位之间的应急协同演练。

（三）课程实施情况

2019年度在实验空间上线。2020年度获批国家级虚拟仿真实验项目。

截至2022年8月，实验浏览量为27 999人次，做实验人数3 694人，实验通过率

91.4%,优秀人数 2 122 人,达标 1 246 人,点赞 2 474 人。

二、课程建设特色与创新点

（一）首创高铁供电调度一体化虚拟仿真,满足教学主体多元化需求,进行层次化、模块化、递进式的实验内容设计

以国家轨道交通发展重大战略布局为导向,以高铁高效安全运营对专业型和综合性人才需求为契机,以具有世界领先水平的高速铁路综合 SCADA 系统为教学载体,实现高铁供电调度的虚拟仿真教学。

（二）项目以学校相关学科最新科研成果为基础,利用先进的云计算平台构建,实现了传统供电监控实验的虚拟仿真化,实验系统具有自主知识产权,实现了"科研服务教学"的目标

高度仿真的高速铁路供电综合监控仿真实验系统,实现对高速铁路供电监控业务流程的仿真,弥补现场实践无法动手操作的不足,提高学生实践创新能力,满足教学主体多元化需求。

（三）理实结合、虚实结合、师生互动、自主学习的实验教学方法

学生可在实验室,也可在教室、图书馆等通过远程登录平台,自主调用实验教学资源,自由搭建实验项目、组合设计实验环节,教师可实时与学生进行线上互动交流,针对重点知识点及学生容易出错的步骤进行讲解指导。

三、课程应用成效

（一）获得"人民网"等媒体的高度评价

"人民网""未来网"等媒体高度评价了项目组在实验教学改革和虚拟仿真实验教学中取得的成果。

项目组教师本着以赛促教、以实验教学改革和实验技术研究提升教学能力和业务水平的宗旨,在教学科研任务繁重的条件下,精心自制实验教学仪器,充分展示了学校教师的风采和水平。

虚拟仿真实验系统主要应用于专业理论课程的实践教学环节。高速铁路牵引供电系统现场全封闭运行,环境复杂危险,单纯课堂教学不利于抽象知识的消化吸收。该虚拟仿真实验教学系统,不仅教学环境安全,而且紧随现代科技发展,将当前高铁发展的最新技术直观真实地融入课程教学中,学生的直观认识和理论分析能力得到加强,实践能力得到锻炼,有效促进了解决"复杂工程问题"能力的发展,取得了良好的教学效果。

（二）发表高水平论文

项目组教师对虚拟仿真实验教学设计过程中的内容和经验进行总结和提炼,其优秀成

果得到专家的一致认可和高度评价,发表了一系列教学研究论文,并在 CSSCI 高级别期刊《高等教育工程研究》上发表了教改论文 4 篇。

(三) 教学大赛设计推广应用

项目组教师在虚拟仿真实验的研制和开发中得到锻炼和提升,参加 2020 年度全国高校教师教学创新大赛——第六届全国高等院校工程应用技术大赛,获得 3D/VR/AR 数字化虚拟仿真主题赛事全国二等奖;参加 2021 年全国高等学校教师教学创新大赛——第六届全国高等学校教师自制实验教学仪器设备创新大赛,获得一等奖。

(四) 获得计算机软件著作权

项目组教师在虚拟仿真实验中的科研业务能力也得到锻炼和提升,作品获得计算机软件著作权 2 项。

(五) 实现了实验资源的校内外充分共享

本实验采取网络虚拟仿真和网络化远程实验,学生能够充分自主地学习和掌握实验教学内容,用于本校实验教学和在轨道交通相关的高校进行推广应用。特别是在疫情期间,用于"电气工程概论""远动监控技术"等课程的实验教学,起到了积极的作用。

加强了各高校间的联系,完善了校际共享机制。建立了西部高等院校电气类课程建设专家委员会,通过"电气工程大学生实践创新竞赛"等活动,与四川大学、西华大学、西南民族大学等四川地区高校,通过师生互访、实验竞赛和合作组建学生科研实践团队等形式,积极推进了中心优质实验教学资源的共享,受益人数年均超过 1 000 人次。

(六) 行业培训和推广应用

高水平实验资源在企业获得了推广应用,本虚拟仿真项目面向中国铁路总公司高速铁路供电调度指挥与维护抢修技术人员培训开放,学员可远程登录,进行高速铁路供电调度指挥、高速铁路供电设备维护以及供电系统故障抢修等远程控制实训。

广泛开展电气工程与轨道交通行业专业人才培训,承担了中国铁路总公司高速客运专线牵引供电、电力变配电技术人员培训,中国铁路总公司所有铁路局供电处长、供电段段长、供电调度中心主任等组成的管理干部培训。近 5 年来,为牵引供电设计、高速铁路供电调度指挥与运维管理、城市轨道交通供电设计与运维等培训高级管理人员和专门技术人才,已成为我国轨道交通供电领域特别是高速铁路牵引供电运维管理人才培养的重要基地。

(七) 国际交流应用

进一步拓宽了实验教学资源覆盖和应用范围。用于"一带一路"留学生教学,在埃塞俄比亚留学生班中首次使用,学生通过角色扮演(电气工程师),进行互动化,高仿真的沉浸式学习,帮助他们更好地理解和掌握相关的专业知识,得到学生的一致好评。

课程团队

课程负责人:陈维荣,西南交通大学电气工程学院院长、教授、博导,从事工业远程监控、电力系统及其自动化、智能图像监控、智能信息处理、群体优化算法、燃料电池(氢能源)技术及其应用等领域的科研和教学工作。

团队成员:赵丽平、陈奇志、林圣、陈金强。

案例 41：基于智能制造的工业机器人作业轨迹与过程仿真实验

西安交通大学

一、课程内容简介

工业机器人的发展和应用是中国制造业走向高端化和智能化的重中之重，是实现智能工厂、智能生产线的重要手段。随着社会对工业机器人专业人才需求的不断增加，高校工业机器人人才培养教学模式急需创新与改革。面对大面积本科实验教学需求，在机器人台/套数不足、实验教学学时数有限的情况下，开展工业机器人虚拟仿真辅助教学，能有力地改善实验教学条件，提高实验教学效果。

另外，工业机器人操作对于初学者来说具有一定危险性，容易碰撞智能制造产线（如图41-1所示）的数控机床、料仓、AGV小车等设备。如果学生先借助虚拟仿真软件，学习工业机器人的操作、编程、调试等专业知识，再在实体机器人上开展实训，会大大提高实训效果。因此，西安交通大学基于智能产线自主开发工业机器人仿真软件，并在此基础上设计了4学时基于智能制造的工业机器人作业轨迹与过程仿真实验项目。

工业机器人作业轨迹与过程仿真实验是基于智能制造产线系统开发，仿真机器人与智能产线中的数控机床、料仓、AGV小车等设备模型配合，真实再现机器人作业轨迹。该实验拓宽了智能制造平台承载能力，加深了学生对智能制造专业知识的理解，是智能制造新工科建设与探索的重要举措。

图 41-1　智能制造产线系统

(一) 课程实施过程

登录实验空间,打开本实验项目,下载实验任务书,了解实验内容与要求,下载关于智能制造学科交叉创新实践平台的相关资料,了解实验项目应用环境,拓展专业背景。借助"仿真系统操作说明书""机器人示教编程教学视频"等自学基本操作、高级控制模块实验内容。在项目实践环节中,学生自主选择实验内容,设计基于智能制造的仿真机器人作业轨迹。示教程序和演示视频仿真无误后,提交至后台审核系统,教师可在后台审阅,审核通过后,学生可以在网站查看个人作业及其他同学的作业。具体操作及实施过程如图41-2所示。

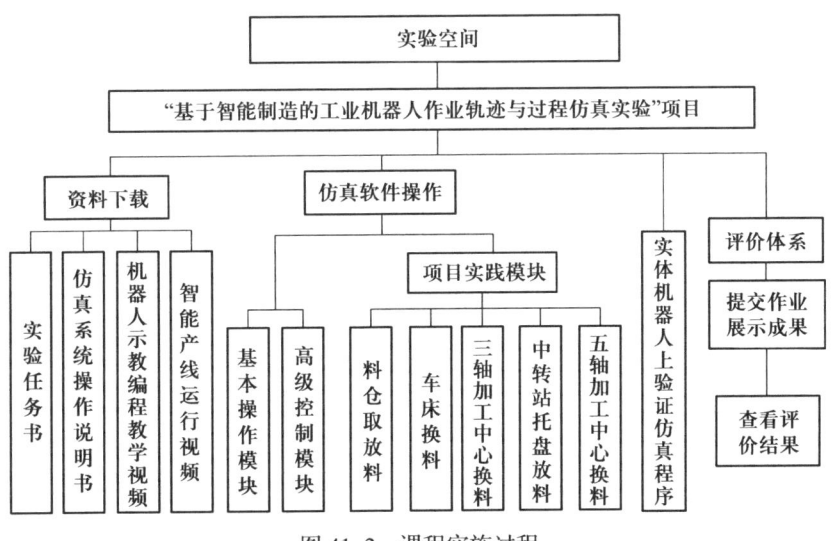

图41-2　课程实施过程

(二) 课程主要内容

1. 掌握工业机器人的组成与结构,学习仿真软件的基本操作

学生通过虚拟仿真实验项目网站下载关于机器人、智能产线相关学习资料,掌握工业机器人的组成与结构。参考"仿真系统操作说明书""机器人示教编程教学视频"等自学工业机器人基本操作与示教编程知识。在学习过程中,如有疑问可以在线提问。

2. 掌握微涡发动机叶轮智能生产工作过程

学生通过观看微涡发动机叶轮智能生产过程视频,掌握叶轮智能加工与运转的工作过程,工艺流程如图41-3所示。

3. 完成工业机器人无干涉作业运动轨迹编程实验

将机器人与数控机床、料仓、AGV小车等设备配合的各种复杂动作进行分解,设计了不同难易程度的机器人作业轨迹的仿真实验项目(如图41-4所示),学生可以根据自己的能力选择具体实验项目。这些实验项目包括:车床上、下料机器人作业轨迹仿真实验;铣床上、下料机器人作业轨迹仿真实验;五轴上、下料机器人作业轨迹仿真实验;基于车铣工站的机器

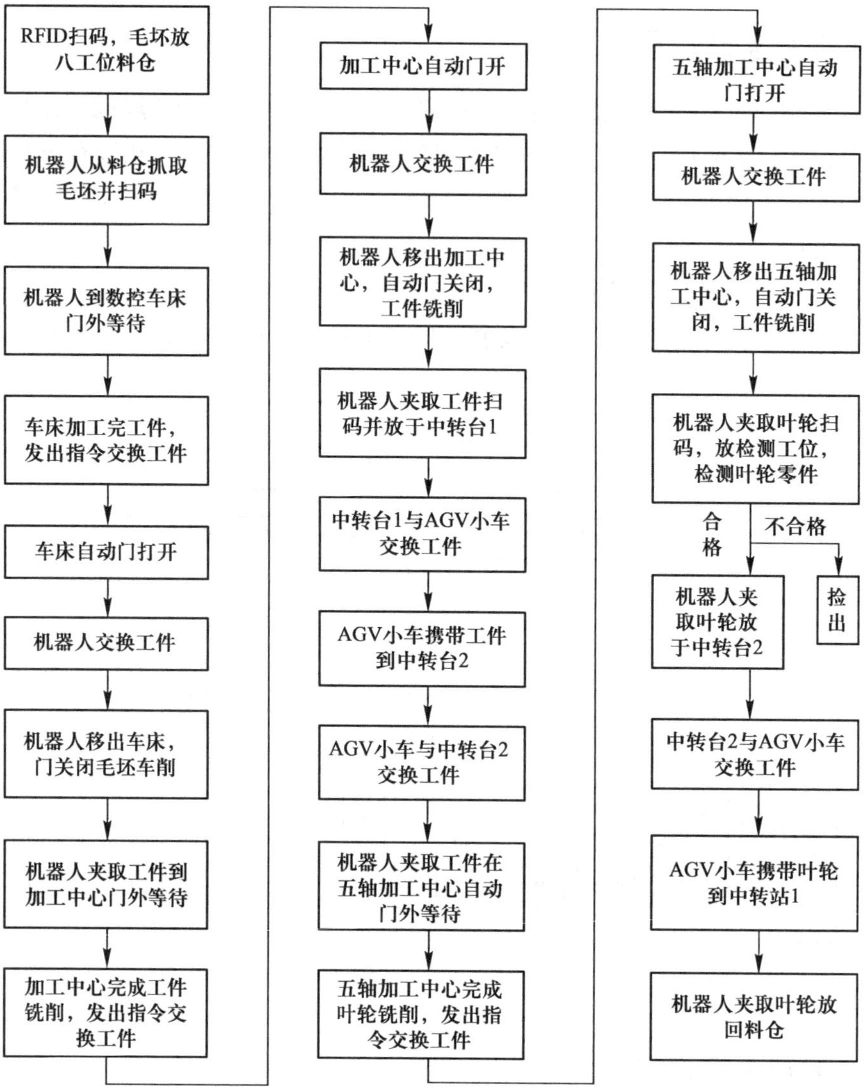

图 41-3 微涡发动机叶轮智能制造工艺流程图

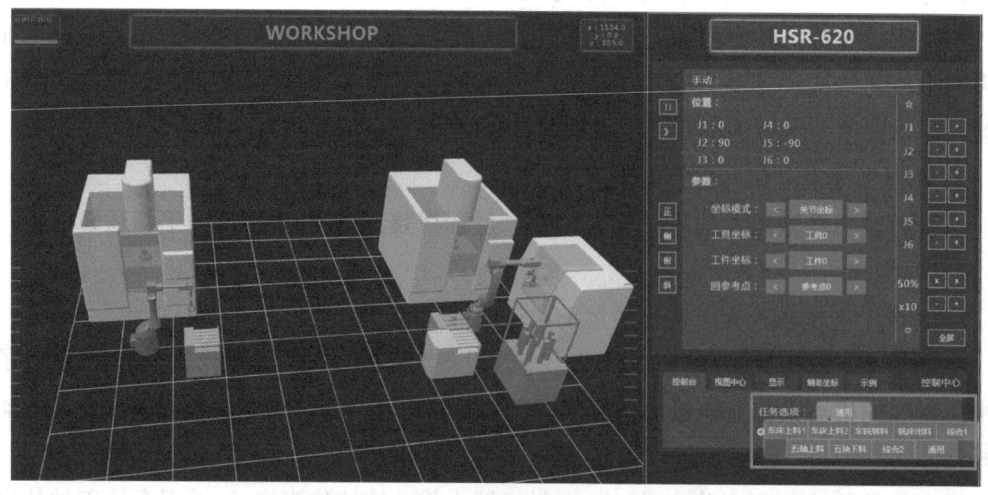

图 41-4 工业机器人作业轨迹编程实验任务

人作业轨迹仿真实验(综合一);基于五轴工站的机器人作业轨迹仿真实验(综合二);基于产线系统的机器人作业轨迹仿真实验(通用实验)。仿真机器人在车铣工作站作业轨迹的仿真界面如图 41-5 所示。

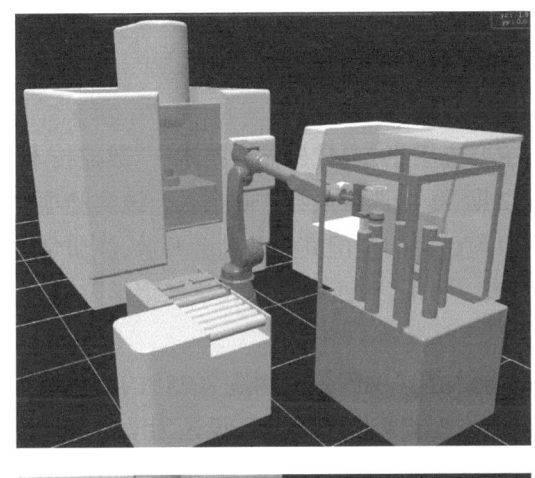
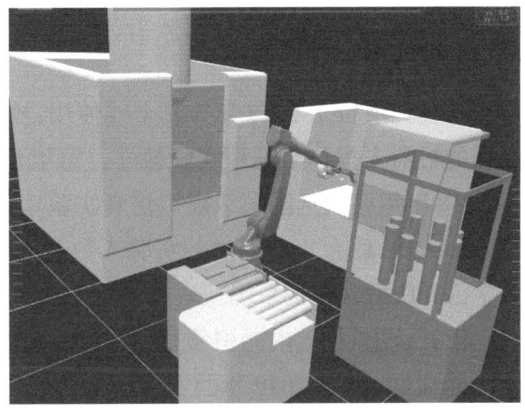
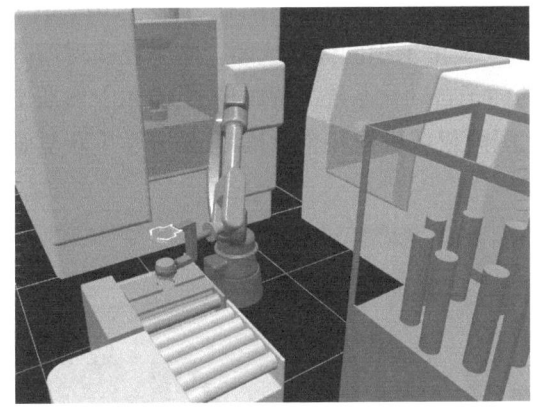

图 41-5　仿真机器人在车铣工作站作业轨迹的仿真界面

二、课程建设特色与创新点

在教学过程中,始终坚持"虚实结合、互为补充"的原则。虚拟仿真软件逼真的操作对象、灵活多样的学习内容,是学生安全、快速掌握实体机器人操作与编程知识的有效手段,是工业机器人理论教学与线下实践教学的必要补充。同时,智能制造产线为工业机器人仿真实验教学提供了仿真结果的有效验证和真实的应用环境。在项目实践模块教学过程中,采用了自主-探究-合作式的实验教学方法,教师在实验过程中重点考查学生设计的机器人作业轨迹设计方案的可行性,启发学生自己修改方案缺陷,留给学生一定的思考和自主实验的空间。这些实验是非验证性实验,没有唯一的解决方案和最优结果,需要学生小组充分讨论实验中遇到的各种问题,线上、线下答疑,找到解决复杂问题的有效方法,并最终在实体智能产线验证仿真实验效果。这些教学方法的使用能充分调动学生参与项目的积极性,培养学生自主学习、团结协作、独立思考、创新实践、解决复杂工程问题的能力。虚实结合的实验教学模式,不受空间、时间限制,打破课堂教学固有模式,大大提高教学效果。

开放型、网络化虚拟仿真实验系统,是传统教学模式的延伸与拓展。教师可以登录工业机器人虚拟仿真系统,作为课堂教学的辅助系统。学生远程登录实验系统,也可以在iPad、手机等终端使用该软件,借助"仿真系统操作说明书""机器人示教编程教学视频"自主学习、操作仿真软件,不受空间、时间限制,打破课堂教学固有模式,大大提高教学效果。

三、课程应用成效

本实验项目于2018年3月上线使用,校内主要应用于"现代机器人技术""数控技术"课程的机器人操作与编程实验教学。每年开设2期,每期选课人数230余人。该实验项目于2018年年底入选国家级虚拟仿真实验项目,目前已面向全国高校及社会开放,注册学员21 602人次,后台审核通过的实验人数为1 527人。目前,对西安交通大学城市学院、新疆大学已开放后台审核系统。

依托该项目,"内涵引领、能力导向、虚实融合、面向'中国智能制造2025'的机械类人才培养探索"获批2019年西安交通大学教学成果一等奖。该实验的开设还为学生参加中国大学生创新创意大赛——智能制造大赛,提供有力的软件平台支撑,在2019—2021年比赛中,学生获得全国一等奖2项、二等奖4项、单项奖十余项的优异成绩。学生还获得德国TÜV莱茵学院颁发的全球认证能力资格证书、西门子自动化系统工程师证书、海尔卡奥斯工程师证书等,学生的理论和实践能力得到国际、国内权威机构和企业认可,部分学生获奖画面如图41-6所示。

图41-6 部分学生获奖画面

课程团队

课程负责人: 李晶,西安交通大学机械学院研究员,主要研究方向为智能制造、数控技术。

课程团队: 段玉岗、陈雪峰、梅雪松、董霞、杨立娟。

第 三 部 分

线上或混合式课程教学模式创新

案例42：重走长征路——理想信念虚拟仿真实验
北京理工大学

一、课程内容简介

本实验针对"思想道德与法治"课程第二章中的"理想信念"专题教学要求设计。

以体验式学习理论、情境认知理论、沉浸理论、建构主义理论为基础。通过三维虚拟仿真实验模拟红军长征的历史场景，学生可以与虚拟人物（例如指导员、老班长等）进行对话等互动，建立情感认同，从建构主义的角度实现对红军历史的图示、同化、顺应和平衡等知识的建构，加深学生坚定理想信念的认知，以此提高思政课教学实效性。

实验设计由分析、修正实施、评估3个主要阶段构成，对学习内容、学习方法、学习过程、学习成效等问题进行系统分析。① 分析阶段：收集数据以明确解决具体教学问题，解决学习者可能产生学习抵触情绪的内容和画面。② 修正实施阶段：将前期分析的数据转化为推动教学设计、教学产品进一步改良的依据，检验教学设计和教学结果，并根据教学实践回归理论验证、创新学术观点，辅助教学效果的提升，最终实现虚拟仿真实验教学与大数据、移动教学等新媒体技术的进一步结合。③ 评估阶段：依托研究团队开展过程性评估，以设计的调查问卷与访谈作为总结性评估。实现整体教学设计的互相依存、互相连通，进一步推动虚拟仿真实验教学的创新研发。

通过虚拟仿真技术实现了如下几点。

(1) 构建基于情境故事视角的思政游戏化模型，并通过虚拟实验研究验证设计模型的可行性。

(2) 将游戏化理论和情境故事的视角应用于思政课，通过将抽象概念融入具体情境、故事和人物关系之中，避免概念之间的孤立，激发学习动机，增强学习的真实感，让学习者更好地记忆和组织知识并促进知识的迁移。

(3) 构建教学情境、提高学习沉浸感，有望改善思政教学情境缺失的问题，从而提升学习者的参与度，改善学习效果。

二、课程建设特色与创新点

（一）构建思政课体验教学新形态课程标准

通过精细、科学的虚拟仿真实验设计，实现真实情景再现，有效激发学生情感，同时通过大数据，掌握学生的学习规律和特点，实现学生世界观、人生观、价值观的积极建构，同时通过对新兴领域的标准制定也为思想政治理论课虚仿课程建设提供了重要的参照。

（二）建构了思想政治理论课虚拟仿真体验教学模式

结合App分析大学生思想认知和成长规律，进行内容研发，开展体验教学，实现认知智能交互，把被动学习变为主动学习，实现思政课由"以教师为中心"向"以学生为中心"转变；教学手段由相对单向传递转变为双向、多向互动，让学生在不知不觉中实现入脑入心。

（三）建设数字化优质教学资源库

基于大数据基础上研发的虚拟仿真课程通过多学科交叉融合，构建了集资源共享课、数字教学资源、辅助教学软件于一体的优质教学资源库，呈现出丰富的教学内容、新颖的学习方式、高效的教学管理等特点。

三、课程应用成效

（一）学生高度认可

项目内容已经服务十几所学校，在2016—2019年，近16 026人次参与实验测试。课程从2016年起开设，每年服务在校本科生4 000余人，同时接待校内外教师培训累计千余人。2019年上线实验平台后，实验浏览量为32 980人次，优秀率为87%，通过率为100%。项目于2019年12月得到中央电视台《新闻联播》《焦点访谈》等核心媒体报道及人民网、光明网、教育部、工信部等媒体报道。

"重走长征路——理想信念虚拟仿真实验教学"除了通过实验空间共享平台向社会开放使用外，还专门支持延安大学、西北工业大学、华南理工大学、佛山科学院等高校进行在线课程实验。

参与课程体验的学生纷纷表示体验课收获很大，思想上有了很大的转变。调研发现学生非常期待更多的虚拟仿真课程，是一种"真正触动灵魂的教育"。

（二）全国高校辐射带动

一是参与2019年中国慕课大会和2020年世界慕课大会。2019年4月9日，中国慕课大会在北京举行，北理工虚仿项目作为教育部特邀展示项目，在现场展出，李林英教授受邀分享虚拟仿真技术在教育中的应用，受到媒体关注。2020年世界慕课大会，王立群老师作为导演组成员全程参与且虚拟仿真体验教学成果在世界慕课大会上得到具体应用。二是组织培训和参观。我们向重庆邮电大学、华南理工大学等四十多所高校推广应用，线上线下提供义务培训，访问量达到50余万人次，接待百余所院校机构，提供参观服务和技术咨询。项目组成员还牵头编制《虚拟仿真实验教学课程建设指南（2020年版）》的马克思主义理论类部分。

（三）形成多种相关学术理论成果

相关成果出版学术专著2部，获国社科、省部级课题20余项，在核心期刊及人民网等媒体发表论文20余篇。

（四）获得多项国家级、省部级荣誉，并且得到媒体广泛关注报道

本课程2016年获国家级精品资源共享课，2020年获首批国家级虚拟仿真实验教学一流课程，2021年建成的思政课虚拟仿真体验教学中心通过教育部的评审和认定，获首批"全国高校思政课虚拟仿真体验教学中心"。获批教育教学改革专项16项，项目经费375万。此外，媒体广泛关注报道，本课程得到中央电视台新闻联播、焦点访谈专题报道。人民日报、光明日报、人民网、新华网等核心媒体多次关注。《大学思政课变得"活"起来》等报道被大量转发，在"光明网"、微信、微博等渠道大量推送，在全国产生了广泛影响。

课程团队

课程负责人：王立群，北京理工大学副教授，北京市互动媒体艺术工程技术研究中心主任，全国思政课虚拟仿真体验教学中心（北理工）副主任。主要研究方向为虚拟现实、思想政治教育方向。

课程团队：李林英、杨才林、刘左元、辛子俊、吴倩。

案例 43：丙烯酸甲酯全流程生产仿真实习

北京化工大学

一、课程内容简介

实习实训是化工类人才培养的重要环节，是培养学生工程能力和创新能力的重要举措。本课程以学生实操为主、教师讲解为辅，以真实化工企业为蓝本，以"能实不虚、虚实结合"为原则，基于科研转化教学和真实工程体验，将实物和仿真软件相结合。课程采用通用性强的丙烯酸甲酯生产流程，通过自主研发，运用测试级高精度动态仿真技术，结合工业现场真实设备、仪表及工业控制系统进行构建，全面模拟了丙烯酸甲酯生产工艺过程，在校内建成了接近工厂实际的"九实一虚"智能仿真工厂。经过多年的建设与持续改进，形成以线上导论课、线下仿真工厂实操、网络平台模拟实验等多种课程内容结合的混合式课程。

（一）全生命周期校内实训基地导论课——线上教师讲解

为进一步创新校内实训模式，更好地建设虚拟仿真实验教学项目，于 2020 年 7 月开设了校内线上课程"全生命周期校内实训基地导论"（如图 43-1 所示）。内容涵盖了我国化工行业发展与人才需求、化工产品全生命周期国家级虚拟仿真实验教学中心、丙烯酸甲酯生产

图 43-1 线上课程"全生命周期校内实训基地导论"

的工艺流程及设备介绍、实习实践活动的开展(含 HSE 安全管理体系和安全文化建设)。该课程既可以作为工科类学生实习实训的先导课,也可以作为非工科学生认识化工、了解工艺流程的通识课。

(二)各学院开展仿真实习——实训基地学生实操

在"化工产品全生命周期"校内实训基地仿真工厂(如图 43-2 所示)进行学生实际操作训练。内容按酯化反应、丙烯酸分离回收、甲醇分离回收、丙烯酸甲酯精制四个工序进行,内操(DCS 与仿真软件)与外操(仿真工厂现场)等合计 57 步操作,共计 16 学时。

图 43-2　丙烯酸甲酯全流程生产仿真工厂

(三)对外开放互联网仿真实验——国家虚拟仿真实验平台仿真实验

为推动本课程更好地向社会开放和共享,在实验空间上传了线上仿真系统,提供了酯化反应、酸分离塔两个主体设备的线上仿真开车操作。

二、课程建设特色与创新点

"丙烯酸甲酯全流程生产仿真实习"按照《国家中长期教育改革和发展纲要(2010-2020年)》所强调的培养"创新型、复合型、实践性人才"的迫切要求,进一步优化了仿真实习课程,完善了线上线下混合教学模式,着力增强了本科生实践能力、创新能力的培养。特别是在建设线上导论课程、教学模式创新、课程考核评价机制改革等方面,取得了显著的成效。

(一)线上课程建设——"全生命周期校内实训基地导论"

1. 化工行业发展与人才需求——引入课程思政

从化学工业概念出发,介绍化工行业的发展历程。通过调研发现当前企业需要的是知识-能力-素质俱备的"全能型"人才,提出了通过推进产教深度融合,充分利用仿真实习等实践类教学过程与企业实际生产紧密对接,进行有针对性的培训,加强学生的工程教育。引入课程思政内容:中国科技工作者的科技报国的家国情和精益求精的"大国工匠"精神。

2. 全生命周期校内实训基地——总体介绍

丙烯酸甲酯全流程生产仿真基于真实的工艺流程，对真实的管路、仪表、设备等进行组装，开、停车操作及升、降负荷操作与实际生产一致，可真实地进行设备调试、排除故障、维修和保养等工作。采用真实的工业级 DCS 控制系统和安全仪表系统以及与工厂一致的信息化系统，建成了虚实结合的智能仿真工厂。

3. 丙烯酸甲酯工艺流程及主体设备——获取理论知识

重点介绍仿真工厂产品生产的理论知识，在物理化学、化工原理等先修课程基础上，按生产工艺流程顺序介绍了丙烯酸甲酯 4 步生产工序：酯化反应原理与特点；精馏+蒸发的丙烯酸回收原理；萃取+精馏的醇回收原理；精制及储存的产品获得。巩固了换热器、泵、阀门等常用辅助设备的传热、传质等机理。

4. HSE 安全管理体系和安全文化建设——建立安全伦理观

仿真工厂采用国际石油天然气行业通行的 HSE 安全管理体系进行风险管理和持续改进。对 HSE 安全管理体系内容、仿真工厂安全教育、安全文化建设进行了介绍，为工科学生树立安全伦理观服务。

（二）"互联网+"模式线上仿真系统——开放和共享仿真实验教学

"互联网+"模式是当下开放和共享的最好媒介，本项目自 2019 年在实验空间上线，并建设了北京化工大学化工产品全生命周期虚拟仿真实验教学中心平台，提供线上仿真系统酯化反应器 R301、酸分离塔 T301 的互联网远程仿真实验。这种资源的开放与共享，一方面解决了校内实训基地资源有限，不足以满足所有人实地学习的需求；另一方面也充分利用了网络远程教育的五个"任何"，即任何人可在任何时间、任何地点，从任何开端，学习任何课程；同时具备在线评分功能，也能让学生随时了解实验问题所在，可及时与教师进行交互。

（三）混合式课程教学模式——线上理论学习与仿真，线下实际操作

1. 线上理论学习与仿真

学生可以提前通过"北化在线"教育综合平台进行"全生命周期校内实训基地导论"课程学习，掌握"丙烯酸甲酯"仿真工厂的工艺流程和设备特点，进而更好地理解和接受化工生产原理，为线下实操奠定基础。同时，学生可通过"实验空间"或北京化工大学化工产品全生命周期虚拟仿真实验教学中心平台进行线上仿真实验，可以使学生能够在空余时间熟悉和了解仿真工厂的工艺流程和控制系统，从而对线下实操有更全面的认识，也解决了仿真工厂无法同时接待大量学生的难题。

2. 线下实际操作

线下实际操作安排在学生进行导论课程学习、线上仿真训练之后，按照既定的操作步骤调节实习装置中各种变量，逐步完成各个工序的开、停车操作。期间可由教师进行提问和设置设备仪表故障，确保学生掌握生产进程、设备运行参数、仿真系统操作等实习内容，进而对化工企业生产工艺流程、自动化控制生产等具有更清晰的认知。

（四）过程化评估考核机制

1. 线上考核（占比 20%）

"全生命周期校内实训基地导论"课程主要是理论知识的传授，学生可通过"北化在线"综合平台进行在线测试，考察对丙烯酸甲酯的生产工艺、设备运行原理、HSE 安全管理内容等掌握情况。线上远程仿真实验可根据学生的开车操作过程和最后达到的稳定情况自动进行评分。

2. 线下考核（占比 80%）

线下学生实操考核：一是考核系统是否到达正常工况值，操作过程是否出现报警；二是预设故障，学生进行故障诊断和排除；三是系统题库考核，通过系统题库考试对需要学生掌握的知识点进行考核；四是实习报告，通过实习报告考察学生对化工设备工作原理、化工工艺设计、化工过程操作的掌握情况。

三、课程应用成效

本课程作为国家级虚拟仿真实验教学一流课程，也作为化工产品全生命周期虚拟仿真实验教学中心的重要一环，自建成后即承担了全校 20 余个专业的学生实习实践活动，累计开设线上导论课、认识实习、生产实习、仿真实训、开放性实践等线上线下课程 20 余门，年均受益学生 3 000 余名、达 60 000 余人时。上线"实验空间"后，面向全国高校免费开放，特别是在疫情期间用于校内及校外相关专业学生的仿真实习，项目浏览量达 19 000 余人次，累计 800 余人进行了线上仿真实验。因不同专业的不同需求，本课程的平均实验学时数为 20 学时，拆分成单个主体设备的平均实验时长为 2 学时。综合线上、线下分段考核，学生的平均实验成绩为 B+。

同时，本课程作为北京市"实培计划"开放共享项目，北京市卓越工程师教育联盟共享课程，接待了来自北京石油化工学院、北京服装学院等在京兄弟院校学生的认识实习和生产实习等。此外，中心接待了来自四川大学、大连理工大学、法国 FGL 联盟高校、德国劳特林根应用技术大学、西门子公司、赤峰市应急管理局、工程教育认证进校考察专家组等 60 余所国内外高校与企业参观交流。

课程团队

课程负责人：苏海佳，教授、博士生导师，北京化工大学副校长，长期从事高校教学管理与科学研究。

团队成员：杜增智、乔宁、张婷。

案例 44：面向机械结构创意设计的工程图学虚拟仿真实验

天津大学

一、面向机械结构创意设计的工程图学虚拟仿真实验简介

工程图学虚仿实验项目结合课程知识图谱核心阶段，以机械结构零件单元为载体，包含基本立体、组合体和机械结构创意设计三个基本实验模块及七个实验子模块(图44-1)，从单一结构到复杂形体的表达，从模仿搭建到创意设计，逐层渐进，构建多层次实验体系。

基本立体虚仿实验模块：让学生熟悉三面投影图的基本规律，掌握运用空间想象力获得三面投影的分析方法，熟悉和了解截切立体和相贯立体的投影规律和作图方法，运用信息化技术实现结构变化的交互操作和图形表达，成功解决实物模型种类缺乏无法适应创意思维培养的问题。

组合体虚仿实验模块：引导学生正确理解形体分析法，其中还可以接入手势识别装置，实现学生与虚拟世界的沟通，通过交互和沉浸式体验完成组合体的读图和画图的教学重点，熟练掌握组合体结构的形成过程，投影方法及剖视图的表达。

机械结构虚仿实验模块：让学生了解基本的传动方式、自由度概念、装配关系等知识，以及功能特点，允许学生在三维设计环境下，在已有零部件结构基础上实现自我创意设计。通过"虚实结合"的模型搭建以及机械结构创意设计，采用基本项目的学习模式进行机械结构创意设计，提供实践仿真环节教学，培养学生的创意思维和设计表达。

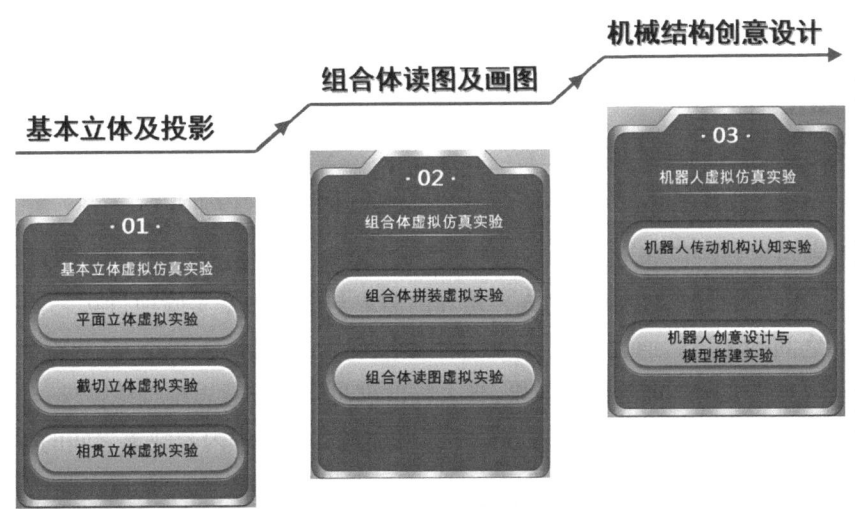

图44-1 "面向机械结构创意设计的工程图学虚拟仿真实验"实验架构

以上实验库中虚拟模型种类繁多,利于学生举一反三、深入浅出,从感性实验中归纳总结投影规律,很好地解决了实物数量少、形状有限,通过把基本立体迁移到复杂立体、机械结构,达到更高层次的感性认识向理性认识的飞跃。

二、课程建设特色与创新点

天津大学工程图学教学团队在课程教学和课程建设方面经验丰富,结合"工程图学国家级精品在线开放课程及国家虚拟仿真实验教学项目""面向机械结构创意设计的工程图学虚拟仿真实验"等优质在线教学资源,通过长期实施和融合应用,探索出一条工程图学线上线下混合式教育的新模式。

以工程图学在线课程,虚仿实验和翻转课堂相结合的教学探索,形成了工程图学教育的新模式,收到了很好的教学效果,2020年"工程图学1A,工程图学1B"获批国家首批线上线下混合式一流本科课程。教育部普通高校工程图学教学指导分委员会主任陆国栋教授认为:该课程遵照教育部高等学校工程图学课程教学指导委员会制订的"普通高等院校工程图学课程教学基本要求",在国家精品在线开放课程的基础上有效运用虚拟仿真项目,合理设计课前、课中、课后教学资源,以及翻转课堂、项目制教学,反映了本学科最新发展成果和教改、科研成果,具有较高的科学性水平如图44-2所示。

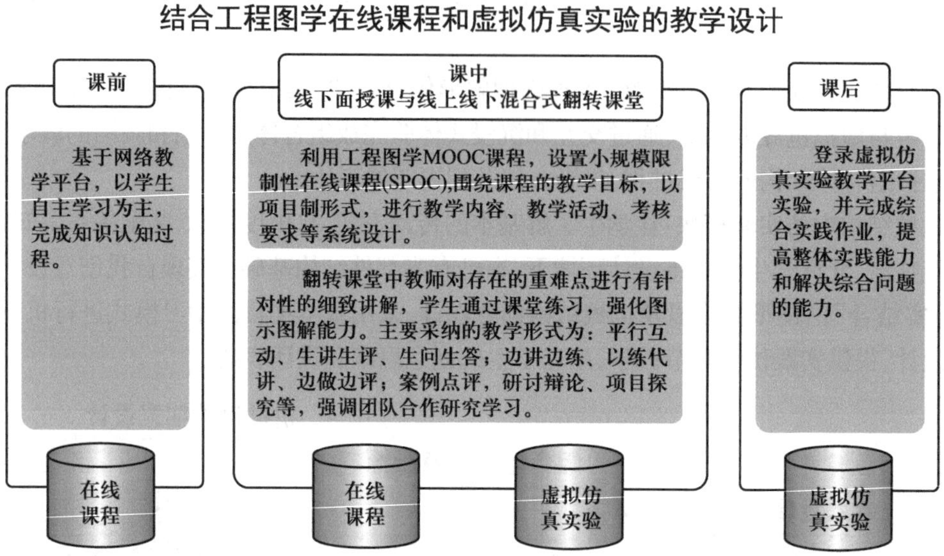

结合工程图学在线课程和虚拟仿真实验的教学设计

图44-2 基于虚仿实验和在线课程的工程图学教学新模式

本实验项目主要特色如下。

(1) 通过实验项目解决创新能力人才培养的需求与工程图学实验项目缺乏、不能完成人才培养目标之间的矛盾。通过虚仿实验,运用虚拟现实、多媒体人机交互、数据库和网络通信等技术实现实物实验不能达到的效果,极大程度满足学生创意思维训练需求。

(2) 解决在线课程运行中,学习者数量不断增加与实践课程内容缺乏之间的矛盾。实现在线课程理论学习与实践学习的有机融合,为学习者提供交互式、探究式实践项目,全面提升工程图学在线课程的授课质量。

(3) 解决工程图学教学中空间思维培养与实物教具结构形式有限之间的矛盾。通过先进的数字化技术，运用先进的手势识别装置和后台软件，可以让学生有效进行立体的切割、组合、装配，进行人机交互，反复多角度、多截面地观察立体，从而有效提高图学教学中空间思维培养的效果。

三、课程应用成效

（一）以虚仿实验项目为引领，激发学生主动学习能力

通过工程图学虚拟仿真实验的实施，工图课线下课堂中学生主动参与和交互学习的需求增加，特别是在工程图学的翻转课堂上，虚拟仿真实验提供了丰富的模型和实验方法，激发学生挑战欲和学习主动性。

（二）项目应用成效

通过引入工程图学虚拟仿真实验，课程教学质量富有成效，学生在国内各级学科竞赛中屡获殊荣。全国大学生先进成图技术与产品信息建模创新大赛是与工图课直接相关的全国最高水平学科竞赛，学生在2021年获得一等奖4项、二等奖9项、三等奖5项共18项，其中突破性获得机械类轻量化优化创新设计项目一等奖和三等奖。此外，根据机械类专业的统计情况，仅在省部级CAD竞赛和投影制图竞赛中就获得36项，尤其是国家级学科竞赛获奖等级及数量持续攀升，这表明学生创新设计能力提升效果显著（表44-1）。

表44-1　天津大学机械类专业国家级学科竞赛获奖统计表

获奖名称	奖励等级	获奖情况	获奖时间	获奖人次	获奖时间	获奖人次	获奖时间	获奖人次
"高教杯"全国大学生先进成图技术与产品信息建模创新大赛	国家级	一等奖	2020	4	2019	1	2018	1
		二等奖		7		2		1
		三等奖		7		3		4
中国高校智能机器人创意大赛	国家级	一等奖	2020	1	2019	0	2018	0
		二等奖		1		0		1
		三等奖		3		1		0
全国大学生机械产品数字化设计大赛	国家级	一等奖	2020	1	2019	1	2018	0
		二等奖		1		0		0
		三等奖		0		0		0
全国大学生机械创新设计大赛	国家级	一等奖	2020	4	无比赛		2018	0

（三）项目共享应用

工程图学的虚拟仿真实验让工科生在家照样做实验，获得"学习强国"和人民日报等主

流媒体报道和点赞。《中国青年报》以"虚拟仿真技术让工科生在家照样做实验"为题报道;《人民日报》以"不一样的云课堂"为题报道,文中提到:虚拟仿真实验教学项目被誉为具有跨时代意义的课程。天津大学副校长巩金龙表示:"我们正在把虚拟仿真实验教学项目,作为实验课程改革的着力点,正在成为'新工科'建设和'双一流'建设中的利器。"

(四)项目持续建设

本项目自 2018 年在国家虚拟仿真实验教学课程共享平台上线以来,不断持续更新和建设。2020 年 6 月在网站版实验程序增加教学管理模块;还开发了基于安卓系统的手机 App 系统,给线下课堂或翻转课堂的使用提供助力。此外,该虚仿实验项目"画法几何与机械制图"同时在高等学校机械工程学科虚拟仿真实验教学共享平台网站中运行和使用,服务于全国广大高校工程图学课程,覆盖 161 个试用院校,总浏览量逾 1.6 万。

课程团队

课程负责人:姜杉,天津大学机械工程学院,教授,机械系副主任,主要研究方向为工程图学教育教学。

团队成员:喻宏波、徐健、丁伯慧、李君兰。

案例45：乙醇的死后再分布及其应用
山西医科大学

一、课程内容简介

（一）实验目的

1. 利用虚拟仿真模型使学生掌握乙醇的代谢、死后再分布现象发生的机制及其影响因素。
2. 通过实训案例分析使学生熟悉饮酒量、饮酒时间和血中乙醇浓度的推断方法，对乙醇的死后再分布的判断，乙醇中毒相关案例的法医学鉴定，了解生前饮酒和死后灌入乙醇的鉴别方法。

（二）实验原理

毒物死后再分布是指毒物在尸体内浓度的改变过程，特别是指心血中毒物浓度的变化。一般情况下，中毒的法医学鉴定取材，都是在尸检时从心腔内抽取血液或采集某一器官，进行毒物检测。由于死亡与尸检、取材有一定的时间间隔，所测得的毒物浓度往往并不能真实反映死者死亡当时血液或器官内毒物的浓度。大量的研究和实际案例显示，多种药物或毒物均会发生死后再分布现象。乙醇是法医毒物鉴定中最常见的毒物之一，有必要对其是否会发生死后再分布进行详细的探讨。

死后再分布发生机制主要为顺浓度梯度扩散，也是本实验中乙醇发生死后再分布的主要机制。其原理是由于分子的顺浓度梯度扩散作用，毒物从含量较高的蓄积库逐渐向浓度较低的脏器或体液扩散，从而改变不同脏器和体液中毒物的含量。

本实验通过案例导入使学生熟悉死后再分布判定的依据，利用生前灌入和死后灌入两组动物实验，阐明死后再分布现象的发生机制，并对实际案例鉴定时常见情况进行判定练习。

（三）实验教学方法

基于法医毒物实验室的法医毒物动力学科研成果，选择部分可作为本科教学的内容，开展乙醇死后再分布及其应用仿真实验教学项目，以科研促教学，其中部分成果已在实际案例中得以应用，解决重大疑难案件。采取虚实结合的案例式教学方法，辅以问题式教学法、研究式教学法和讨论式教学法。

（四）实施过程

1. 预习基本原理，了解实验流程。

2. "虚实结合,能实不虚,规范操作",样品的预处理采用常规实验教学与三维仿真模型相结合,老师亲手示范,规范要求,使学生得到基本技能的实际训练。

3. 案例导入,乙醇及其非氧化代谢产物的检测虚拟实验,系统根据学生的操作情况进行评分,达到规范化操作要求,则允许学生参加实体实验。通过 ESP 虚拟人了解死后再分布发生的机制及其影响因素;通过动物虚拟实验:完成死后再分布动物模型的建立,系统根据学生的操作情况、问题解答情况进行评分;随后实训案例分析。

4. 实验项目操作过程中和结束后,引导学生对实验中遇到的问题进行深入和充分的小组和大组讨论,得到可靠的法医学鉴定结论。

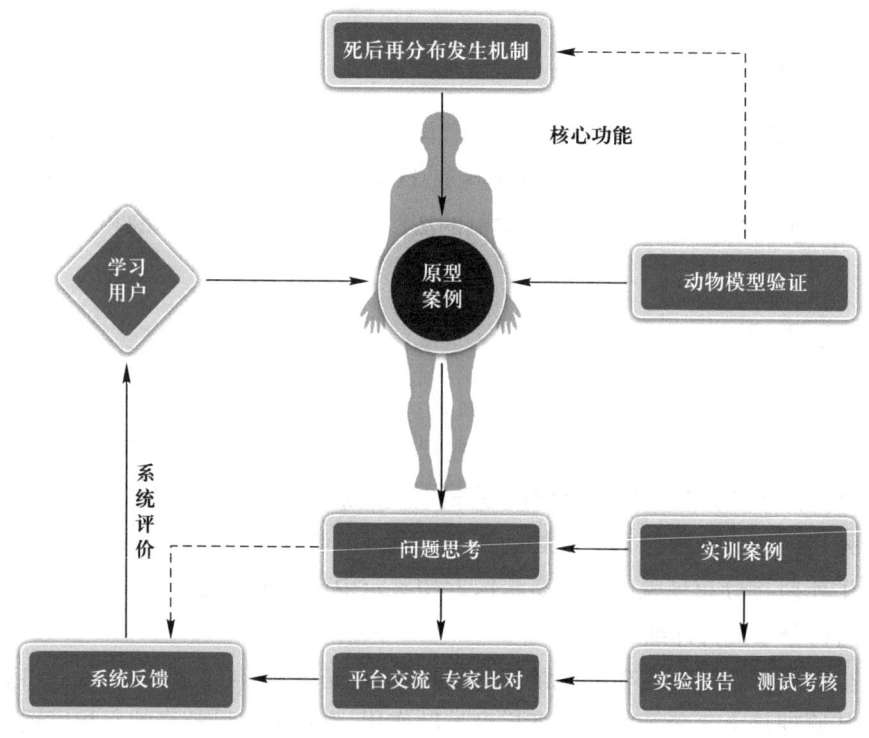

图 45-1 乙醇的死后再分布及其应用系统构架图

二、课程建设特色与创新点

(一)课程方案设计思路

大量研究和实际案例表明,许多毒物在尸体内可发生死后再分布,乙醇是其中一种。在乙醇相关死亡案件的法医学鉴定中常涉及乙醇死后再分布的问题。有必要对其死后再分布和机制进行探讨。

乙醇死后再分布动物模型建立耗时长,样品采集和检测很难在一次实验课中完成,教学难度大。且由于安全性、专业性等多方面原因,师生无法参与法医学现实案例的取样工作。因此,亟需开展虚拟仿真实验教学,利用数字化、多媒体、网络化等软硬件技术,构建具有高度真实感、直观性和精确性的虚拟仿真实验教学项目,让学生在开放、自主、交互的虚拟仿真环境中快速掌握乙醇的死后再分布及其应用,弥补现实教学的不足。

基于本实验室法医毒物学团队的法医毒物动力学系列科研成果,选择部分可作为本科教学的内容,开展乙醇死后再分布及其应用仿真实验教学项目,以科研促教学,其中部分成果已在实际案例中得以应用,解决重大疑难案件。

项目运用现代化信息技术,坚持"虚实结合、以虚促实"的教学理念,在提供充分的教学资源保证理论学习的基础上,运用虚拟仿真技术让学生在虚拟仿真场景中,通过高精度的三维仿真模型以及具体的虚拟仿真场景,对乙醇死后再分布的机制、动物模型的建立、死后再分布的判断、检材预处理、检材中乙醇及其非氧化代谢物 EtG 和 EtS 的检测方法和步骤,生前饮酒和死后灌酒的鉴别等形成全面的认知,解决乙醇相关案例的法医学鉴定。同时,设计过程特别强调人机交互性、沉浸性和拓展性,学生通过角色扮演的方式,参与仿真实验的操作,不仅提高了学生的学习兴趣,调动了学生参与实验教学的积极性和主动性,而且帮助学生在实验过程中加深印象,提升学生的综合分析能力和实践能力。

(二)课程创新点

1. 教学方法创新

采取虚实结合的案例式教学方法,辅以问题式教学法、研究式教学法和讨论式教学法。

科研成果引入教学创新:将团队连续主持的"十一五"到"十三五"国家科技支撑计划和重点研发计划项目等 15 项国家(重点)项目的研究成果引入本项目,保证了项目内容的先进性。

2. 评价体系创新

实验操作过程中,需要学生根据实验情况填写部分实验数据和调整设备参数,所有的操作结果均被系统记录作为考核的依据。系统会根据操作步骤给出相应的评价,帮助老师了解学生的学习情况以及学生自查纠错。课程结束后学生撰写相应的实验报告。

3. 课程建设模式创新

为保证学生必要的动手训练以及"虚实结合、相互补充、能实不虚"的原则,在虚拟实验的基础上将样品预处理真实操作、教师示教相结合,虚实并举,虚拟仿真实验开放式教学模式不仅可以让学生更深入地理解相关课程的教学内容,打破时间和地域的限制,还可使学生的创造能力得到提高,激发学生的学习兴趣。

三、课程应用成效

本实验课程采用多种方式应用于实验教学及社会推广。

1. 在本校法医学专业本科生实验教学中应用

在山西医科大学法医学院本科实验教学中,对原有乙醇的检测实验部分添加"乙醇的死后再分布及其应用"虚拟仿真实验内容,使实验教学内容更加丰富,每位学生均在教学平台上传实验成绩,引导学生在法医学实践过程中深入探讨死后再分布对于相关法医学鉴定的影响,做出更为科学准确的判断。

2. 已在全国 39 个法医学研究机构和高等院校进行学术讲座 69 次。

课程负责人及其团队成员在公安部物证鉴定中心、中南大学、宁波大学、山西大学等39个法医学研究机构和高等学校的学术讲座中介绍了"乙醇的死后再分布及其应用"虚拟仿真实验课程,建议在法医学本科生及研究人员中广泛使用本课程内容。

3. 山西省公安机关法医执法技能培训班中宣讲

在山西省公安机关法医执法技能培训班和广西壮族自治区检察机关教育培训班中,团队成员作为主讲教师向相关法医技术工作人员介绍了"乙醇的死后再分布及其应用"虚拟仿真项目并进行了实操培训,使广大法医技术工作人员在乙醇中毒相关案件的法医学鉴定过程中充分考虑死后再分布的重要意义。

课程团队

课程负责人:贠克明,山西医科大学,院长,二级教授,省级教学名师,教育部高校法医学专业教指委委员。

团队成员:尉志文、贾娟、曹洁、张潮。

案例46：多旋翼无人机装配与群体协同虚拟仿真实验

南京航空航天大学

一、课程内容简介

随着无线自组网和群体智能等技术的快速发展，研究人员提出了无人机集群的概念。无人机集群由大量小型化、低成本、灵活性高的无人机节点组成。节点间采用无线自组网技术实现互联，并在群体协同算法的保证下，构建智能化、功能分布化的高抗毁作战体系。研究结果表明，无人机集群能够突破单架无人机在探测能力、武器载荷等方面受到的限制，在数量规模、协同作战效能、敌我对抗交换成本等方面具有巨大的优势。

近年来，无人机集群成为中国和美国等军事强国竞相发展的热点。而由上述分析可知，无人机集群技术是"航空和信息"高度交叉融合的科技前沿，涉及飞行器设计与工程、信息工程等传统工科专业，对具备实践能力的跨专业人才培养需求非常迫切，符合新工科专业建设的发展方向。相关技术原理是跨专业学科拓展课程"无人机集群技术"，及其先修课程"航空航天概论""无人机设计导论""通信网络"等的重要教学内容。同时，如何将立德树人融入教学全过程，通过情景体验式的教学方法，不仅使学生理解无人机集群在国防领域的重要价值，而且潜移默化地激发学生投身国防工业的情怀和使命感，也成为教学面临的重要挑战。

由于无人机集群实验成本高、空域申请难、实验风险大等一系列因素，相关实验教学必须依托虚拟仿真技术展开。无人机集群技术实验教学面临严重困难。具体包括：① 集群节点数量多，实验成本高。② 集群覆盖范围广，空域申请难。根据我国《民用无人机驾驶员管理规定》，操控无人机的重量和飞行高度超过一定范围，驾驶员需要持有无人机执照，而师生均难以达到该要求。同时，我国虽然已经颁布了《民用无人驾驶航空器系统空中交通管理办法》，但无人机集群飞行空域申请标准和办法尚未完全明确。事实上，在高等学校所在的城镇区域，难以找到可用于大规模无人机集群实验的安全空域。③ 易发坠机等事故，实验风险大。在无人机间通信被干扰、组网协议或群体协同算法设计不合理的情况下，无人机失控将导致严重的安全事故。即使针对单架多旋翼无人机开展装配和PID调参教学实验，也存在着较大风险。在装配失误、PID参数设置不合理、操控不熟练等多种情况下，多旋翼无人机易发坠机事故，危及学生安全。因此，开展无人机集群虚拟仿真实验教学具有极强的必要性和迫切性。

本团队依托南京航空航天大学航空宇航科学与技术国家重点学科、物联网与控制技术江苏高校优势学科、国家级航空工程实验教学示范中心和国家级电工电子实验教学示范中心。团队坚持以学生为中心的实验教学理念，遵照虚拟仿真实验项目"能实不虚，虚实结合"的原则，将科研成果反哺实验教学，自主开发了多旋翼无人机装配与群体协同虚拟仿真实验项目，面向高校和社会免费开放。

本实验项目依据"无人机集群技术"课程大纲及关键知识点，结合无人机集群的军事应用背景，以"装配多旋翼无人机并实现群体协同"为实验任务，构建了基于作战想定的虚拟仿真实验情景。实验旨在培养学生探究式的思维方式和解决复杂问题的综合能力，具体实验目的包括：

1. 通过多旋翼无人机装配与参数调试实验环节，帮助学生掌握多旋翼无人机组成原理、动力学模型、装配要点及 PID 控制原理，探究实际工程应用需求导向的多旋翼无人机动力装置设计方法，使学生具备根据多旋翼无人机飞行姿态，分析、判断并调节 PID 参数的能力。

2. 通过无人机集群链路预算与组网实验环节，帮助学生掌握无线电传播特性、无线通信系统链路预算方法、信道接入控制方法及自组织时分多址协议原理，探究无人机集群网络无线信号冲突解决方案，使学生具备从协议栈分层的角度开展无人机集群网络设计的能力。

3. 通过无人机集群协同与自主避障实验环节，帮助学生掌握基于 Boid 模型的集群运动原则、基于虚拟力场法的无人机集群拓扑控制和自主避障方法，探究虚拟力场参数对无人机集群性能的影响，使学生具备根据工程实际需求，对无人机集群协同性能进行调整的能力。

二、课程建设特色与创新点

第一，本课程首先坚持以学生为中心的教学理念，课程采用了虚实结合的线上线下混合式教学方法，实验情景吸引力强，有利于调动学生的学习兴趣和积极性。第二，本课程通过环环相扣的 3 个实验环节，将知识学习和能力提升有机融合，引导学生通过容错探究式的实验过程得到个性化的实验结果，培养学生解决复杂问题的综合能力和探究式的思维方式。第三，本课程的挑战度高，实验知识点源于课堂，但实验内容来源于无人机集群技术领域的前沿，实验仿真程序和模拟数据均来源于科研中的实际程序和实测数据。在实验前，学生需要通过本实验提供的"在线知识角"，对相关领域的知识进行学习。第四，将立德树人融入教学全过程，构建了"四观统一"的课程思政体系。如图 46-1 所示，包括以"长空精神"为核心的荣誉观、以"交叉融合"为核心的系统观、以"大国重器"为核心的工程观、以"团结协作"为核心的方法观。

在教学过程中，本课程综合采用了任务驱动式、情景体验式和容错探究式教学方法，首先，将实验任务融入情景，使得学生将课堂上所学的理论知识与具体工程任务相联系，并通过虚拟仿真实验情景，迅速掌握实验目的和教学内容，理解实验考核指标设计的内涵。部分关键实验任务按照"一人一题、一次一题、一题多解"的原则设计，实验结果总体具有一致性，但解决方案或参数取值并不唯一。其次，本课程引导学生开展容错探究式的自主学习过程。实验项目的容错设计为学生开展自主探究学习提供了保证。学生在自主探究学习过程中形成了对知识的自主构建，培养了探究性的思维方式，极大提升了分析问题和解决问题的

图 46-1 本课程建立的"四观统一"的课程思政体系

能力。同时,学生体验到自主探究的价值和乐趣后,产生了一种成就感,学习积极性高涨,实验教学效果明显。

本课程评价体系的主要特色包括:

(1) 面向任务的实验成绩评价指标。实验采用了任务驱动式和情景体验式实验教学方法,因而实验成绩评价模型中的评价指标均来源于实验任务要求达到的性能指标,学生完成任务的质量是实验成绩评定的重要依据。

(2) 面向学生能力的实验成绩评价方法。针对容错探究式实验教学方法,实验的成绩评价重点是学生分析问题和解决问题的能力。实验报告中的解决方案或参数取值并不唯一,但实验结果(即实验任务的完成质量)具有一致性。通过实验任务的完成质量,实验成绩评价模型自动对学生能力进行考核。

本课程有效拓展了传统教学手段的深度和广度。具体表现在:

(1) 拓展了传统实验教学的范围。多旋翼无人机集群节点数量多,外场实验成本高、风险极大。即使针对单架多旋翼无人机开展设计、装配和调参教学实验,也存在较大的风险。在装配失误、参数设置不合理、操控不熟练等多种情况下,多旋翼无人机极易发生坠机事故,危及学生安全。本实验将实际情况下高危的多旋翼无人机装配及群体协同实验以虚拟仿真的方式展现给学生,有效拓展了传统实验教学的范围。

(2) 拓展了实验教学内容的时代性和先进性。通过虚拟仿真实验的持续建设和改进,实验教学团队可以将无人机集群技术相关的最新研究成果迅速转化为实验教学内容,让学生能够通过实验了解科技最前沿,而这一点是传统实验教学无法达到的。

三、课程应用成效

课程面向高校和社会免费开放,已完成实验人数 4 192 人,优秀 2 776 人。2020 年入选首批国家级虚拟仿真实验教学一流课程,2018年获评江苏省高校优秀电子信息类虚拟仿真实验教学项目一等奖。

在校内教学中,该课程获得了学生的高度评价。受虚拟仿真实验启发,沈高青等同学完成的项目"库盛科技——空天通信网络仿真的领航者"获得2019年第五届中国"互联网+"大学生创新创业大赛国赛银奖、江苏省省赛一等奖。在2020年TI杯江苏省大学生电子设计竞赛中,王健等同学的多旋翼无人机作品从800多个参赛队伍中脱颖而出,捧回TI杯并获一等奖。课程面向高校和社会免费开放,与南京理工大学等高校合作共享,并在中国航天科工集团八五一一所、中国电子科技集团公司第二十八研究所等科研院所的技术人员培训中得到应用。

课程团队

课程负责人:雷磊,南京航空航天大学教授,公共实验教学部主任,主要研究方向为空天通信网络。

团队成员:昂海松、王成华、郑祥明、蔡圣所。

案例47:钻井与压裂虚拟仿真综合实训
中国石油大学(华东)

一、课程内容简介

"钻井与压裂虚拟仿真综合实训"项目充分利用虚拟仿真技术和电气设备,在实验室呈现钻井和压裂设备与场景,使不可逆的操作重复再现化,使不可视的井下作业过程可视化,使高压、高风险、高污染的过程安全环保化,学生通过仿真实训的方式,实现钻井和压裂工艺流程的实训操作。

通过对钻井与压裂技术的高度凝练,构建了独具特色的钻井与压裂虚拟仿真综合实训"4231"课程内容体系,4:是指工程基础知识、工程设计、正常工艺流程、复杂工艺流程四个层次;2:是指钻井、压裂两个模块;3:是指沉浸式、桌面虚拟式、亲历式三种实训模式;1:是指以提升学生实践能力和创新能力为目标,如图47-1所示。具体教学流程如图47-2所示。

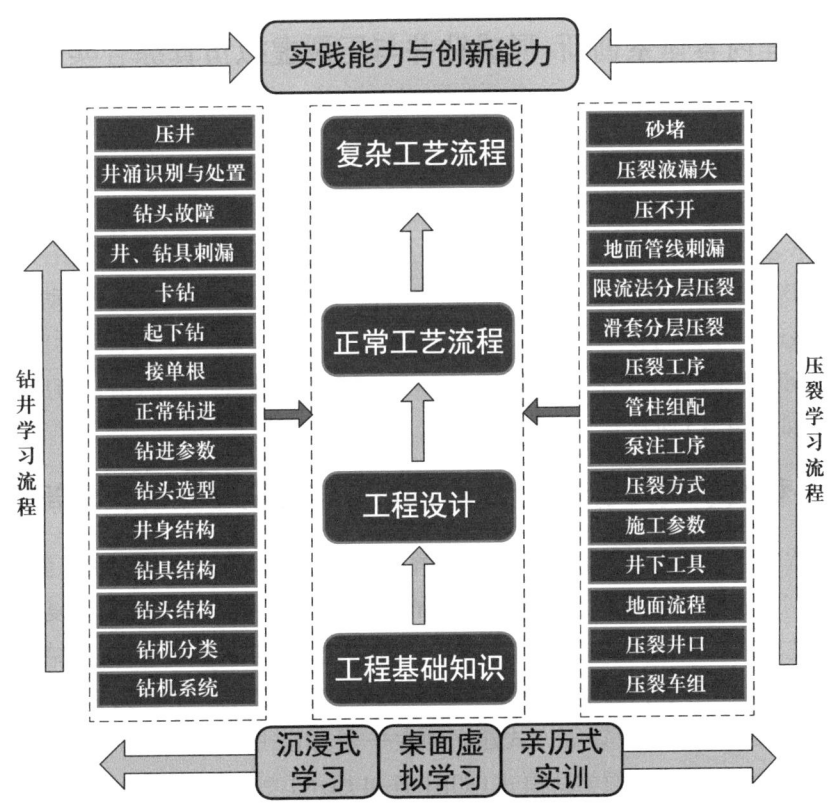

图47-1　钻井与压裂虚拟仿真综合实训"4231"课程内容体系

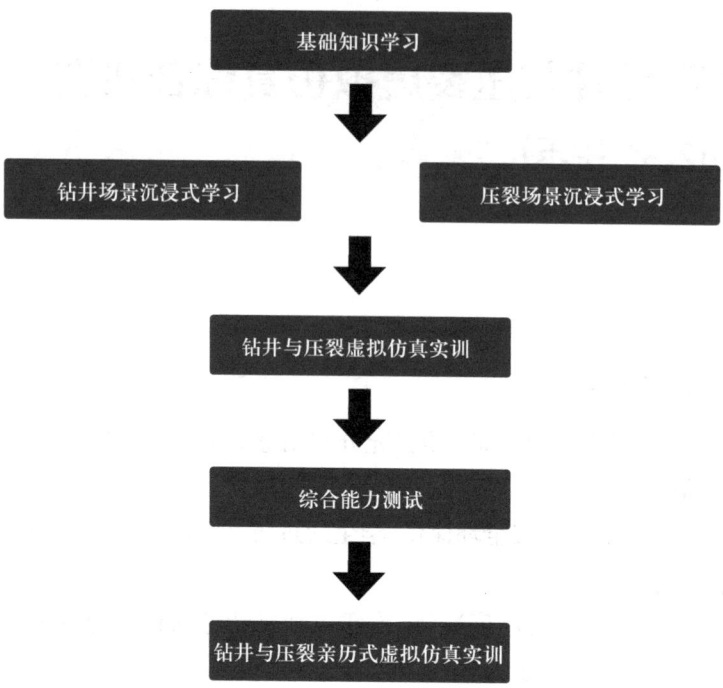

图 47-2　钻井与压裂虚拟仿真综合实训教学流程

二、课程建设特色与创新点

（一）课程内容体系创新：形成钻井与压裂虚拟仿真综合实训"4231"新课程内容体系

借助实验空间钻井与压裂虚拟仿真综合实训项目资源，拓展学习时空，形成课下时时可学、处处能学，课内人人好学的泛在环境和条件（两个时空），促进学生深度学习；高度凝练钻井与压裂技术，融合为工程基础、工程设计、正常工艺、复杂工艺等四个层次衔接递进式知识体系（四个层次）；优化课堂教学过程，构建宽内容范畴互动讲解、正反结合互动训练、随考随反馈互动考核的三个课内教学过程，创建人人好学的优质课堂（三个过程）；形成了以促进学生实践能力、创新思维全方位协调发展为目标（一个目标）独具特色的钻井与压裂仿真实训新内容体系（如图 47-3 所示）。

（二）课程教学模式创新：形成讲、训、考结合全程互动教学新模式

围绕课堂教学质量和效率的提升，在讲解中，融入技术背景、发展历程、前沿技术等内容，形成一个"晓背景、知历程、启未来"的讲解；在训练中，保持传统正向重复式训练，引入由结果反推过程的反向探究式训练，施行"正向练技艺，反向训思维"，正、反结合的训练；在考核中，保持实验总结式考查，引入个人当场应试式考核，实施即练即考；在讲、训、考每一个过程，分别通过交流、研讨、反馈等方式建立师生平等、和谐的互动关系，创建"讲、训、考"相互促进，紧密结合，全程互动教学新模式（如图 47-4 所示）。

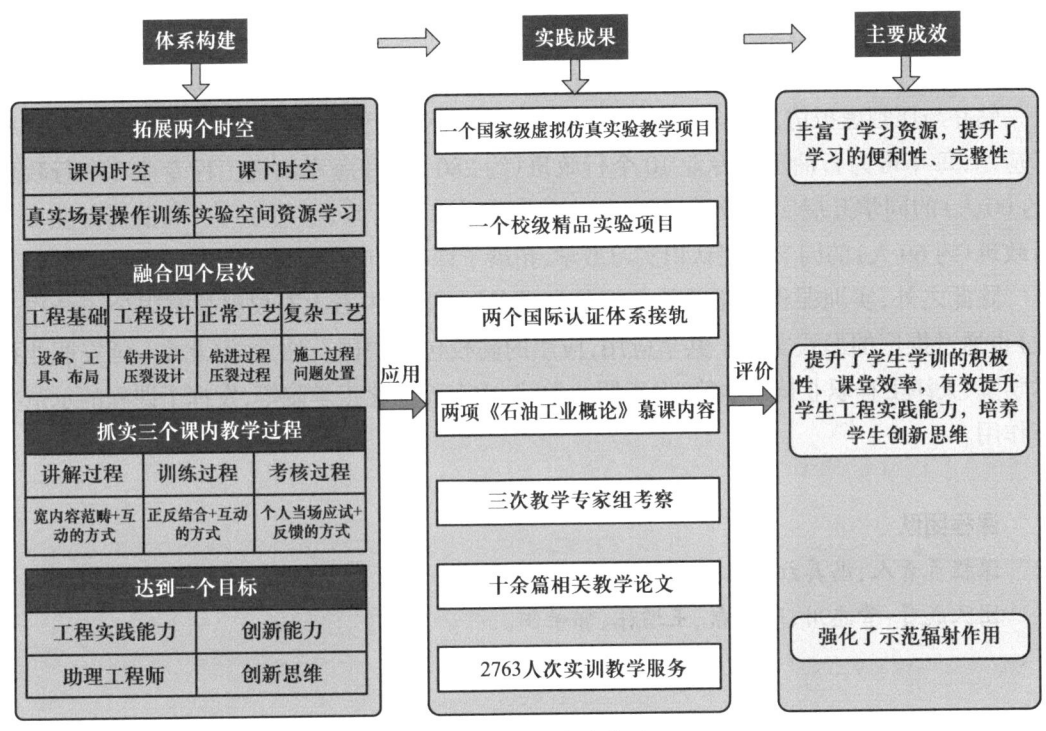

图 47-3 课程内容体系

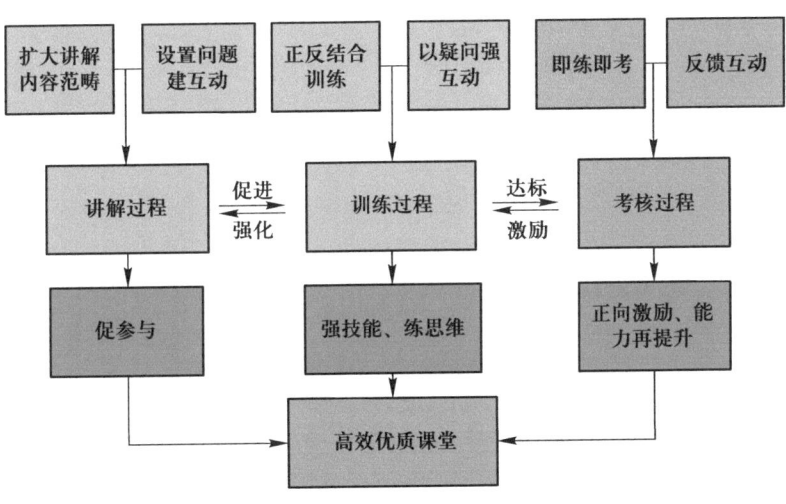

图 47-4 互动教学模式

（三）课程考核体系创新：不断优化的评价体系提高了评价的公正性，为教学评价和反思提供重要参考

钻井与压裂虚拟仿真综合实训平台能够对学生的实训过程进行记录，并在重要环节提供提示和指导，对学生预习、实验步骤及操作训练结果都有较完善的评价标准，提高了评价的公正性。平台建立完善的反馈机制，能够对教师及学生的反馈进行统计和分析，为改进和完善实验提供参考。

案例 47：钻井与压裂虚拟仿真综合实训

三、课程应用成效

钻井与压裂虚拟仿真综合实训课程已经在本校石油工程和海洋油气工程等专业中开展了应用,每年可为石油工程专业10个行政班(约280人)和海洋油气工程专业2个行政班(约60人)的同学开展实训教学,还每年为英语专业2个行政班(约60人)和俄语专业2个行政班(约60人)的同学开展认识实习教学,拓展了课程的应用范围。

除此之外,实训课程及相关的虚拟仿真设备(与山东中石大石仪科技有限公司合作开发)也通过推广的形式实现了共享应用,应用的高校包括中国石油大学(北京)、延安职业技术学院、天津工程职业技术学院、大庆职业学院、山东石油化工学院等,发挥了课程的示范共享作用。

课程团队

课程负责人:冯其红。

团队成员:管志川、陈德春、王增林、郭辛阳。

案例 48：企业运营管理仿真综合实验案例
山东财经大学

一、课程简介

（一）课程历史

本课程于 2011 年开展课程设计和基地建设，2013 年正式开课；2016 年自编教材出版，2018 年获省级教学成果奖一等奖，2018 年 MOOC"创业设计与实验"上线，2019 年新版自编教材出版，2020 年获评国家级一流本科课程。具体建设历史如图 48-1 所示。

（二）课程教学目标

本课程坚持立德树人根本任务，贯彻学校全面建成全国一流财经特色名校发展要求，依托工商管理、市场营销、人力资源三个国家级一流专业和第四轮学科评估 B+ 学科，培养具有国际视野的创新型、复合型、应用型新时代经管人才。

1. 素质目标——诚信、创新、笃行

强化课程思政，打造"信、创、行"的课堂文化，树立积极向上的人生态度和社会主义核心价值观，培养学生诚信品质、创新意识和笃行精神。

2. 知识目标——新商科复合型知识

通过混合式仿真实验，引导学生基于动态企业竞争环境和企业价值链进行知识构建，形成体现数字时代商务运行环境的新商科复合型知识结构。

3. 能力目标——新时代创新创业综合能力

通过线上+线下+线上的深度融合的"仿真性""职场化"的实验教学模式，构建数字化、国际化深度学习场域，提高学生战略决策、跨界沟通、信息整合、终身学习等创新创业综合能力。

（三）课程教学模式

本课程教学内容包括线上慕课和线下仿真实验两个部分（如图 48-2 所示），形成了"O2O2O"的三阶段实验教学模式（如图 48-3 所示），学生先线上（online）学习，然后线下（offline）集中仿真实验，再返回线上（online）巩固学习，完成作业和测验。

第一阶段的线上学习平台包括慕课、课程公众号和课程交流群，帮助学生学习相关专业知识、了解课程的教学安排，是知识呈现过程。

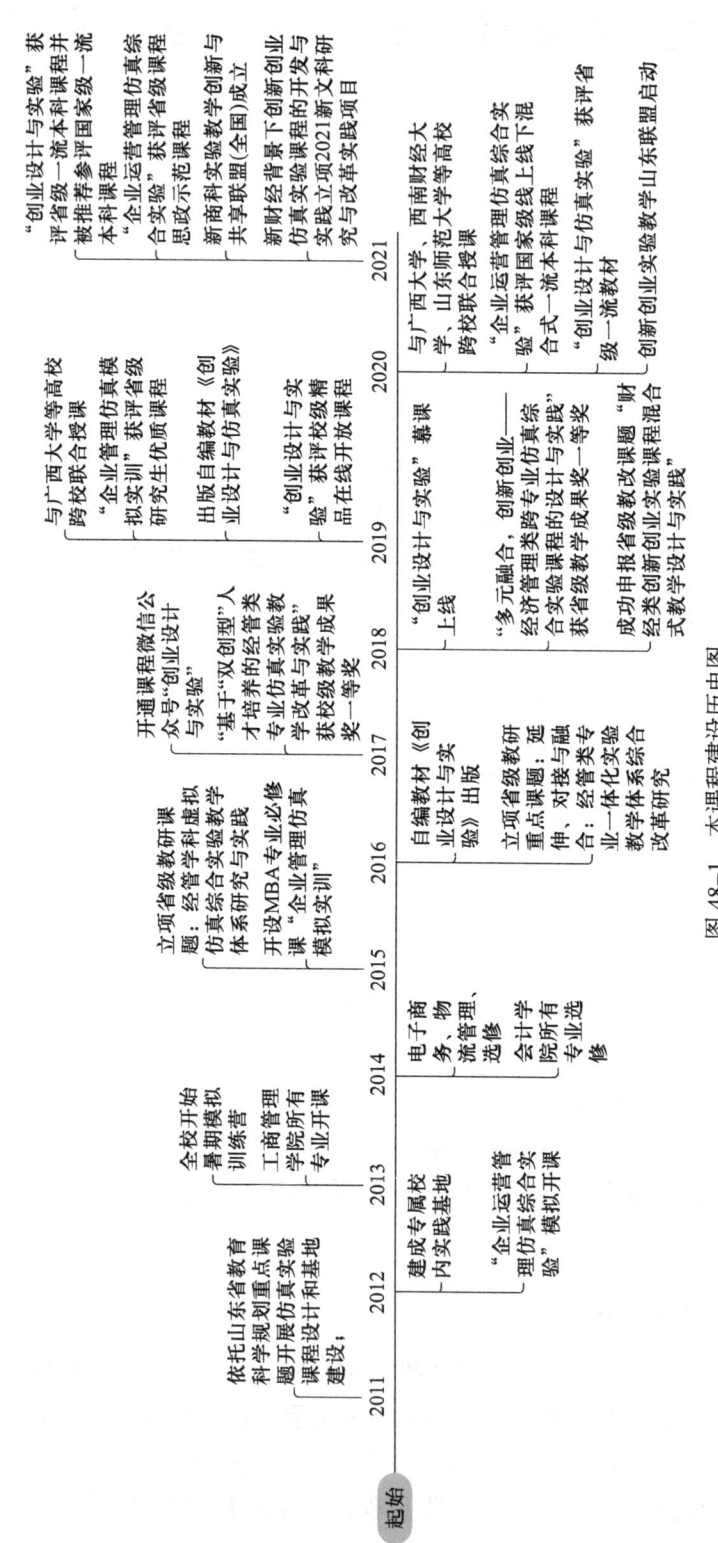

图 48-1 本课程建设历史图

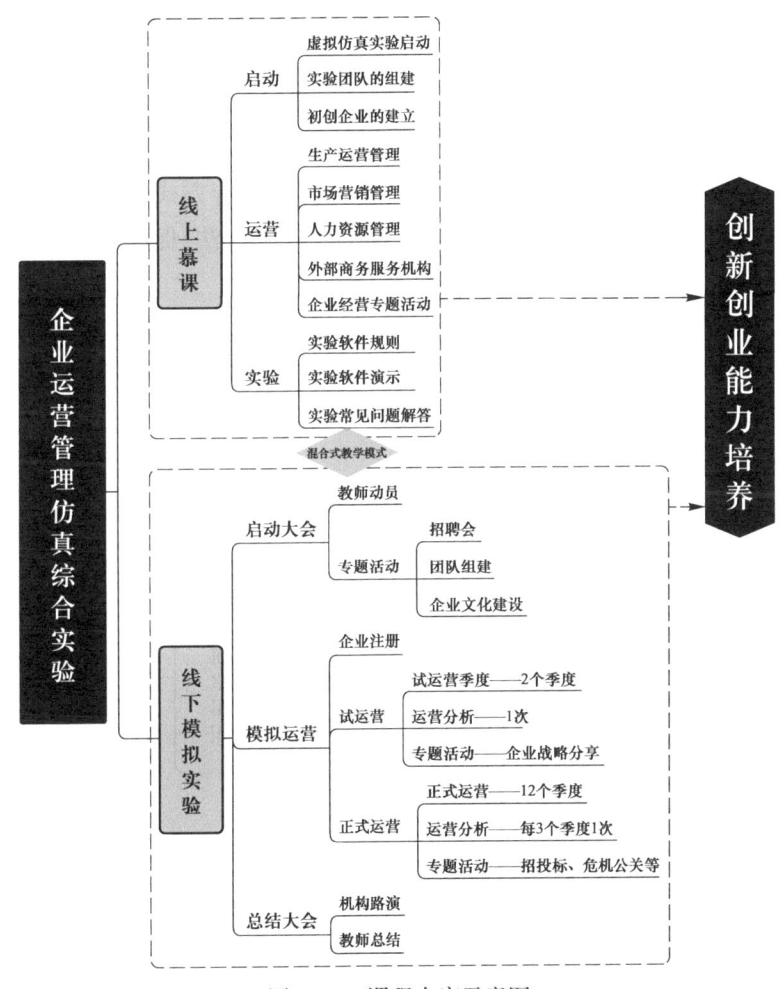

图 48-2 课程内容示意图

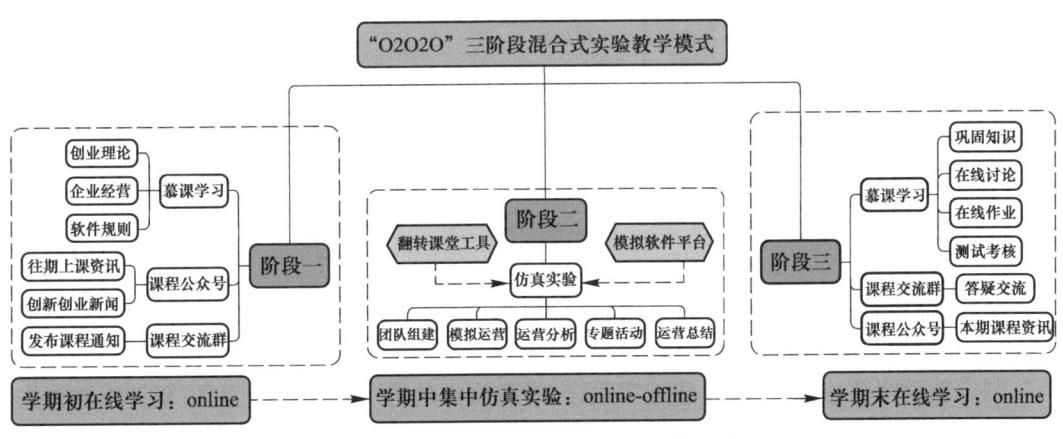

图 48-3 "O2O2O"的三阶段教学模式图

案例 48：企业运营管理仿真综合实验案例

第二阶段的线下仿真实验在实践教学基地进行,三个班级三位老师混合开课,学生分组模拟企业国际化运营,开拓国际市场,并参与各类运营分析和专题活动(中英文),是知识运用过程。

第三阶段使用和第一阶段相同的线上学习平台,学习重点在于强化相关知识,参与在线讨论、测试和考核,是知识扩展过程。

本课程注重教学反思,每阶段采用调查问卷、意见反馈等方式及时掌握教学情况,建立动态化、常态化的教学质量监控机制,持续优化教学内容和方法,促进课程循环改进。

(四)课程教学组织

本课程从教学团队、组织管理、课程资源、教学研究、教师培训等方面加强虚拟教研室建设(如图 48-4 所示),强化基层教学组织,为大学生创新教育高质量发展提供有力支撑。

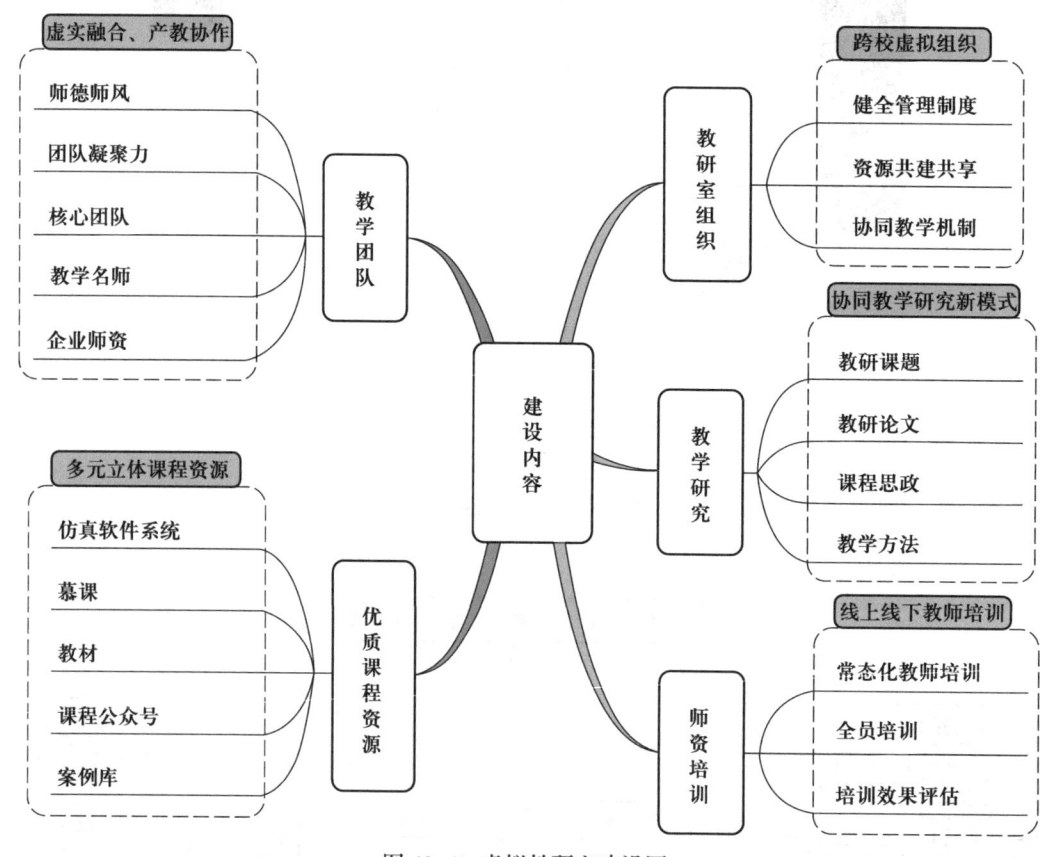

图 48-4 虚拟教研室建设图

1. 强化教学团队建设

制定教学团队建设计划,组建虚实融合、产教协作的仿真实验教学团队;坚持以德为先,不断加强师德师风建设;培育共同愿景、团队意识和协作精神。

2. 强化虚拟教研室组织建设

建立健全教学过程管理、教学改革研究、教学团队建设、青年教师培养、教学质量监督和考核评价等管理制度,建设"5C"型跨校虚拟组织;着力加强创新创业仿真实验跨校"TEAM"协同教学机制建设,打破资源边界。

3. 强化优质课程资源建设

在前期课程资源建设基础上,依托虚拟教研室,协同建设适用于本科阶段各年级和研究生的知识与能力逐级递进的创新创业教育仿真实验课程群,课程内容持续更新,融入并重点强化"诚信、创新、笃行"等思政元素,建设多元立体课程资源。

4. 强化创新创业仿真实验教学研究

创新教研形态,建设跨越时空、学科交叉、线上线下、虚实结合的协同教学研究新模式,凝练和推广研究成果;聚焦新财经背景下仿真实验教学前沿,凝聚集体智慧,开展协同研究,积极探索仿真实验教学的新思路、新方法、新范式。

5. 强化创新创业仿真实验教学的师资培训

依托虚拟教研室,发挥教学名师、一流课程的示范引领作用,开展常态化教师培训,提高教师创新创业仿真实验教学胜任力。

二、课程建设特色与创新点

本课程坚持立德树人,强化课程思政,为实现课程目标,遵循"两性一度"的一流课程建设要求,打造"O2O2O"教学模式,形成了实验慕课、多元融合、创新创业的课程特色,在理念、内容、方法、组织四方面实现课程创新(如图48-5所示)。

(一)新商科——理念创新

树立新商科理念,引入"互联网+"、大数据等前沿性、时代性教学内容,引导学生进行探究性与个性化学习,培养学生创新思维和解决复杂问题的综合能力,突出课程创新性。

(二)广深兼备——内容创新

对企业运营流程进行模块化、系统化梳理,形成线上慕课和线下仿真实验融合的广深兼备的教学内容体系。教学内容既体现跨专业的"宽到边"广度,也具有前瞻性"深到底"的深度,突出课程高阶性。

(三)多元融合——方法创新

以学生为中心、以产出为导向,致力于挖掘学生潜力和学习动力,增加课程挑战度。

1. 学习方式转变。由"被动性、依赖性、统一性"向"主动性、独立性、独特性"的学习方式转变,激发学生自主学习的内生动机。

2. 教学方式创新。"O2O2O"教学模式,培养学生深度分析、大胆质疑、勇于创新的精神和能力。

3. 考核方式创新。紧扣课程目标,运用多维度、动态化、及时反馈的课程考核方式,使学生忙起来,课堂活起来。

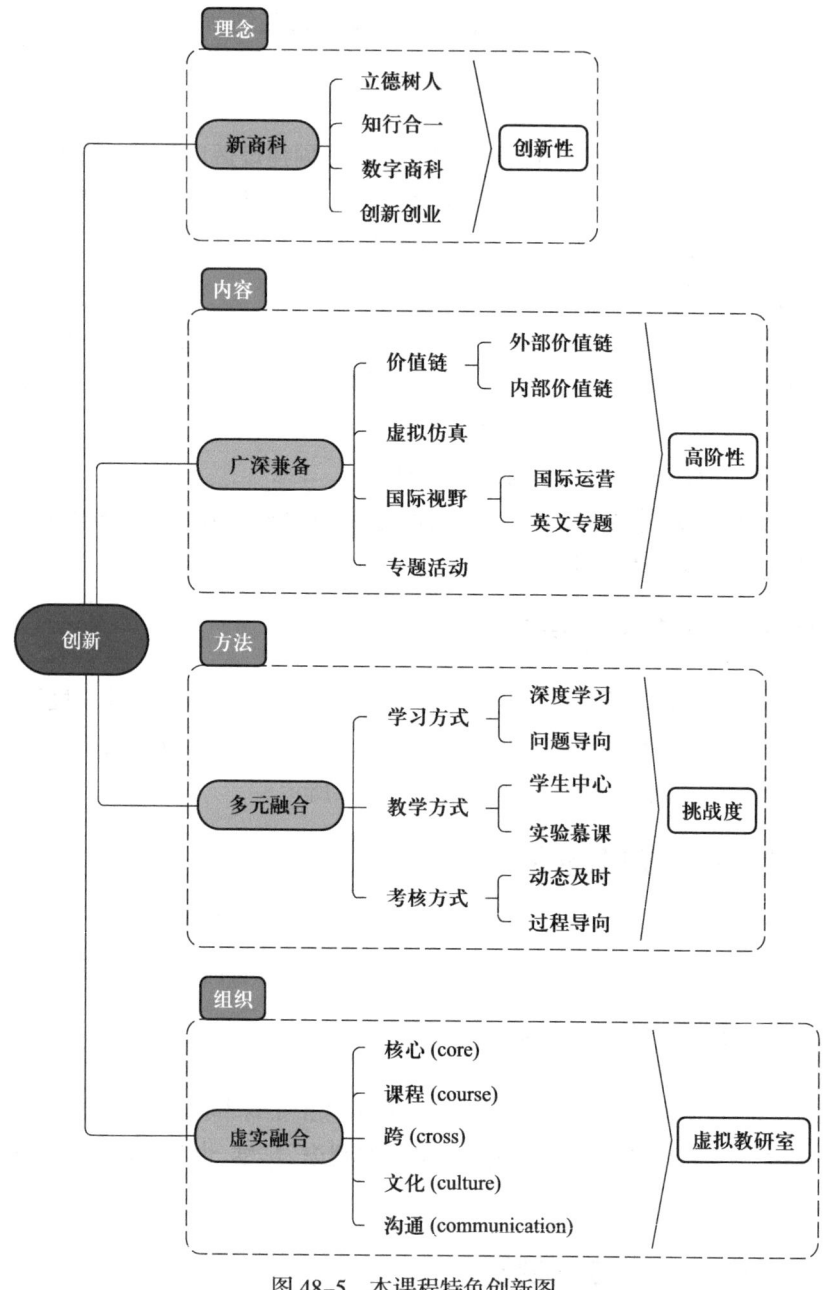

图 48-5　本课程特色创新图

（四）虚实融合——组织创新

本课程构建"5C"（core, course, cross, culture, communication）创新型协同教研室组织。核心（core）指课程群核心负责人和核心教学团队。课程（course）指跨专业的仿真实验课程群；跨（cross）指拥有跨学科、跨高校、跨行业的教学团队成员。文化（culture）指塑造"教研相长、协作共享"的团队文化。沟通（communication）指团队成员运用信息技术进行线上线下混合的沟通交流。基于虚实融合、产教协作的"5C"组织建设，引导教师回归教学，提高教师教书育人能力。

三、课程应用成效

（一）应用推广

本课程打破院校、地域和专业边界，组建了虚拟教研室和全国性教学联盟，打造了"共商、共建、共治、共享、共赢"运行模式的双创实验教学共同体。制定统一的课程标准和实施规范，形成"名师带多校、多校带多生"的教学生态，推动了教与学效能的整体提升。成立教学研究、师资培训、教学竞赛等协作组，共建技术支撑、内容共享、管理服务等平台，优化了教学资源在区域间的配置，且走进了西部。

哈尔滨工业大学、台湾淡江大学等100多所高校教师来校交流；在全国经管实验教学年会等会议上多次典型发言；国家级实验教学示范中心联席会给予高度肯定与推介。

"创业设计与实验"MOOC上线以来，已开课7个学期，共有633所高校76 169名学生参与学习。据不完全统计，《创业设计与仿真实验》教材销售17 000本。

（二）学生成效

1. 学生受益面广。2013年始，先后面向经管类、MBA学生开设创新创业类专业课，累计232班次,25 514名学生受益。2017年起,16家合作院校开展异地同步授课,累计6 821名学生参与学习。

2. 学生双创能力显著提升。在"互联网+""创青春""挑战杯"等大赛中，校内上过本课程学生获国家级奖项17项，其中一等奖（金奖）3项；获山东省省级奖95项；合作院校学生获国家级奖励15项、省级一等奖12项。本校学生获批国家级大学生创新创业训练计划96项。获保研资格的2018级韩雨晨认为："创新意识受到极大启发，对新时代创新创业有了更加全面立体的理解。"

（三）教师成效

近年来，课程团队在创新创业实验教学领域，获得省级教学成果奖8项，其中一等奖4项，二等奖2项，三等奖2项；获评国家级一流本科课程3门；发表教研论文22篇；出版教材2部；主持省级教改课题12项。其中，2020年"新财经背景下创新创业仿真实验课程的开发与实践"立项教育部首批新文科项目；"基于商业模式创新的大学生创新创业仿真实验教学改革与实践""多元融合，创新创业——经济管理类跨专业仿真综合实验课程的设计与实践"分别获2022年和2018年省级教学成果一等奖；2020年《创业设计与仿真实验》获评山东省级一流教材，"企业运营管理仿真综合实验"获评国家级混合式一流本科课程、省级课程思政示范课程。

（四）媒体报道

中国教育报、人民网等30多家主流媒体近百次报道本成果。基于本成果的山东财经大学新商科实验室建设成效得到教育部新文科建设工作组组长樊丽明在"新文科建设工作会议"和"新文科建设高峰论坛2021"的两度推介。

课程团队

课程负责人:毕继东,教授,山东财经大学新商科实验教学研究院执行院长,主要研究方向为创新创业教育、营销管理。

团队成员:陶虎、李斌、葛培波、于潇、费振国、于强、卞亚斌、夏兆敏、许崇敬、李建辉、蔡伟波。

案例 49：以国家级一流本科"金课"为抓手，虚实交融助力禽流感病毒分离与鉴定课程改革创新

广西医科大学

一、课程内容简介

面对禽流感病毒频繁爆发，如何快速准确地分离鉴定该病毒？面对高致病性禽流感病毒的危险性，学生如何分离与鉴定该病毒？面对疫情期间无法开展线下教学，如何推进实验教学顺利进行？本课程依托生物安全二级、三级实验室平台，充分发挥团队的科研优势和教学优势，立足科研反哺教学，将"互联网+"与生物学技术深度融合，研发了"禽流感病毒分离与鉴定虚拟仿真实验"，2019 年获批为国家级虚拟仿真实验教学项目，2020 年被认定为国家级一流本科课程。

本课程涵盖流感病毒理论知识点、5 个实验操作视频、1 个虚拟临床病例讨论及实验考核、2 个拓展资源。利用本课程，学生可在虚拟环境中开展实验，解决了学生很难有机会对致病性禽流感病毒分离鉴定进行实际操作以及疫情期间无法线下上课的问题，提升了学生的实验操作技能、临床思维及科研思维能力，开创了病原生物学实验教学的新途径，具有较强的实用性和示范效应。在持续建设过程中，项目团队继续坚持立德树人，以学生发展为中心，坚持课程内容与资源与时俱进，致力于开放共享应用探索。

二、课程建设特色与创新点

"禽流感病毒分离与鉴定虚拟仿真实验"课程以国家一流本科课程的"两性一度"，即高阶性、创新性、挑战度为标准，从理论课程、实验课程、课程思政、科研创新和临床实训等方面，结合考核评价体系，突出教学模式改革特色，创新实验教学新模式，全面优化课程体系，注重共享应用，建立以学生综合能力培养为中心的卓越医学人才培养课程模式。

1. 创新病毒学实验教学新模式

本课程"以学生为中心"，将"互联网+教育"深度融合，教学方案分为三个部分：首先是课前预习流感病毒理论知识点、登录平台预习实验内容、学习掌握实验的完整过程；其次是开展实验教学活动，学生首先观看 5 个实验操作视频（实验操作视频为实拍操作视频，操作人员有长期的科研及教学经验，示范标准规范，虚拟动画生动逼真），课后反复练习进而熟练掌握，给予学生更多思考的空间，培养主动学习能力，再通过在虚拟环境中采集呼吸道标本、鸡胚分离培养病毒、血凝实验、血凝抑制实验鉴定病毒及其型、亚型等虚拟仿真教学实验；最后是学生在掌握实验操作的基础上，通过回答测试题、临床病例讨论、学习前沿知识，将实验

教学、临床病例讨论、科研成果有机融合起来,培养学生的临床思维和科研思维能力,拓宽流感病毒领域的知识,将线上和线下课堂深度融合,最终实现优化实验教学课程、改进课堂教学模式、提升学生自主学习能力。

2. 有效解决了本科生无法对高致病性禽流感病毒分离鉴定的问题

禽流感病毒广泛分布于禽类动物中。近年来,一些禽流感病毒如 H5、H7 等频繁地从禽类直接感染人,对人类健康构成巨大威胁。同时,病毒从禽类传播到哺乳动物,可发生进化演进而感染人,如出现人与人之间传播,将造成世界性大流行。因此,给医学生讲授禽流感病毒的相关知识和发展前沿,掌握其分离与鉴定技术,就显得尤为重要。流感病毒的分离与鉴定是病毒学经典的教学实验,但部分禽流感病毒对人有致病性,具有危险性,对此类病毒的分离与鉴定,需要在生物安全二级、三级实验室进行,特别是高致病性禽流感病毒分离必须在三级实验室进行。因实验条件限制,本科生很难有机会在生物安全二级、三级实验室对高致病性禽流感病毒分离鉴定进行完整的实际操作,因此迫切需要开展虚拟仿真实验,使学生能在虚拟环境中开展实验。

3. 注重资源共享,助力线上教学

"禽流感病毒分离与鉴定虚拟仿真实验"课程的建设,实现了虚拟仿真实验教学时空范围上的全覆盖,学生能够借助不同终端设备在任何时间、任何地点在线开展学习。充分利用已构建的虚拟仿真实验平台,助力各高校开展线上教学。

4. 将思想政治教育贯穿人才培养全过程

本课程坚持立德树人,用习近平新时代中国特色社会主义思想铸造育人。我们团队始终将课程思政作为立德树人的关键环节,坚持知识传授与价值引领相统一,充分发掘本课程和教学方式中蕴含的思想政治教育资源,引领带动全员全过程全方位育人。

5. 立足科研反哺教学,将科研成果转化为教学内容

我们学科团队在流感病毒的科研领域厚积薄发,研究成果获得广西壮族自治区科学技术奖。本课程打破教材界限,将我们的科研成果有效地转化为教学内容,在理论课上组织学生进行前沿热点问题的分组汇报会、邀请资深专家进行科研讲座、课后通过雨课堂推送相关的流感病毒的研究热点和最新实验技术,凸显课程内容的前沿性和时代性,提高课程的"挑战度",更好地激发学生的学习兴趣,帮助同学早期接触科学研究,提升学生的科研素养。

6. 实验教学结合临床病例的混合式教学

突出问题导向,基础知识结合临床病例,在学生掌握流感病毒学理论和实验知识的基础上,通过典型临床病例讨论,拓展学生的临床思维能力,为医学生后续迈入临床实践打下坚实的基础。

三、课程应用成效

本课程自 2019 年 3 月获教育部认定以后立即开始上线,面向全国各高校开放。自开放以来,已开设 7 个学期,本课程除了在本校广泛应用以外,也在校外贵州医科大学、山西医科大学、湖南中医药大学、滨州医学院、延边大学、海南医学院、宁夏医科大学、桂林医学院、右江民族医学院、广西中医药大学等高校推广应用。到目前为止,已有实验浏览量 49 667 人

次,总实验人次 15 878 人,本校用户实验数 2 726 人,校外用户实验数 13 152 人,本校用户数 840 人,校外用户数 3 727 人,总实验人数 5 840 人,实验通过率 100%。

本课程学生可通过手机或计算机登录进行虚拟操作实验,通过多次练习后实验操作技术稳步提升,对课程的理解达到熟练的程度,同时虚实结合的实践教学有效帮助学生巩固教学难点,大大激发了学生的学习兴趣。下一步,我们将进一步扩大与更多高校的合作交流,搭建虚拟仿真实验的共享平台,达到资源实时共享,提高在线联网教学的效果。同时,除了推广应用于医学相关专业,将扩大应用范围,进一步推广到生物学相关专业。

课程团队

课程负责人:张增峰,广西医科大学教授、微生物学教研室主任,主要研究方向为新发呼吸道病毒传染性疾病基础与临床研究。

团队成员:樊晓晖、杨海波、肖庆、梁莹。

案例 50：敦煌石窟历史实践教学虚拟仿真实验
陕西师范大学

一、课程内容简介

敦煌石窟历史实践教学虚拟仿真实验借助虚拟现实、全景摄影和 3D 建模等技术，将敦煌石窟历史的学习在传统的文献阅读、图片鉴赏以及实地考察等学习方法的基础上增加从沉浸式观察体验，到直观的基于石窟复原平台的学习效果考核，再到亲自动手挖掘与搭建石窟的完整的石窟学习与实验的过程，将敦煌石窟历史的学习变成了一个情境式学习的环境。

学生通过课堂上教师对敦煌石窟历史的讲解以及课下敦煌石窟历史的学习，能够在本实验的支持下，深入了解和掌握石窟营建的各个步骤：如崖面选择、窟形选择、动工开凿、制作地仗、起稿、上色、彩塑制作、安放等过程，对敦煌石窟的营建过程、绘画、建筑形式、彩塑等有一个较为深刻的认识。

二、课程建设特色与创新点

（一）通过虚拟仿真实验教学弘扬中华优秀传统文化代表之敦煌文化

敦煌石窟是世界文化遗产，人类文明宝藏，丝路明珠，是中华优秀传统文化的代表，是形象的历史。如何把如此珍贵的历史文化遗产让更多的人了解、理解，通过敦煌石窟遗产来了解中华优秀传统文化，是大学教学的重要内容和任务之一。因此，本项目的实施能够以现代科技手段把相关的教学应用到大学本科历史、考古、艺术、宗教等学科的教学中，通过虚拟仿真实验手段，古代丝路重镇敦煌留给我们的丰富文化遗产能够被广大学生、普通民众，甚至专家学者了解、熟悉并作深入的研究、弘扬。

（二）通过虚拟仿真实验教学复原敦煌洞窟的历史基本面貌

本项目把敦煌石窟从最初的设计思想、供养人需求到石窟具体的开凿过程、窟内壁画绘制程序、彩塑制作过程，再到石窟完成后开光仪式和历史时期供养人礼拜、寺院管理、家族维护等基本的历史，通过虚拟仿真技术以虚拟再现的方式进行复原，运用到本科教学当中，使得学生能够较为便捷清晰地了解敦煌石窟基本的营建历史和管理使用情况。这是本虚拟仿真实验教学项目的基本目的。洞窟的开凿营建和壁画绘制、彩塑制作均属历史行为，今天虚拟再现这些神圣的宗教行为和珍贵的艺术活动，重现历史，从历史的角度重新认识伟大的敦煌艺术的价值，是本虚拟仿真实验教学的主要目的。

(三) 通过虚拟仿真实验强化教学手段

敦煌石窟群作为世界文化遗产，由于洞窟壁画的脆弱性和洞窟空间有限，加上绝大多数洞窟为非开放洞窟。因此，普通的参观考察受到限制，即使是专业考察也不能在洞窟工作时间过长，且非许可不能拍照。敦煌位于河西走廊西端，距离内地遥远，因此对于大学教学而言，实地的现场授课显然不太现实。而且，实际的石窟营建和管理使用是不可能实现的。综合上述原因，基于虚拟仿真实验的教学是进行敦煌石窟教学的最佳选择。

(四) 通过虚拟仿真实验教学进一步为本科生历史学实践教学服务

敦煌石窟是难得的历史教学遗址，陕西师范大学自1998年以来，每年都要组织历史文化学院所有专业学生到敦煌实习一周时间，已坚持20年，取得良好的实习教学和人才培养效果。随着现代科技手段在教学中的运用，以虚拟仿真实验教学手段对学生们进行实习前的培训，实习后再以虚拟仿真实验手段强化实习效果，一定会对学生们的敦煌实习有完全不一样的意义。

(五) 通过虚拟仿真实验教学一定程度上达到有效保护敦煌文化遗产的目的

敦煌石窟文化遗产保护是一项历史性课题，敦煌石窟面临诸如风沙、起甲、酥碱、霉变、地仗层空鼓、微生物侵害等众多的病害，因此非常脆弱，壁画变色、脱落一直在发生，因此保护课题任务艰巨。虚拟仿真也是通过科技手段保护敦煌文化遗产的重要内容。

(六) 虚拟仿真实验教学是本科教学国际化的需要

敦煌石窟是丝绸之路重要的文化遗产，今天国家实施"一带一路"倡议，敦煌成为理解历史时期丝绸之路民心相通的重要内容，也是理解丝路多元文明的最理想场所，因此通过虚拟仿真实验，依托敦煌石窟，以另一种方式供丝路沿线的学生们理解丝路文明，理解今天的"丝绸之路经济带"。陕西师范大学与乌兹别克斯坦撒马尔罕大学联合办学，本虚拟仿真实验将是两校共同教学的重要内容和必要课程。

三、课程应用成效

自敦煌石窟历史实践教学虚拟仿真实验课程入选首批国家一流虚拟仿真实验课程以来，团队紧紧围绕历史专业教学建设的需求，重视项目的长期持续建设，以入选国家一流课程为契机持续强化实验资源的建设和实验方法的改善，在历史学虚拟仿真实验教学方面发挥了一定的示范性作用。

(1) 入选国家一流虚拟仿真实验课程之后，该项目的共享示范性效果明显，登上实验空间平台2021年1月、3月的共享指数排行榜，成为陕西师范大学在该平台上榜次数最多的虚拟仿真实验教学项目。

(2) 2021年8月，历史文化学院申报的"深度融合新一代信息技术的历史学教师教学方法创新与实践"入选全国首批新文科研究与改革实践项目,本虚拟仿真实验为该新文科研究与实践项目提供了重要支撑。

(3) 该项目对历史学其他方向在进行虚拟仿真实验教学的设计与应用方面继续提供辐射示范作用,2021年团队成员王双怀教授申报的"唐代帝陵历史实践教学虚拟仿真实验"获得省级虚拟仿真实验教学项目。

(4) 2020年陕西师范大丝绸之路历史文化研究中心团队获批国家社科基金冷门绝学团队项目"敦煌壁画外来图像文明属性研究",虚拟仿真实验为该项目提供重要的支撑,该项目的研究也将为虚拟仿真实验提供全面的关于敦煌壁画中对外文化交流方面的内容补充,极大促进本项目的资源建设。

(5) 2020年在已有五个虚拟建设的石窟基础上,项目在实验室建设与管理处的大力支持下增加建设了另外四个典型石窟的3D模型,莫高窟150窟、61窟、16窟和322窟,进一步充实了项目的虚拟仿真实验资源。在实验教学中心真实搭建了莫高窟第45窟1∶2的模型,作为虚拟展示和体验的补充,将是本项目实验教学的重要资源,也提升了实验教学中心的文化建设。

(6) 2020年项目团队教师张光伟、沙武田指导历史专业学生参加第三届虚拟现实技术应用及创新大赛并获得高校创新组优秀创新奖,这进一步拓展了我们项目的后续发展预期,也增强了我们基于本项目培养学生实践应用创新能力的信心。

四、课程建设目标

今后,本教学团队将紧紧围绕国家级一流虚拟仿真实验教学课程"敦煌石窟历史实践教学虚拟仿真实验",结合前期和相关高校及文博单位的合作经验,整合课程资源,筹备建设多门不同级别的一流课程(校级、省级、国家级),争取形成西北地区有影响力的石窟寺考古与历史专业课程群,并初步产生示范作用,将现有在线教研平台在服务于本校石窟寺考古课程群的基础上,不断完善,逐步辐射历史学专业的其他相关课程。

课程团队

课程负责人:沙武田,陕西师范大学历史文化学院教授、博士生导师、图书馆馆长、人文社会科学高等研究院副院长、丝绸之路历史文化研究中心主任,主要研究丝绸之路历史文化交流、佛教美术考古、敦煌学等领域。

团队成员:沙武田、张光伟、魏健鹏、李昀。

案例51：临床前基础医学综合实验
宁夏医科大学

一、课程内容简介

"临床前基础医学综合实验"是宁夏医科大学基础医学院在进行基础医学教学模式改革过程中，于2008年开设的一门全新的以实验教学为主，链接基础医学与临床医学间的桥梁课程，是宁夏医科大学的优势特色课程。

本课程是面向临床医学、麻醉医学、儿科学等专业五年制本科生的专业必修课，以临床典型疾病为引导，以问题为中心，旨在加强基础医学知识间的内在联系，帮助学生系统地掌握分散在各基础与临床学科中的基础医学知识、基本操作技能，培养学生面对临床疾病时的思维过程和创新意识，以解决从基础到临床过渡阶段的难点问题。树立正确的生命观、科学观，提高对医学专业的责任感。

二、课程建设特色与创新点

临床前基础医学综合实验通过构建线上线下相结合、虚拟实体相结合的基础医学实践教学体系，聚焦课前、课中、课后三维度，融合"思政元素、多学科知识、经典案例、理论与实践"，创设"知识－设计－虚拟－实体－反思"五步教学法，以培养正确生命观、严谨科学观、创新思维为思政目标，通过"革新课程考核，多元评价反馈"达成教学目标。

（一）聚焦教学问题

通过对历年考核和课程评价、问卷等形式的分析汇总发现，三年级的医学生已经系统学习了基础医学理论课程，基本具备分析临床案例的能力，即将学习"内科学""外科学"等临床课程，学习愿望强烈。一方面，由于学生未进行过临床见习教学，从未接触过病人，基础理论与临床实践融合度不够，实践操作能力、临床综合思维能力（学生面对临床疾病时的思维过程和意识）、团队合作精神欠缺；另一方面，传统实验无法满足实验教学需要，基础教师临床经验不足，在疾病的讲授过程中存在基础与临床脱节，在借助现代技术解决教学问题方面较为欠缺。

（二）理清教学思路

1. 基于知识的构建

本课程基于建构主义理论，以"人体重要系统主要器官的典型疾病"为引导、以"问题为中心",有机融合解剖学、病理学、病理生理学、生理学、药理学等多学科内容,架构起从基础医学到临床医学有机融合一体化的教学内容知识体系,如图51-1所示。

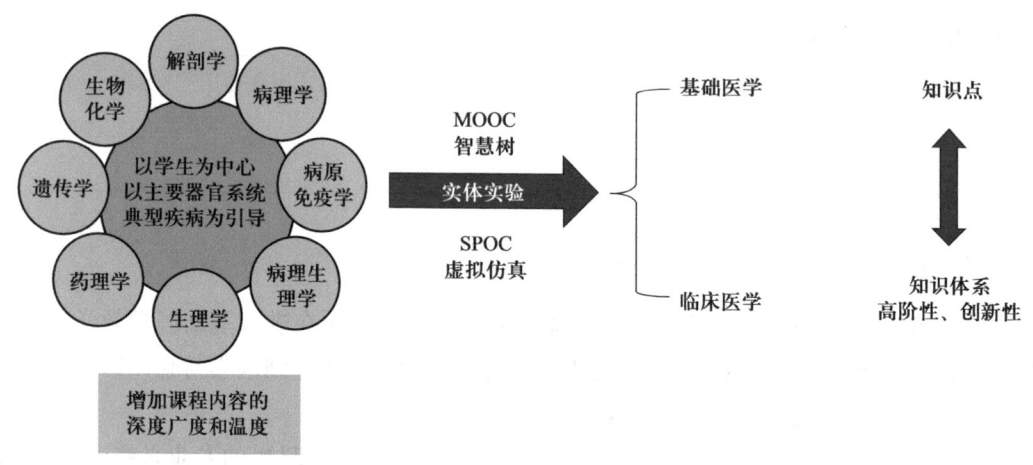

图51-1 一体化的教学内容知识体系

2. 基于数字的教学范式

借助自主研发的"基于生理驱动的标准化虚拟仿真病人(ESP虚拟病人)",真实再现临床疾病的发病过程,学生通过人机互动,开放性问诊系统,实现床旁学习、临床问诊和临床抢救训练,并通过"发病机制模块",学习发病机制、机体代偿调节等理论重难点。破解了学生在基础阶段难以进行临床见习教学的困境,在强化基础知识的基础上,实现了学生早期接触临床、反复接触临床的培养目标,有效解决基础知识与临床知识脱节的问题,锻炼学生运用基础知识分析临床疾病的能力,逐步培养和训练学生面对临床疾病时的思维过程和意识。各章节内容与虚拟仿真实验对照情况如图51-2所示。

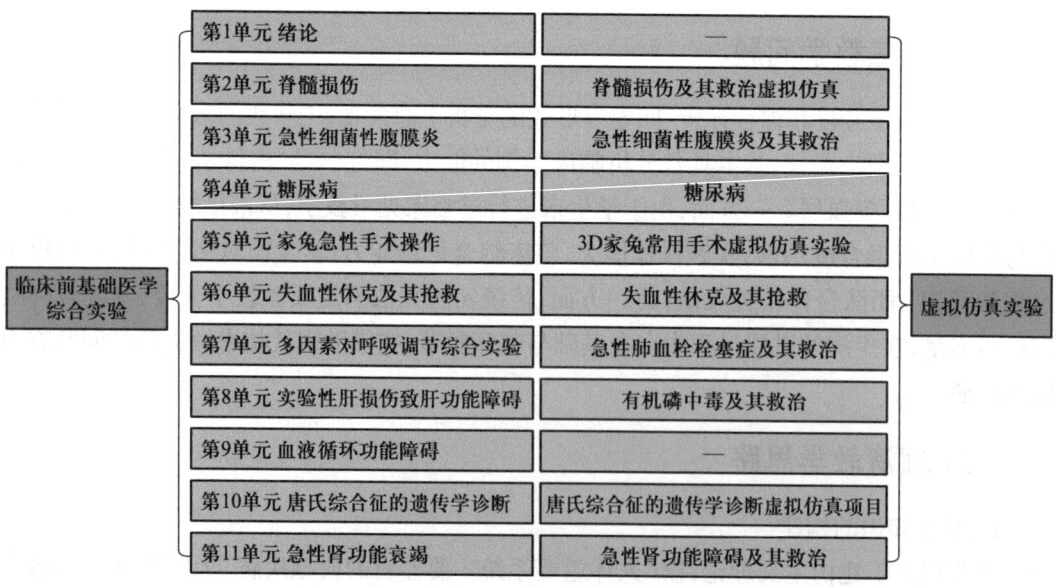

图51-2 章节内容与虚拟仿真实验对照情况

3. 基于"医者仁心"的培养观

以培养学生正确生命观、严谨科学观、创新思维为目标,将课程思政融入教学全过程,培养学生对生命的敬畏之心,对病人的医者仁心,明确医术与医德的关系,实现"德医双修",提高对医学专业的责任感。课程思政实施路径如图 51-3 所示。

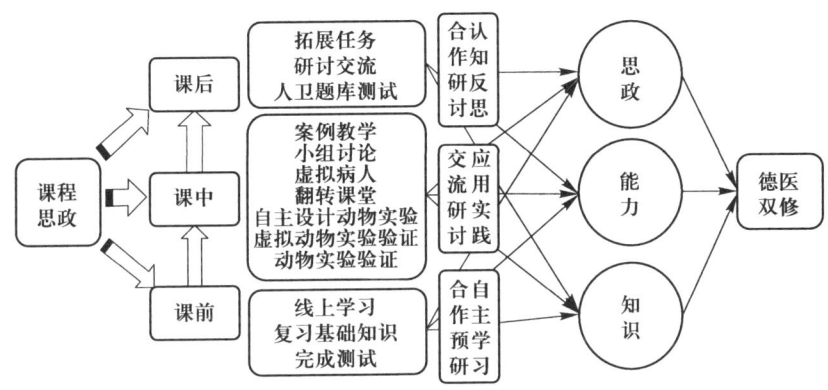

图 51-3　课程思政实施路径图

(三) 课程教学创新实践

1. 遵循培养目标,聚能课程目标

按照新医科人才培养方案,遵循"两性一度"标准,以能力和素质培养为目标,确定课程教学目标,如图 51-4 所示。

知识目标	能力目标	素养目标
把分散在许多基础与临床学科中的基础医学知识和人体疾病融合成一个相互渗透、相互支撑的知识体系;系统地掌握分散在许多基础与临床学科中的基础医学知识,基本操作技能。	能够运用已学知识进行临床病例分析; 能够正确完成ESP虚拟病人和虚拟动物实验操作,并完成实验考核; 能够自主设计家兔动物实验;学会复制疾病动物模型的方法。	提高对医学专业的责任感; 培养正确的生命观、科学观; 培养对生命的敬畏之心,对病人的医者仁心; 培养创新意识和能力; 明确医术与医德的关系; 遵循动物伦理; 培养科学思维方法。
01	02	03

图 51-4　课程教学目标

2. 改革教学形态,构建混合教学

依托国家级一流本科线上线下混合课程、国家级一流本科虚拟仿真课程和自建的在线课程、混合式教材、自建的虚拟仿真实验教学平台、实验空间平台和"智慧树平台",构建了"双结合三维四融五步"混合式教学(如图 51-5 所示)。遵循"两性一度"原则,运用翻转课堂,打造新型基础医学综合实验的混合式教学新形态,实现"时时处处皆可学,线上线下有效学"的教学目标。

案例 51:临床前基础医学综合实验

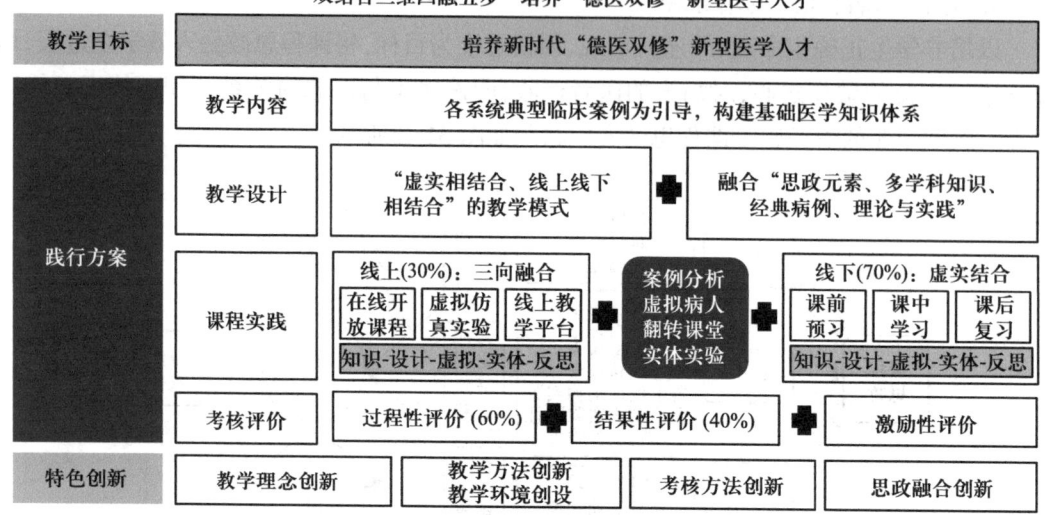

图 51-5 "双结合三维四融五步"设计实施路线图

3. 重构教学内容,实现一体培养

基于培养目标、学生理解水平和学习需求,围绕课程思政和学科融合重构教学内容,对思政元素、多学科知识、经典案例与科技前沿、理论与实践进行融合,实现"四融合"一体化培养,如图 51-6 所示。

图 51-6 "四融合"一体化培养

4. 研发虚拟病人,迭代教学资源

创新性引入基于虚拟仿真技术和人工智能的场景化教学,自主研发了 ESP 虚拟病人和 9 个拥有自主知识产权的虚拟仿真实验教学项目。构建在线 MOOC 1 门,已在"智慧树

平台"运行至第 7 期；出版混合式教材 1 部；自建了校级虚拟仿真实验教学平台；形成以 MOOC、ESP 虚拟病人、虚拟仿真项目、混合式教材为核心的课程教学资源库，完成教学核心资源迭代。

5. 改进教学方法，落实三维策略

借鉴教育家乔治·米勒提出的培养和评估临床能力标准化的金字塔原理，创设"知识-设计-虚拟-实体-反思"五步教学法（如图 51-7 所示），强化知识间的关联，内化基础和临床的联系，增加高阶性和开放拓展性。

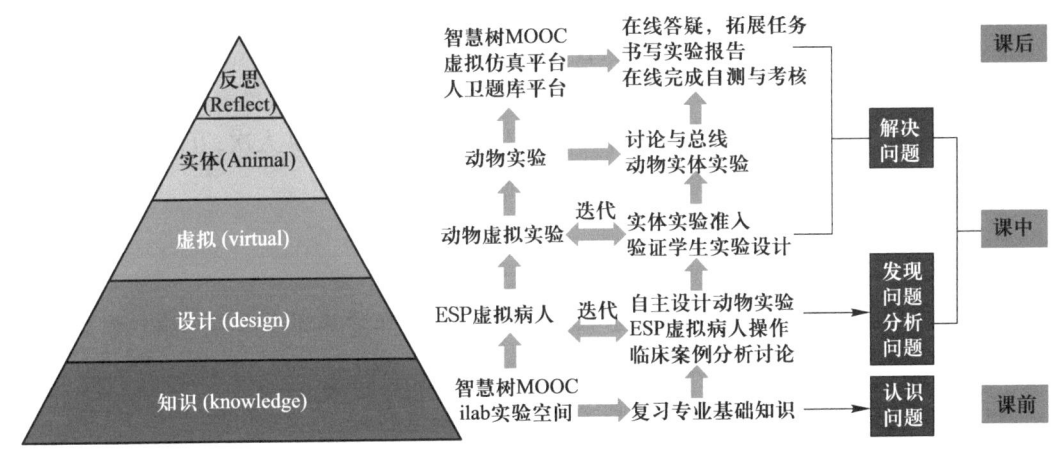

图 51-7　五步教学法

6. 革新课程考核，多元评价反馈

教学反馈采用学生评价、校内专家评价、国内同行评价、用人单位反馈相结合的多元反馈评价体系，如图 51-8 所示。

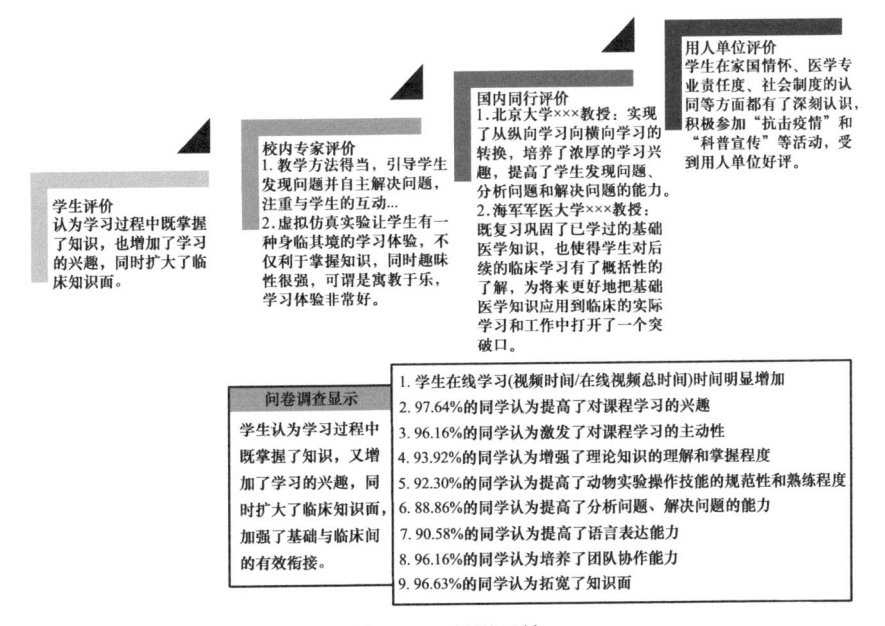

图 51-8　教学反馈

案例 51：临床前基础医学综合实验

三、课程应用成效

2008年,开始建设"临床前基础医学综合实验",经过十多年的教学改革实践,建成了国家级线上线下混合一流本科课程,国家级虚拟仿真实验教学一流本科课程,获批教育部虚拟教研室建设试点;教学团队荣获国家级教学团队,获国家级教学成果奖2项,省级教学成果5项;实现了"教学促进科研、科研反哺教学",获得自然科学基金项目资助,发表教学论文40余篇,获批实用新型专利7项。

"临床前基础医学综合实验"不仅承担了校内教学,还与全国多家高校合作,开创了"医学虚拟仿真实验教学项目(课程)产学合作,多校共建共享共用"新模式,助力国家级一流专业建设,临床医学和药理学与毒物学进入ESI全球前1%。承担学校教学14.4万人学时,校内培养本科生4 000余人,被全国22所高校选用,累计学习57 169人次,互动1.42万人次,累计浏览量超过23万人次,取得了很好的推广应用效果。

课程团队

课程负责人:张鸣号,宁夏医科大学教授,主要从事心血管病理生理学及脂代谢疾病(动脉粥样硬化)分子机制和分子生物学诊断研究。

团队成员:刘娟、徐涛、姜怡邓、王佩、孙玉宁、党洁、常越、王大军、彭涛、李建宁、秦毅。

第四部分

实验教学课程体系化建设成效显著

案例52:视听触多感觉反馈口腔虚拟仿真系统在牙周操作培训中的应用口腔医学牙周操作实验教学

北京大学

一、课程内容简介

视听触多感觉反馈口腔虚拟仿真系统在牙周操作培训中的应用主要包括以下内容。

1. 牙齿内、外部解剖形态及结构认知训练:口腔全局的外部形态讲解,典型牙齿三维结构特点讲解,典型牙齿的剖面视图;牙齿内部形态结构讲解。

2. 典型牙周病病变认知训练:通过对临床常见牙周病患者的虚拟仿真重构,提高医学生的临床思维辨识能力。

3. 口腔卫生宣教:尤其是巴氏刷牙法的步骤详解;带有力反馈、操作提示的典型步骤练习;可变形并具有力反馈的舌头。

4. 牙周操作器械认知训练:牙周典型操作器械的种类、用途、握持方式等基本技能介绍。

5. 牙周25 g探诊力量的训练:牙周探诊标准力度的训练;具有操作力提示功能的输出力提示环。

6. 牙周探诊要点训练:带有力反馈的双手协调操作;典型牙周袋探诊方法、技术要点介绍;完整虚拟口腔环境的再现;双手协调操作;左手口镜增大视野、增大操作空间的技能训练。

7. 龈上洁治训练:带有力反馈的双手协调操作;洁治角度、洁治力度的训练;可变形并具有力反馈的舌头;左手口镜增大视野、增大操作空间的技能训练;多种型号洁治器的认知及选择正确操作器械。

8. 龈下刮治训练:带有力反馈的双手协调操作;龈下牙石的探测及刮治训练;可变形并具有力反馈的舌头、牙龈;牙周袋病变深度的探测;多种型号的刮治器及探针的认知及选择正确操作器械。

9. 超声波龈上洁治训练:带有力反馈的双手协调操作;可变形并具有力反馈的舌头;左手口镜增大视野、增大操作空间的技能训练;多种型号的磁致伸缩式和压电陶瓷式龈上工作尖的认知及选择。

10. 超声波龈下刮治训练:带有力反馈的双手协调操作;龈下牙石的探测及刮治训练;可变形并具有力反馈的舌头、牙龈;多种型号的磁致伸缩式和压电陶瓷式龈下工作尖的认知和选择。

二、课程建设特色与创新点

（一）课程建设特色

牙周实验教学是每一位口腔医学生本科阶段的必修课程，是医学生进入临床接触患者、完成医学生到医生角色转变的基础。北京大学口腔医学院的牙周病学前辈们不断探索牙周实验教学的模式，传承创新，与时俱进，依托强大的师资力量，形成了严谨、科学、规范、扎实的鲜明特色而闻名全国。"球形牙洁治模型"及"仿头模联合全牙列仿真模型"陆续引入牙周前期实习中，辅助传统的"离体牙石膏模型"，强化口腔医学生关键牙周临床技能的训练，例如牙周探诊，龈上洁治，龈下刮治根面平整等，效果显著。然而限定时间、限定空间的线下实习室训练难以满足医学生对每一个操作要点和技巧反复学习的特点和需求。

本课程依托由我院专家参与研发、国产首套配备力反馈传感器的口腔虚拟仿真实验教学系统，也是国际上首套完成开发且相对成熟的牙周虚拟仿真实验教学系统。以自主研究带动口腔医学实验教学方式的创新，以教学大纲为依据，秉承"能实不虚、以虚补实、以虚促实、虚实结合"的原则辅助实验教学，充分发挥虚拟仿真系统对操作过程和结果可量化、操作细节可追溯、不受材料限制可反复强化训练等优势提高实验教学效率和效果，帮助口腔医学生们完成前期实习到临床工作的过渡。开创了口腔前期实习中实验教学量化和规范化的新途径。

（二）课程建设创新点

北京大学口腔医学院牙周科在国内外率先将具有力反馈功能的虚拟仿真技术正式引入牙周实验教学中，在创新实验教学模式的同时不断改进、不断探索，逐渐形成具有外推性的虚拟仿真实验教学体系，满足医学生自主训练、自主考核、自主重复规范化训练的需求，切实提高新时代医学生牙周实验教学的学习效果和质量，为其他院校建设数字口腔医学教学体系提供重要参考。

三、课程应用成效

本课程自 2013 年起在北京大学口腔医学院教育教学改革基金的支持下，以传统实验教学方法为主，以虚拟仿真实验教学系统为辅，逐步在北京大学口腔医学院实验教学中心使用并评估改进。北京大学口腔医学院是虚拟现实技术与口腔实验教学相结合的研发和实践先行者，我们在以下方面加强建设，做好课程建设及应用。

1. 加强虚拟仿真实验教学师资力量的培训

师资是教学项目落地和实施的首要前提，需要教师从传统教学舒适模式中走出来，熟悉、适应新的教学方式，在现阶段，以传统教学模式为主，虚实结合，以虚补实，以虚促实，将虚拟仿真教学模式与传统教学模式有机结合，充分挖掘和发挥各自的优势。

而且虚拟仿真实验教学师资的培养不局限在牙周病学，而是推及其他口腔医学二级学科，每个学科重点培养 2~4 名年轻教师，经过培训熟练掌握该学科虚拟仿真教学设备的性能和应用,在虚拟仿真教学实践基础上结合各自学科特点,做好虚拟仿真实验教学课程设计、建设、应用及人才梯队建设。2020年专门成立了北京大学口腔医学院虚拟仿真教研室,由18名来自各个口腔医学二级学科的中青年骨干教师组成,其中博导1名,硕导2名,9名具有海外学习工作经历,有力保障和推进了虚拟仿真教学及研发工作。

2. 促进其他口腔医学二级学科虚拟仿真实验教学项目的落地应用

以具备一定虚拟仿真实验教学基础的牙周病学为先导,探索虚拟仿真实验教学项目的实际应用,逐步推进,形成早期接触与专门课程结合的学科体系。在此过程中从大一新生的"口腔医学导论"课程就开始引进虚拟仿真教学内容,一方面实现学生早期接触临床,另一方面也可以成系统地在教学中进行虚拟仿真的探索。虚拟仿真教学也要逐步纳入研究生、规培生和进修生的必修课程,逐步形成具有北大口腔特色的多层次、多维度的虚拟仿真实验教学体系,并通过主办或参与会议等形式和全国同行进行交流、沟通及改进完善,带动和推动虚拟仿真实验教学方法在兄弟院校的落地和应用。截至目前共有22个单位使用该虚拟仿真实验教学系统,其中14所一般本科高校,6所一流本科建设高校,1个三级甲等医院及1所专科学校。

3. 虚拟仿真实验教学项目的进一步研发和推广应用

根据口腔医学实验教学特别注重临床操作技能训练的特色,着重带有力反馈功能的线下项目的研发,同时适应时代的变化,例如突如其来的新冠疫情,进行线上项目的研发。线上项目的研发和落地内容和线下项目互为补充,相互结合。"口腔医学牙周操作实验教学虚拟仿真在线项目",截至2022年4月19日共享应用8 481人,参与实验人数628人,实验通过率87.4%。

本课程2017年获批教育部示范性虚拟仿真实验教学项目,2018年获批国家首批示范性虚拟仿真实验教学项目,2020年获批国家一流本科课程(虚拟仿真实验教学一流课程),2021年获得北京大学实验技术成果二等奖。

课程团队

课程负责人:侯建霞,北京大学口腔医学院教授,主任医师,博士研究生导师,虚拟仿真教研室主任。主要研究方向为牙周病和种植体周病的发病机制、虚拟现实牙科操作培训系统等。

团队成员:栾庆先、胡文杰、王党校、王勇、王宪娥、张艳玲、徐筱。

案例53：隧道典型施工工法虚拟仿真
北京交通大学

一、课程内容简介

虚拟仿真实验教学将信息技术与实验教学相结合，通过现代信息技术再现高铁隧道钻爆法施工工序、构件安装、机械操作等关键环节，实现虚拟设备的人机交互操作，突破隧道专业传统教学在时间和空间上的限制，引导学生进行隧道典型施工工法的学习和实操。学生通过虚拟仿真系统的设备认知、实验原理学习、施工关键步骤和主要技术参数的设计、工程校验以及问题解决等环节，完成虚拟仿真实验的全过程。

（一）学习

学习模块包括预习系统和学习系统。预习系统包含实验目的、原理、设计、操作步骤、注意事项等，向学生准确地传达实验知识点。学生在实验前需要在预习系统中完成实验内容预习，考核合格后方可进行实验。学习系统采用动态模式将所有机械设备及其功能进行展示和说明，学生可以在文字、声音和高亮等提示的帮助下，通过人机交互操作学习隧道典型工法的施工工序，设计施工关键技术参数，逐步校验调整，并完成实验，同时每个施工步骤均有相应知识点的介绍。当学生在操作过程中遇到困难时，可以使用"帮助"功能查看常见问题的解决办法。

（二）实验

隧道典型施工工法虚拟仿真实验系统由课程实验仿真平台和虚拟实验教学管理系统两部分组成。课程实验仿真平台采用虚拟仿真技术真实再现隧道施工中采用的所有材料、机械和设备，提供与施工现场高度相似的实验环境。虚拟实验教学管理系统提供全方位的虚拟实验教学辅助功能，包括实验前的预习、实验的开课管理、实验库的维护、实验教学安排、实验过程的指导、实验结果的批改、实验成绩统计分析等功能，为实验教学环境提供服务并开展应用。虚拟仿真实验系统的组成如图53-1所示。

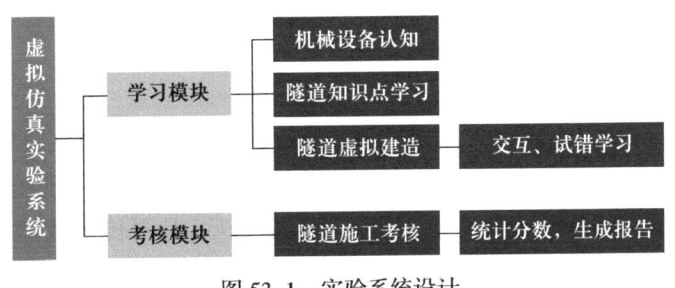

图53-1　实验系统设计

（三）考核

考核模式包括考核系统和报告系统。考核系统用于检验学生的学习成果，在无任何提示的情况下，学生独立设计并完成隧道修建的整个过程。考核系统中设有考点设计和记录机制，在实验操作过程中进行考点操作的统计和记录，考核结束后系统自动给出分数和扣分项，并对实验成绩进行统计分析。考核完成后，学生需要在报告系统中撰写实验报告，包括实验目的、原理、实验过程、实验结论，思考题以及评价和建议，提交给教师评阅。

二、课程建设特色与创新点

（一）课程建设特色

1. 科教融合全面展示高铁隧道隐蔽性工程

隧道工程是北京交通大学的传统优势学科，学科团队全面支持了我国高速铁路隧道的大规模安全建设。项目团队经过长期科学研究建立了隧道透明施工理论，科研成果融入实验系统，实现了地质条件、工程响应及安全效应的"透明化"，再现了高铁隧道施工的26道关键工序，突破了短期现场实习无法认知施工全貌及全过程的教学瓶颈。实验项目将锚杆、注浆、初支等一系列隐蔽性工程措施与围岩、二衬之间极其抽象的多体系统相互作用形象地还原，使学生深刻理解隧道学科的核心基础知识，培养学生分析与解决实际复杂高铁隧道施工难题的能力。

2. 多输入交互实现高铁隧道差异化施工

实验项目基于隧道学科基础理论及科学原理，对围岩安全性、隧道埋深、隧道尺度等一系列影响隧道施工的特征参量设计了差异化输入。在实验过程中，学生针对不同的围岩条件等特征参量，合理设计并选择相应的工程措施，例如支护参数和支护时机。仿真系统采用可视化计算过程，呈现围岩特性曲线等关键理论的计算结果，并实时反馈给学生，实现查缺补漏，提升学习效果。

3. 基于过程考核及目标完成度的评价体系

实验系统对学生在高铁隧道仿真施工过程中的设计交互进行实时记录，学生根据系统反馈的设计结论及纠错提示及时调整施工方案，系统后台综合经济性及工程安全性指标对学生的设计输入进行动态评估，完成过程考核。实验系统以代表我国机械化最高水平的郑万高速铁路实际隧道工程为依托，通过数字化手段再现关键工序，每道工序均对应学生的交互式操作，系统后台根据施工工序的完成情况对课程目标达成度进行计算，用于闭环反馈及持续改进。

4. 对传统教学的延伸与拓展

仿真系统全面展示大国重器和中国制造，实验系统实现了高铁隧道施工全空间360°交互及施工全过程实时动态感知的虚拟仿真场景，突破了课堂教学及现场实习的时空限制，将学生在课堂上所掌握的隧道专业知识进一步消化吸收，是对传统教学手段的重要补充。实验系统在提供多输入设计交互的同时，还融入了隧道工程破坏机理与灾害模式等方面的丰富科研成果,集成了大量真实隧道施工安全事故案例的图片、视频及事故原因分析,实现了理论和实践的深度结合,对教学方法和教学内容进行了延伸和拓展。

(二) 创新点

虚拟仿真实验项目弥补了学生在隧道施工现场实习过程中安全风险大、交互试错无法实现、难以跟踪学习施工全过程等一系列问题,极大地改善了教学现状,拓展了学习资源和空间,开创了实验教学的新模式。

三、课程应用成效

本课程隧道典型施工工法虚拟仿真弥补了目前钻爆法隧道实验教学中存在的不足,通过完成虚拟仿真实验任务,有效调动了学生的积极性和主动性,充分发掘了学生的创造潜能。

通过 3D 仿真建模的高铁隧道施工实景,使学生了解隧道施工现场的真实情况。通过器材库提供的施工机械设备,加深了学生对机械化施工的认知与理解。通过学习施工规范以及利用虚拟场景全程修建完成相应的隧道,尤其是学生通过试错功能对不规范行为引起的严重后果产生了深刻印象,不仅加深了对专业知识的理解,而且也掌握了隧道施工的工序和工艺。

实验项目极大地节约了实习经费,避免了学生现场实习发生安全事故的风险,显著改善了地下工程等相关课程的实验教学效果。学生经过虚拟仿真实验训练后,自主学习能力和工程实践能力得到明显提升,尤其是对实际复杂工程未知性和不确定性表现出了浓厚的好奇心与探索欲,无论是直接从事工程行业还是投身科研事业均打下了坚实基础。

实验项目自 2017 年 6 月上线以来,已服务过的本校学生人数超过 1 000 人次。同时,本实验项目面向社会开放,已服务校外 1 500 余人次。在实验空间上线以来,实验浏览量达 41 197 人次,做实验人数 1 304 人,实验通过率为 95.2%。今后,将持续改进虚拟仿真实验系统,增强优质教学资源的整合与共享能力,为土木工程专业人才培养开辟新的途径。

课程团队

课程负责人:张顶立,北京交通大学教授,川藏铁路研究院院长,主要研究方向为隧道与地下工程、土木工程、轨道交通运输等。

团队成员:杨娜、房倩、陈曦、周墨臻。

案例 54：肾组织活检标本病理诊断虚拟仿真实验
南开大学

一、课程内容简介

（一）课程背景

病理学作为医学基础专业核心课程，是基础医学和临床医学之间的桥梁课程，起着承上启下的关键作用。同时病理技能和临床思维是一名合格医师的基本能力。然而中低年级的医学生无法尽早在学习中接触到病人，也无法真正实践各项病理学技术操作，同时也为减少实验过程中的有机试剂对学生的健康影响。因此虚拟仿真教学作为一个很好的途径实现上述教学目标。本课程基于临床收集的典型案例和实验室真实的实验流程和诊断过程，通过虚拟场景的患者环境、病情及病理实验室等真实再现，将全流程操作中的视觉、听觉、触觉等融为一体，使学生真实感受到医患沟通、病理穿刺、组织染色、病理诊断等各个流程中的各种信息，从而达到规范化训练医学生病理基本技能和临床思维的作用，实现早临床、多临床、反复临床，为后续更好的临床实践打下坚实基础。

（二）课程简介

本项目以肾组织活检病理诊断为切入点，基于临床收集的典型案例，通过病史采集、体格检查、辅助检查、检查结果、鉴别诊断等临床思维训练强调医患沟通并签订知情同意书；同时学习对 B 超引导下的肾组织活检的基本操作流程和注意事项，如术前准备、穿刺操作、术后注意等；最后标本送实验室进行切片、染色、镜检诊断等各个环节具体操作，包括冰冻切片制备、荧光染色操作、荧光显微镜使用以及石蜡切片制备、HE 染色操作、显微镜诊断及鉴别诊断等各个模块。以文字、声音、影像及力反馈等多媒体互动的形式，将虚拟的临床病理操作技术沉浸式融合到学生的学习中，最后通过系统中的考核和评价体系形成考核评价，最终提高学生的病理技能操作和临床思维能力。实验主界面如图 54-1 所示。

二、课程建设特色与创新点

（一）项目网络版与全英文 MOOC 相结合提高共享开放率

网络版"肾组织活检标本病理诊断虚拟仿真实验"通过搭载与本教研室"Pathology"全英文 MOOC 相融合，在智慧树平台和中国大学 MOOC 平台累计开放共享选课人数超 4 200 人，累计共享选课学校 11 所。融合网络版"肾组织活检标本病理诊断虚拟仿真实验"的全英文 MOOC 成功获批天津市第二批一流本科课程，课程首页如图 54-2 所示。

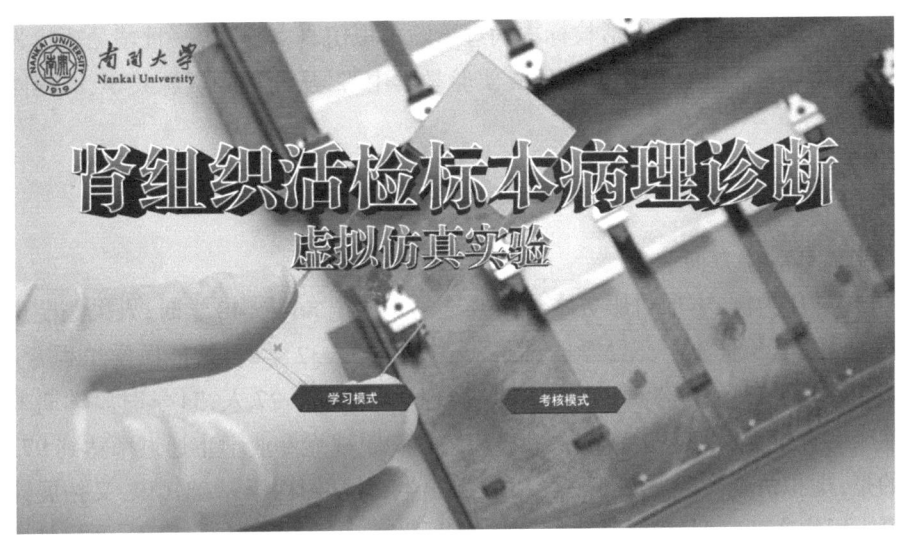

图 54-1 实验主界面

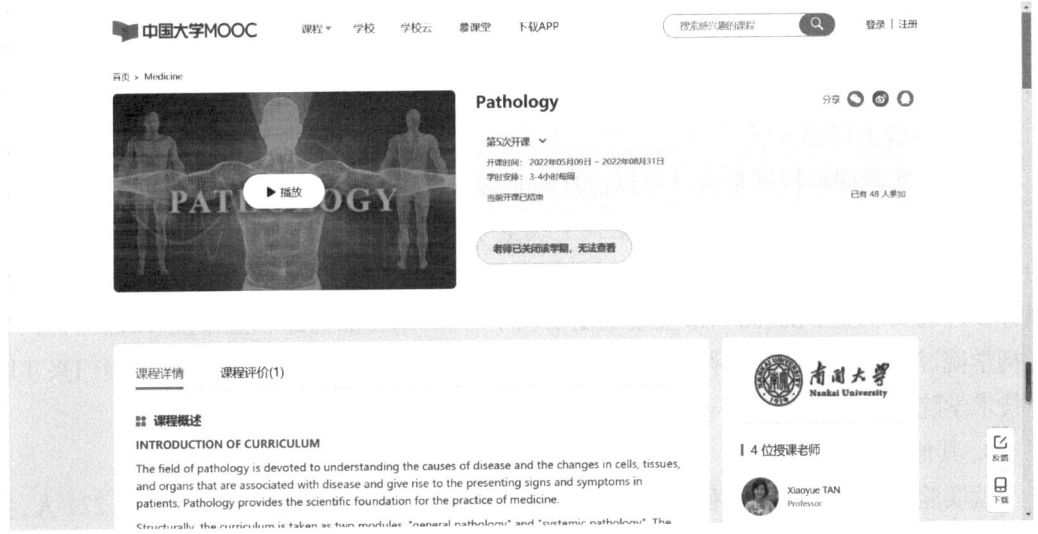

图 54-2 课程首页

(二) 线下版采用 VR 及力反馈装置进行多层次教学

学院专门建有虚拟仿真多媒体教室和微观形态学显微互动教学实验室,用于线下版"肾组织活检标本病理诊断虚拟仿真实验"教学。除了常规 VR 穿戴设备,线下版还研发了带力反馈装置的教学互动系统,可以让学生亲身感受肾组织活检穿刺的力度和穿透机体各层组织所产生的"手感",真正实现仿真的教学效果。

(三) 以项目为依托搭建医学虚拟仿真实验教学中心整合课程体系

南开大学医学院在天津市基础医学实验教学示范中心基础之上,依托南开大学医学学科和人才优势,围绕加强医学虚拟仿真实验教学手段,努力提高医学教学质量,强化学生动手实践能力的目标,以"肾组织活检标本病理诊断虚拟仿真实验"等一批精品项目为依托整合相关资源,重点投入建设医学虚拟仿真实验教学中心,从而达到资源共享、课程体系整合互补。

三、课程应用成效

1. 服务本校师生方面

以 2021 学年为例,本项目服务本校南开医学班学生 86 人,48 学时;人民医院班 77 人,48 学时;口腔医学专业 30 人,32 学时;眼视光专业 8 人,32 学时;智能医学工程专业的"基础医学概论"课程 13 人、3 学时;研究生的"病理学"等课程 27 人,34 学时。学期末综合考评成绩临床专业学生通过率达到 100%,口腔医学和眼视光专业学生通过率达到 97.4%。特别指出的是,虚拟仿真实验服务于医学工程类学生,既学习医学基础知识,又拓展计算机三维构图等应用的典型范例,深受学生好评。与此同时,通过引入"校企合作、及早临床要求",本学年新增与天津市人民医院病理科协同开展教学,并服务临床病理教学,其中学生通过虚拟仿真实验项目训练肾脏穿刺活检及实验室染色阅片等各个环节的能力。同时由医院带教老师带领学生到病理科参观实训真实的临床流程,理论和实践结合,虚拟与现实互补,广受学生们好评。

2. 服务线上课程方面

由于本实验课程特别是通过虚拟仿真实验课程服务于全英文 MOOC 线上课程,智慧树平台"病理学"(29 学时)从 2020 年正式上线至今累计服务选课人数 4 220 人,合计通过率约 74.4%,服务 11 所学校或培训中心,包括:安徽中医药大学、惠州卫生职业技术学院、江西枫林涉外经贸职业学院、深圳市宝康卫生培训中心、广东食品药品职业学院、山西医科大学晋祠学院、滨州医学院、共青科技职业学院、山东协和学院、信阳职业技术学院、厦门兴才职业技术学院等。

3. 其他方面

就实验空间的数据统计看,截至目前该实验教学项目累计浏览学生人数为 8 222 人,参与实验人数为 1 138 人,实际完成实验人数为 855 人,实验通过率 85.4%。

课程团队

课程负责人:谭小月,南开大学医学院教授,病理教研室主任,医学院教学副院长。
团队成员:张竹君、苏位君、胡凯、刘寅。

案例55：聚焦离子束系统虚拟仿真实验——3D显示分步可选的离子束聚焦、刻蚀、沉积仿真实验

大连海事大学

一、课程内容简介

1. 课程内容

聚焦离子束系统虚拟仿真实验是基于真实的聚焦离子束系统实验装置，采用3D虚拟仿真技术并结合真实的实验数据，设计开发的多功能仿真实验平台，实现了样品制备、电镜观测和离子束刻蚀、沉积三大功能的一体化，能够模拟样品制备、扫描电镜观测样品、离子束沉积、刻蚀的真实场景和技术操作流程，可以实现分段教学，便于学生理解扫描电镜和离子束刻蚀、沉积的工作原理、相关基础理论和技术原理，激发学生自主学习的兴趣。

2. 教学目标

本虚拟仿真实验设计立足于本科教学，将科研设备融入本科教学中，体现了以学生为中心的教学理念。一方面，学生可以在具有一定自由度的情况下主导实验过程，结合指导教师的引导，教学引导视频和实验操作视频，激发自主学习的兴趣；通过实验参数设置的合理性要求，培养发现问题、解决问题的能力，提高学习的积极性。另一方面，是传统教学方式的有效补充，实现了量大面广的实验教学。同时，该仿真实验平台从整个教学链出发，包含预习、上课、交互、实验报告、考核整个教学过程，与现有课程体系相融合。

二、课程建设特色与创新点

聚焦离子束系统是高精度大型科研设备，拥有样品制备、扫描电镜观测、离子束刻蚀和沉积三大功能，具有放大倍数可调范围宽、图像分辨率高、景深大等特点。聚焦离子束技术已广泛应用于科研和生产，如物理、材料科学、微电子器件、生物医学等领域。由于设备昂贵、技术精密、能耗大、操作流程非常严格，学生在学习相关基础知识时缺乏直观、系统的了解，对本科学生难以实现规模教学。

1. 课程建设技术创新

从课程内容设计和建构上，避开将学生的大脑作为"储存器"并减少学生测量的实验数据，以培养学生能力为重点，通过科教融合让大学生走近高精度大型科研设备，深度体验聚焦离子束系统如何实现样品制备和装载、参数设置、扫描电子显微镜观测、离子束刻蚀和沉积、图像采集和处理等过程，让学生在放松的状态下独立进行沉浸式实验，从而激发学生探索未知的欲望，培养学生科学实验能力及严谨的科学态度。实验课程项目建构中，一方面是

让学生进行科学实践训练;另一方面,将学生引到课程之外的科学和社会工作中,如科学家和工程师等。

另一技术创新是通过设计开发聚焦离子束系统虚拟仿真实验,实现了针对本科生的线上和线下规模化教学及教学资源共享,解决了真实实验难以开展实验教学的难题。将大型科研设备融入本科教学中,采用计算机3D仿真技术并结合真实实验数据设计了聚焦离子束系统虚拟仿真实验。该仿真实验的场景和过程真实、参数设置灵活、交互性和学习沉浸感强,解决了真实实验难以开展的实验教学难题,体现了以学生为中心理念。实验界面如图55-1所示。

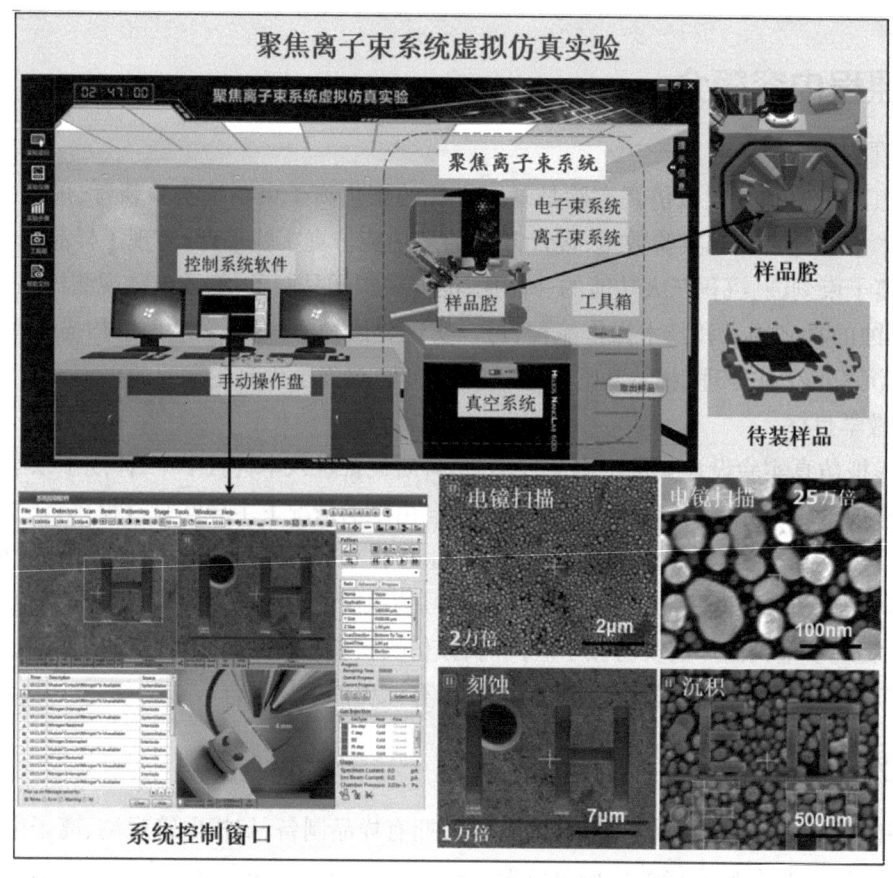

图55-1 聚焦离子束系统虚拟仿真实验界面

2. 能力素质提升

该虚拟仿真实验从学习者的一般实验能力(经验)和认知过程(能力)出发,将聚焦离子束系统所具备的样品制备、扫描电子显微镜观测和离子束刻蚀与沉积三大功能,以及相应的实验过程(步骤)、实验景象和结果一一展示给学习者,旨在帮助他们熟悉运用聚焦离子束系统的操作流程和注意事项,帮助他们了解相关实验的真实景象,为真实实验做准备,或以虚代实略过真实实验,进而加深对离子束或电子束与物质相互作用理论的理解,加深对电子扫描显微镜观测技术和离子束刻蚀、沉积技术基础理论的学习和理解。同时,通过实验参数设置的合理性要求,培养学生发现问题、解决问题的能力,调动学生学习的积极性,最终提高学生解决实际问题的综合能力。

3. 课程思政

在本项目中，离子或电子在电磁场中的运动遵循一定的规律，所以我们可以根据这一规律（原理）控制（规范）离子或电子的运动（聚焦）。所谓的刻蚀或沉积只不过是我们基于某种需要、运用电子束/离子束与材料相互作用原理对其（离子、电子与材料相互作用）进行控制的结果。使学习者学习把握规律，以及如何运用规律，其最终目标就是把科学原理转化为技术手段。所谓科技创新，就是在原有科学和技术的基础上，开发新技术，创制新仪器、新设备，提高劳动生产率，改善生产、生活条件。

三、课程应用成效

（一）本校应用情况

聚焦离子束系统虚拟仿真实验于2017年纳入大连海事大学"大学物理实验"课程教学大纲，于2019年在实验空间平台上线，2020年获批国家级虚拟仿真实验教学一流本科课程。我们积极组织教学团队教师备课、培训，所有任大学物理实验课老师都能熟练完成该实验，指导学生，为本校2018—2021级应用物理、材料科学与工程、光电信息科学与工程等33个专业近8 000名本科学生开放教学。

（二）面向其他高校师生和社会学习者应用情况

该实验课程自2019年在实验空间平台上线以来，有许多高校师生或社会学习者通过注册进行在线学习。例如，2019年12月，大连海洋大学应用物理学2018级26名本科学生和1名教师选做了该实验；2020年8月，来自28个省参加2020年青少年高校科学营的281名学生体验了"大连海事大学云上科学营—线上科研实践—聚焦离子束系统虚拟仿真实验"。此外，还有辽宁师范大学、哈尔滨工业大学的师生及社会学习者1 500余人选做了该实验，并且很多人还提交了实验报告。

（三）疫情期间助力完成实验教学任务

聚焦离子束系统虚拟仿真实验已面向全校及社会开放，为学习者自主学习、探索研究提供了学习平台。特别是在无法开展线下实验教学的情况下，该仿真实验能够远程线上进行，成为大学物理实验课程开展在线实验教学的首选项目之一，实验人数累计9 000多人，助力完成了实验教学任务。

该仿真实验拓展了学生视野，取得了良好的教学效果，得到了广大师生和学习者的一致好评，起到了示范作用，大大超出了预期目标。截至2022年4月，实验空间平台显示注册学员15 987人，实验人数为8 311人，获优秀成绩者7 170人，合格以上1 011人，5分好评6 539人，点赞8 547人，实验交流2 218条，浏览量80 239人次。

聚焦离子束系统虚拟仿真实验为师生自主学习、开拓视野提供了良好平台。我们将贯彻教育部和学校关于一流本科课程建设的有关要求，按照"以实为主、虚实结合、以虚辅实、适度超前"的思路,不断丰富虚拟仿真实验内容和线上资源,保持实验课程的实践性、研究性和高阶性、创新性,并积极提供课程线上讨论、答疑解惑等教学服务,在开放推广中充实、提升。

课程团队

课程负责人:张映辉,大连海事大学理学院教授,物理实验教研中心主任。主要从事大学物理和大学物理实验教育教学工作,研究方向为凝聚态物理。

团队成员:张朋波、刘开颖、陈宝玖、付姚、殷燕。

案例56：急性肺水肿的开放式整合实验教学
山西医科大学

一、课程内容简介

肺水肿是急症医学的重要课题，本课程通过针对急性肺水肿设计的虚拟病人（electronic standardized patient，ESP），可实现基础知识的临床拓展，辅助实施"早临床、多临床、反复临床"的医学生培养理念；通过自主制备动物模型，研究不同因素引起急性肺水肿的发生机制，可培养学生的基础科研能力，建立"基础整合—临床拓展—科研培养"的阶梯式教学体系；通过手机终端，学生可随时登录学习，老师可进行教学管理；结合创新性评价体系，促进本科教育水平的提高。

二、课程建设特色与创新点

（一）课程特色

本课程主要应用于实验教学，也可应用于理论教学。课程通过语音问诊、查体、电子病历录入、抢救治疗等方式，创建了对急性肺水肿病例的学习机会；能够更加真实地体验肺水肿的发生发展过程，观察肺水肿患者的临床表现以及治疗原则；而且学生可以形象、直观地看到组织液如何增多、液体如何积聚在肺泡腔内等变化，将肺水肿的基础、临床进行整合，从形态到机能、从宏观到微观掌握肺水肿的发病机制，建立基础与临床相结合、机制与现象相结合的知识架构。

1. 教学规划与目标

本课程是以标准虚拟病人为核心的实验课程，在教学中主要作为三年级机能动物实验的补充和延伸，实验成绩占机能实验成绩的30%，并计入"病理生理学"期末总成绩的过程性评价部分。具体实施过程分为三部分：① 学生通过观察ESP病人的临床表现及检查结果，提出问题，包括临床症状、检查结果及治疗措施；② 通过虚拟仿真方法分析、揭示问题的发生发展机制；③ 在理解发生机制的基础上，选择抢救措施，并观察其有效性。该教学过程遵循了转化医学所倡导的以患者为中心，从临床工作中发现和提出问题，由基础研究人员进行深入研究，然后再将基础科研成果转向临床应用，提高医疗总体水平的思维模式，试图实现从基础动物实验到临床诊疗的拓展，从而达到"早临床"的教学目标。

2. 教学评价及反馈

在线上评价的基础上，实施线下实体动物实验评价体系，以小组进行量化考核实验操作，不仅要求个人技能，更强调团队的合作。考核系统将结合线上实验原理、ESP虚拟病人、实验设计及实验报告评估和线下实验技能操作,目的在于完善实验教学的形成性评价,激发学生对实验设计的兴趣,从而对学生创新思维的训练,起到有效的推动作用。本课程评价体系更关注学生学习能力的培养、兴趣的保持、知识的灵活运用以及学生在学习过程中反映出来的情感、态度和与同学之间的合作精神。

学习结束后,学生根据选题填写《虚拟仿真实验问卷》并回收,部分反馈意见显示:① ESP 虚拟仿真教学可以使医学生以另外一种方式接触临床,提高自信心,克服心理紧张的问题,从容实验,更好地完善自己;② 与虚拟动物实验相比,标准化病人数据更具参考和学习价值,更能带给学生帮助和启示;③ 不拘泥于课本上的文字表述,让知识立体化,便于学生理解;④ ESP 虚拟课程不能真正动手操作;⑤ 人文关怀不能充分体现。

(二) 创新点

课程的学习环节可递进引导学习者"发现和提出问题",进而"研究和揭示问题的发生机制",在理解机制的基础上去"解决问题"。使学习者在学习结束后可以获得清晰的思维结构、扎实的知识记忆和娴熟的技能操作;通过 ESP 虚拟仿真病人案例,辅助三年级基础阶段的医学生实施"早临床",无缝衔接基础与临床。

三、课程应用成效

目前,本课程同时在校内 e 教平台和实验空间上运行,自上线以来,一直免费向各高校开放,并在线免费提供咨询服务,为广大师生更好地运用课程提供保障,并持续收集学生和教师的使用反馈意见,逐步调整完善系统中的资料及操作方法。据统计共有 20 余所医学院校在教学中开展运用该课程。

(一) 教学运行数据

2022 年春季学期,教务处将该课程和其他相关课程整合为一门虚拟仿真选修课,广受好评。

截至 2022 年 6 月,实验空间数据显示,该课程的浏览量为 43467 人次,实验人次达 1.55 万人次,通过率为 94.5%,优秀率为 81%;该课程在应用评价方面,人气指数和互动指数均排名第二。

(二) 以课程为中心的进一步推广和拓展

1. 参赛获奖

(1) 2020 年,以该课程为核心内容,课程负责人为指导老师的参赛项目"基于课程整合的一体化 FunLab1.0"在 2020 年山西医科大学"互联网+"大学生创新创业大赛中荣获二等奖。

(2) 2022 年,以课程负责人为指导老师,以课程相关内容设计的虚拟仿真项目参加第一届医学虚拟仿真实验创新大赛,荣获优秀奖。

(3) 以课程负责人为第一作者的课程应用研究论文"基于 5 年制免费医学专业培养目

标的基础机能虚拟仿真实验课程构建",获得高等学校医学基础类实验教学优秀论文展示三等奖。

2. 申报课题

(1) 以该课程为核心内容的进一步拓展研究,获得山西省研究生教育改革研究课题资助,项目编号为"2020YJJG136",项目名称为"应用虚拟仿真实验,提升研究生创新能力",课程负责人为主持人。

(2) 关于该课程的应用研究,获得山西医科大学2020年度一流专业建设专项 – 创新创业与实践教学基金资助,项目编号为"SXJ202049",项目名称为"基于标准化虚拟仿真病人实验教学项目的应用研究与实践",课程负责人为主持人。

课程团队

课程负责人:郭建红,山西医科大学,病理生理学教授,硕士生导师,中国生理学会教育信息化专业委员会委员,主要研究方向为肝脏病理生理与相关疾病。

团队成员:杨艳萍、刘清华、焦向英、汤艳。

案例 57：基于 ESP 智能模拟病人的缺氧病理生理学实验

上海交通大学

一、课程内容简介

"基于 ESP 智能模拟病人的缺氧病理生理学实验"源于医学功能学实验中的缺氧实验，但其内涵又明显高于原有实验（如图 57-1 所示）。具体而言，该实验课程包括：① 缺氧虚拟仿真动物实验教学系统，内含年龄因素对缺氧耐受性的影响、低张性缺氧、一氧化碳中毒、亚硝酸钠中毒、氰化钾中毒等 5 个虚拟与真实实验；② 以临床案例为导向的人体缺氧虚拟仿真教学系统，内含一氧化碳中毒情景模拟及智能模拟的轻、中、重度中毒病人子系统；③ 基于探究拓展的缺氧课题研究，学生以小组为单位自行设计 1 个与"缺氧"相关的探究性实验方案。此外，还包括 1 个实验基础模块（理论知识库＋实验技术库）和 1 个手机端操作系统。学生需完成 16 个交互性操作步骤，并通过各阶段考核才算完成实验。自 2018 年 2 月试行以来，该实验课程已在上海交通大学医学院使用了 8 个学期，选课学生达 3 000 余名，其中 71.7% 的学生反馈在自主学习能力和探究拓展能力方面均有所提高。2019 年 9 月至 2022 年 7 月，在实验空间的浏览量达 37 571 人次，做实验达 6 068 人次，通过率达 89.1%，成为联盟百门应用示范课程之一。

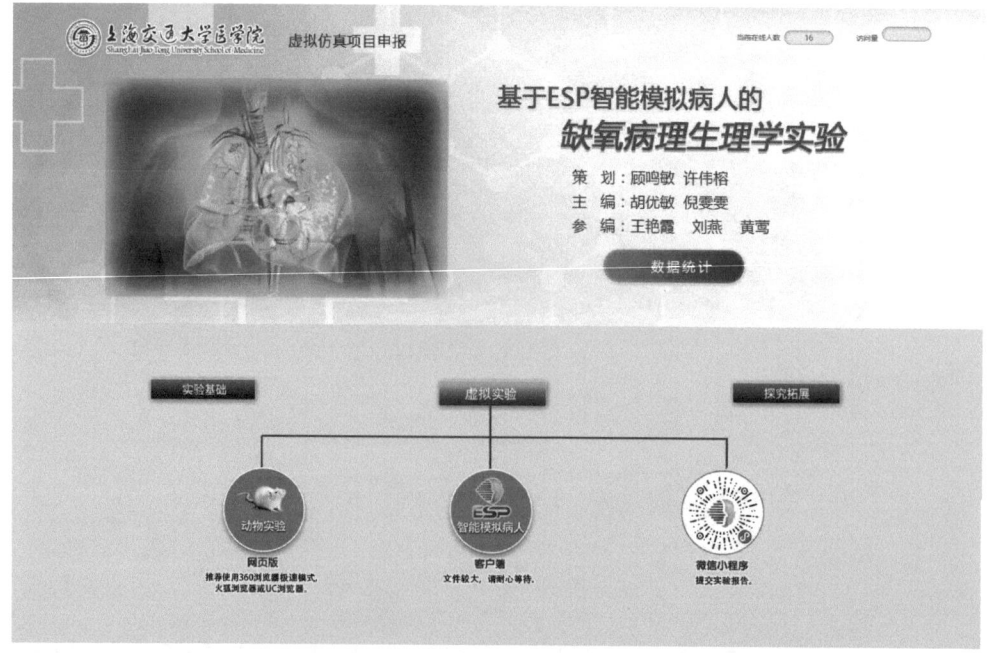

图 57-1　基于 ESP 智能模拟病人的缺氧病理生理学实验网站首页

二、课程建设特色与创新点

(一) 建构了以实验能力为导向的目标体系,体现知行合一

该体系由显性双主体(知识探究和能力建设)及隐性双主体(价值引领和人格养成)构成,突出了以学生为本、能力导向的理念。通过线上缺氧基础知识学习、虚拟与真实相结合的缺氧动物实验及智能模拟病人(ESP)一氧化碳中毒实验,使学生体验到一氧化碳中毒所致的 ESP 病人在分子、细胞、组织、器官、系统等层面的动态变化及病理生理学机制。通过探究拓展训练,加深学生对"缺氧"问题的认知,使学生具备医学认知、动手实践、信息处理、数据分析、思辨能力、表达能力、职业规范、自主学习、协作交流、应变能力、创新能力等能力,做到知行合一。

(二) 建构了进阶式设计的缺氧实验教学体系,保证层层递进

该体系分为 4 个进阶。进阶 1 要求学生学习与缺氧实验相关知识,并观看缺氧实验操作视频,以此掌握实验室生物安全知识、动物实验安全操作规程、常用化学试剂及仪器设备使用规范及实验废弃物处置规定等。进阶 2 设计了年龄因素对缺氧耐受性的影响、低张性缺氧、一氧化碳中毒、亚硝酸钠中毒、氰化钾中毒等 5 个虚拟与真实相结合的缺氧动物实验。进阶 3 为基于智能模拟病人(ESP)的一氧化碳中毒综合实验(包括轻度、中度和重度 3 个高仿真性实验)。进阶 4 为探究拓展性缺氧实验,学生在阅读缺氧研究文献的基础上,围绕与缺氧相关的热点问题,以小组为单位开展设计性、探究性实验。上述 4 个进阶实验环环相扣,层层递进。学生每上一个台阶,知识和能力得到螺旋上升,整体素质得到全面提升。

(三) 建构了各环节相互支撑的资源体系,确保运行顺畅

可供学生共享的资源包括由人民卫生出版社出版的《功能学实验教程》(第三版),与企业合作研发的虚拟仿真实验教学系统(含 5 个虚仿动物实验和 3 个智能模拟病人缺氧实验),超星学习通平台及实验课概述录屏、微课和微视频、慕课、拓展学习资料(含理论知识库+实验技术库),还包括对学生开放的实验教学中心网站、虚拟仿真实验网站及与实验相关的整合课程网站等。另外,功能学综合室已全天候向学生开放,内含各种先进的仪器与设备(如膜片钳、PowerLab 系统等),常用试剂与耗材,应有尽有。总之,丰富、可及的线上线下实验资源,能充分保障学生开展基础性、综合性和探究性实验的需要。

本课程三大体系的建构与实践(如图 57-2 所示),实现了 5 个结合:① 以实验教材为蓝本的缺氧教学资源及以教学软件为基础的虚拟仿真实验资源的结合;② 真实缺氧实验与虚拟仿真缺氧实验的有机结合;③ 线上交流缺氧实验与线下预习复习缺氧实验的结合;④ 课内缺氧实验与课外课程思政、价值引领的结合;⑤ 基础缺氧原理与临床缺氧问题的有机结合。实践表明,该国家级虚拟仿真实验教学一流课程开阔了学生的眼界,拓展了学生的思路,更利于学生的知识探究、能力建设、价值引领和人格养成,更利于有灵魂的卓越医学创新人才的脱颖而出。为此,受到校内外学生的一致点赞。

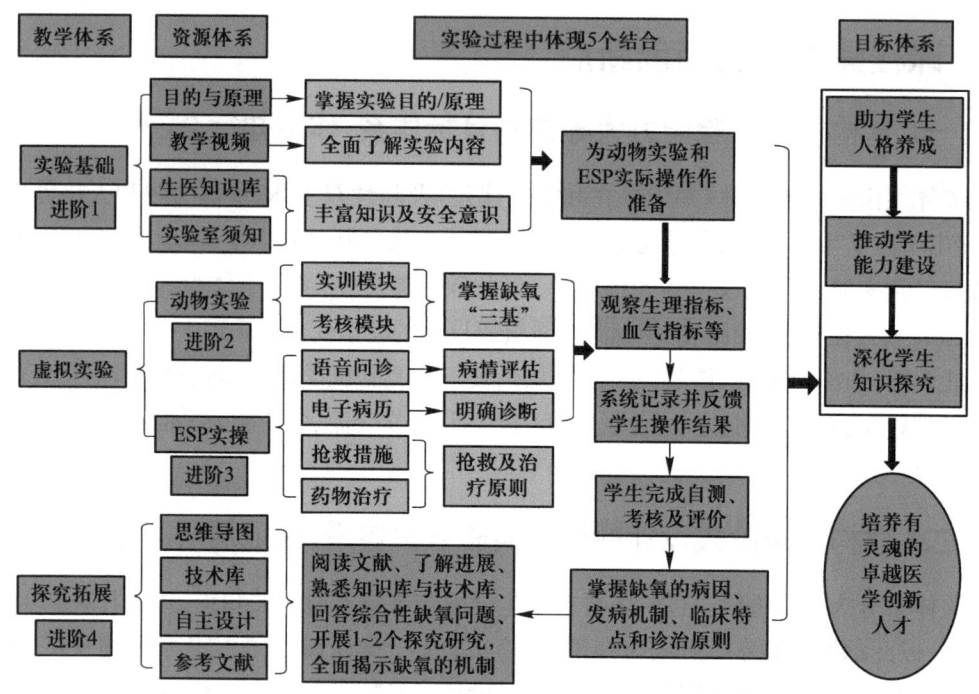

图 57-2 该实验课程中体现的三大体系和四个进阶

三、课程应用成效

该实验课程开设之前,缺氧实验主要以动物实验为主,既不符合动物实验的"3R"原则即减少(reduction)、替代(replacement)和优化(refinement),也会因使用"一氧化碳、亚硝酸钠、氰化钾"等违禁品而产生较大的安全隐患。该实验课程开设之后,动物实验基本被虚拟仿真实验替代,不仅符合了"3R"原则,也降低了安全隐患。特别是通过智能模拟病人,就可开展过去"做不了、做不到"的人体一氧化碳中毒实验。学生还能利用虚拟仿真实验自行设计与缺氧相关的科研项目,进一步拓展学生视野和探究能力。该实验课程2020年获评"国家级虚拟仿真实验教学一流课程",2021年获评"虚拟仿真实验教学创新联盟实验教学应用示范课程"。下面简述该一流实验课程的应用成效。

(一)该实验课程已成为上海交通大学医学院学生的必修课

自2018年2月27日上线以来,该实验课程已在上海交通大学医学院试用了8个学期,选课学生达3 000余名。在探究拓展部分,学生以小组为单位先后自行设计了500余个缺氧研究课题,其中一部分已成为大学生创新性研究项目或以研究为基础的学习(research-based learning,RBL)项目,正在拓展研究的高度、深度和广度。问卷调查显示:71.7%的学生反馈该实验课程提高了他们的自主学习能力和探究拓展能力。

(二)该实验课程在国内医学院校的访问量高、评价优

该一流课程自2019年9月在实验空间上线以来,浏览人次不断增加。截至2022年

7月,该网站的浏览量达 37 583 人次,做实验达 6 068 人次,通过率达 89.1%,优秀率达 81.06%,被列为 5 星级课程。在新冠疫情期间,该实验课程被中南大学湘雅医学院列为医学生必修课程,还被 100 所医学院列为选修课程,总浏览量达 15 万人次。2021 年还作为虚拟仿真实验教学创新联盟医学领域工作委员会举办的"第一届医学虚拟仿真实验创新大赛"的入围项目。

(三) 开展校企合作,拓展虚仿实验的应用空间

该一流课程是校企合作的产物,合作单位上海梦之路数字科技有限公司在虚拟仿真实验技术方面提供了大力支持。此外,南京医科大学、南华大学、新疆医科大学、郑州大学基础医学院、齐鲁医药学院、浙江树人大学、浙江中医药大学等院校先后购买该实验项目软件,全方位用于院内实验教学。该实验项目还将作为人民卫生出版社出版的"干细胞教材"——《生理学》《病理生理学》配套教材(单独出版的虚拟仿真实验教材)。

(四) 利用各种会议,推广该实验课程

该课程的负责人与团队成员在全国性虚拟仿真实验教学研讨会上做专题报告累计 10 余次,通过会议推广了课程建设与应用实践经验,取得了较好的效果,受到一致好评。2021 年 12 月,该课程还在上海交通大学网站"交大金课"专栏做了专题介绍。

课程团队

课程负责人:顾鸣敏,上海交通大学医学院教授,研究方向为遗传病的基因定位及功能研究。

团队成员:胡优敏、倪雯雯、王艳霞、刘燕。

第五部分

实验教学课程体系化建设成效显著

案例58：口腔医学技术专业客观结构化实践技能教考系统

重庆医科大学

一、课程内容简介

（一）教学运行与管理

在2018年初发布首个演示模块，主系统于2019年8月正式上线，已完成3轮相关课程教学任务。为保证教学质量，不断优化教学资源，课程组设2名专职教学秘书，全程管理相关教务，并与北京众绘虚拟现实技术研究院有限公司共建资源建设、开发与教学运行保障团队，保障版本迭代和教学的有序开展。

1. 课程内容

课程设置"口腔素描""卡环设计""铸造工艺""口腔摄影""牙体雕刻"和"模型检查"六大模块，通过建立虚拟教学案例库、课前备课、课间虚实结合指导，引导学生课前预习、课间小组讨论式学习、课后"每周一练"，教师实时在线批阅，组织学生在线考核等措施，极大地发挥虚拟仿真实验教学资源课程优势，推进虚实结合教学。课程内容及部分教学实施如图58-1所示。

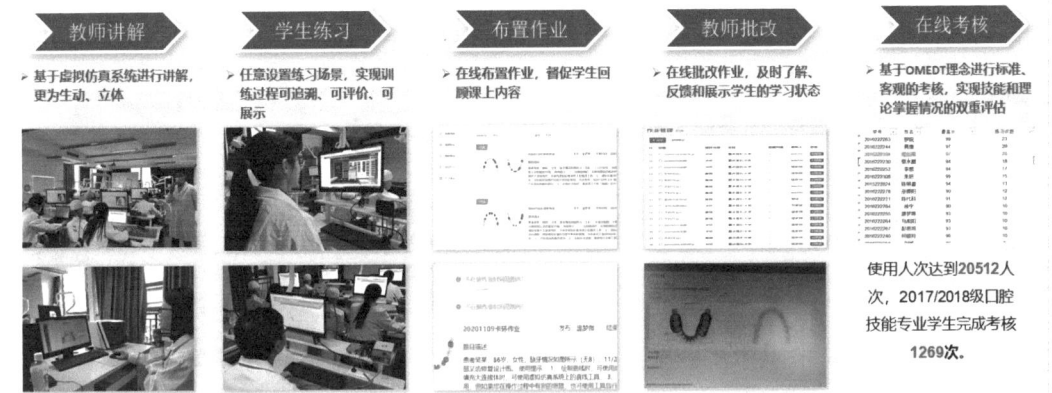

图 58-1　课程内容及部分教学实施部分展示

2. 教学实例

以"可摘局部义齿工艺学实验"虚实结合教学为例,"肯氏分类设计""美观卡环设计"和"应力中断设计"部分,使用卡环设计模块完成课堂教学,包括教学案例发布、分组案例讨论、设计绘制、小组代表解说设计、教师评讲等环节。连接体铸造部分课程"铸造和开圈(A5 A6 缺失)"授课开始前的操作讲解部分中,使用完全模拟真实环境的铸造模块进行操作过程学习及随堂小测,之后再分组进入铸造实验室开展真实环境下的铸造实验,提高了危险实验操作的安全系数和学生铸造成功率,同时坩埚、金属粒等耗材消耗速度明显下降。

教师课中巡视,针对出现的问题及时使用 OMEDT 系统广播讲解,解决以往"围观性示教"中后排学生难以查看示教的问题。翻转课堂,学习小组在充分讨论式学习之后,小组代表走上讲台,向全班同学展示并陈述设计思路和设计内容,同学们在提问和解答过程中进行问辩性、反思性学习。

课后学生通过卡环设计模块开展基础版"每周一练"和进阶版"每周一练",完成可摘局部义齿病例设计,两名课程助教在线批阅和讲解,同时教师可以在"教-培-练-考成绩管理模块"中一键下载成绩数据和练习时长数据,生成学生学习曲线,掌控学情。课堂内外的教学运行如图 58-2 所示。

(二)以赛促学

重庆医科大学口腔医学院使用 OMEDT 系统举行"德技杯"临床段口腔医学专业技能大赛,比拼可摘局部义齿设计,达到以赛促进、以赛促学的目的。比赛结果发现未使用 OMEDT 系统授课的口腔医学专业学生与使用 OMEDT 系统授课的口腔医学技术专业学生可摘局部义齿设计成绩数据对比存在显著差异。

同时,"口腔医学技术专业客观结构化实践技能教考系统(OMEDT 系统)"体现了学生团队参与特色,"基于 OMEDT 的口腔医学技术操作技能教考系统"2019 年荣获第十六届"挑战

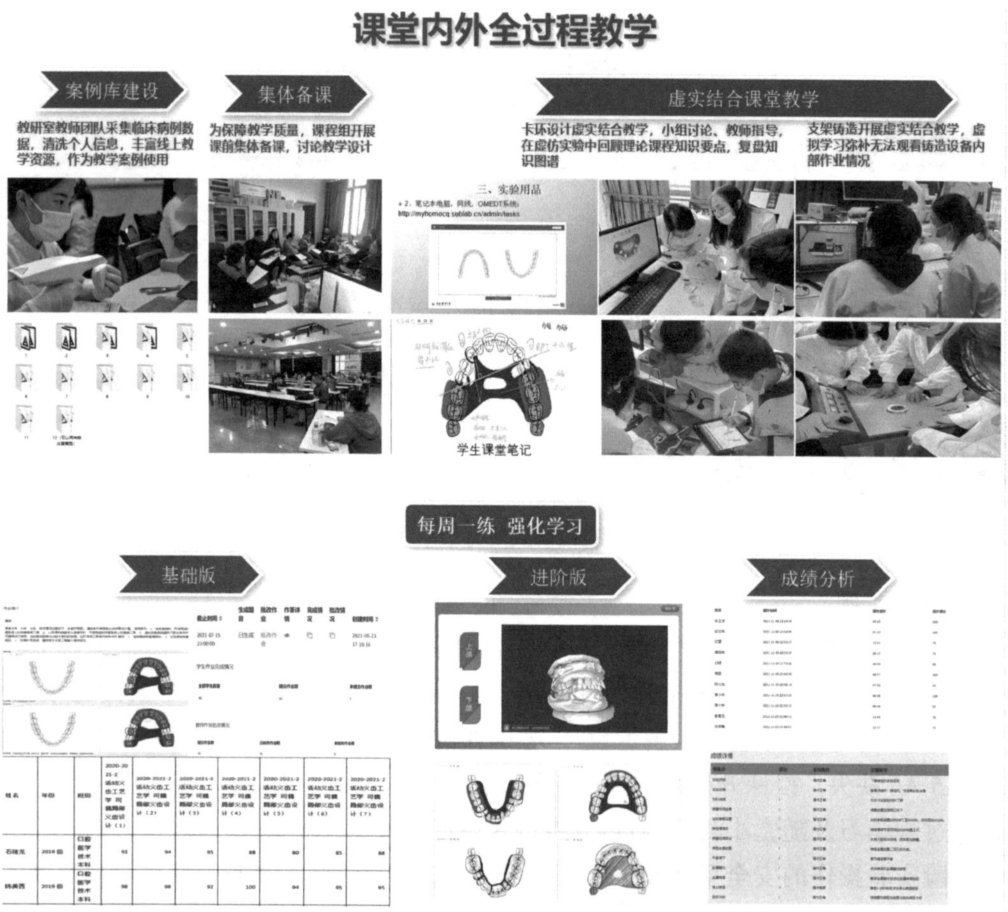

图 58-2　课堂内外教学运行

杯"全国大学生课外学术科技作品竞赛重庆市选拔赛特等奖,全国比赛三等奖,2021 年获得第十七届"挑战杯"全国大学生课外学术科技作品竞赛重庆市选拔赛特等奖,并反哺孵化学院特色创新创业教育体系,2018 年至今,学生双创团队获得省市级及以上奖项近 30 项。

二、课程建设特色与创新点

1. 教学内容创新

本课程实验为首个针对口腔医学技术专业的虚拟仿真实验技能训练系统,六大模块相关内容结合未来就业实际情况,为口腔医学技术这一医工协同的标杆专业打造了丰富的实验技能训练资源。在内容设计上,吸纳了美英等口腔医学技术人才培养体系的特点,优中选优,与国际发展前沿接轨,以就业技能培训为导向,可以顺延到行业技能认证准入,行业针对性强。

2. 教学方法创新

秉持"以学生为本"的核心思路,依托创新创业训练体系,学生团队与教师团队有机协同完成教学目标。基于"只有学生才知道自己怎么能把一个东西学会"的翻转式教育理念,所有模块的教学方法确定时都采用"学生团队讨论确定核心框架,教师协助进行细节订正"的模式。在教学方法的创新上，师生共同凝练"严肃游戏""模块化绘图""虚仿静物台""单反模拟器""AI随机牙列模型""力反馈雕刻"等学习思路。经由教师的细节修正，创新性的教学方法在不同的教学模块中，很好地适应新时代学生"习惯使用计算机、追求个性趣味、长时间注意力难以集中"的特点。同时，培育学生"自研自学"的自豪感和好胜心，激励学生在自主练习中勇攀高峰，并自发地向教师寻求帮助或借阅资料，师生协同解决疑难问题。

3. 教学形式创新

在课程系统底层架构设计上落实了"远距离授课、远距离作业、远距离批改反馈"的教学要求。学生和教师足不出户，拥有私人的线上虚拟口腔医学技术实验室，学生在扩大的时空中进行反复训练，而教师在扩大的时空中实现对学生的过程化管理。同时，作为免费的高水平教学资源，该课程已经在十余所口腔院校应用。

4. 教学体系创新

基于线上线下混合教学和步进式案例引导，以岗位胜任力为核心，OMEDT系统贯穿口腔医学技术专业学生成长始末，重构口腔医学技术专业的教学体系和教学范式。在应用过程中，低年级口腔医学技术学生首先通过类似严肃游戏的流程类模块早期接触专业知识，对专业产生感性认知、激发专业兴趣。然后在理论课上系统学习书本上的理论知识，将兴趣内化为学习驱动力。理论课同时使用系统中的配套模块进行流程演示，使学生能够形象直观地理解枯燥乏味的理论知识，加深印象，便于记忆。在下一阶段的实验课中，教师引导学生首先接触基于简单案例的实验操作，而后使用OMEDT系统发布基于临床案例的课后作业，进一步引导学生从实验室中的简单案例步入临床案例实战。高年级学生进入实习、结束实习后，使用OMEDT系统为在各个实习基地无法返回的学生举行基于临床案例的毕业考试，让学生充分展示临床实习中掌握的技巧。

三、课程应用成效

课程依托"实验空间"对外免费开放，被浙江大学、温州医科大学、西南医科大学、浙江中医药大学、丽水学院、重庆三峡医药高等专科学校、长治医学院、漯河医学高等专科学校、广西中医药大学、大连医科大学中山学院等多所学校使用，丰富翔实的资源、人性化的界面设计与互动体验，获得兄弟院校的广泛好评。同时，重庆晶美义齿制作有限公司也将此系统作为上岗前技能准入规范之一，实现产学研协同。目前浏览量达24 000人次，使用人次达4万余，做实验人数上千人，在口腔医学技术这一"小而美"的专业细分领域内，已是相当可观的使用量。其中本校口腔医学/口腔医学技术多个年级学生累计在线完成提交作业2 000余份，通过系统自动和专业教师人工辅助相结合的方式进行批阅和反馈，受到学生一致好评。

根据系统开发相关内容与实践效果，完成一篇SCI文章"Preliminary User Evaluation of a New Dental Technology Virtual Simulation System：Development and Validation Study"，于2022年7月发表在 *JMIR serious game* 杂志，该杂志的实时影响因子3.36。

由北京航空航天大学赵沁平院士、四川大学口腔医学院周学东教授等团队共同撰写已经发表于《四川大学学报》医学版(2021年3月)医学教育栏目的文章《虚拟现实技术在新医科人才培养中的作用》，将该案例作为典型应用进行推广介绍，提到医学技术专业客观结构化实践技能教考系统对设计类、流程类、判定类实验项目都进行了深入细致的仿真，信息技术、智能技术与口腔医学专业技术的实验教学深度融合，破解高等学校口腔医学技术原有实验、实习、实训中的难题，为口腔医学技术专业提供了宝贵的优质实验教学资源，持续发挥示范引领作用。

课程团队

课程负责人：宋锦璘，教授、主任医师，博士生导师，重庆医科大学附属口腔医院／口腔医学院副院长，主要研究方向为基于岗位胜任力的口腔"医技协同"人才培养模式。

团队成员：

(重庆医科大学口腔医学院)宋锦璘、季平、蒋琳、庞梦微、谭发兵、付小明、李仪、佟雪璐、喻娜、马超逸；

(北京众绘虚拟现实技术研究院有限公司)丛宇、赵永涛、赵晓含、杨浩、万家武、田召滨。

案例59：基于创新型本科人才培养的大学物理实验课程建设

西南交通大学

一、课程内容简介

大学物理实验课程，是物理实验中心面向全校各理工科专业每学期超过5 000名本科生开设的公共基础必修课程。课程首先进行"绪论与误差理论"的讲授，其中包括"绪论""测量与误差""实验不确定度的评定""有效数字与测量结果表示""数据处理方法"等。之后，物理实验中心提供25个物理实验项目，其中包含力学、热学、电学、磁学、光学等学科相关的经典物理实验项目，同时还有一定数量的近代物理实验项目。本科生需要在一学年里，完成其中的15个实验项目（每个实验项目为4学时）的学习，最终获得2学分。

二、课程建设特色与创新点

在课程建设的特色方面，能够将课程中涉及的物理实验思想、技术和手段，与我校完备的轨道交通领域学科以及人才培养体系相结合，使具有不同专业背景的本科生能够全面了解科学实验的全过程，并掌握一定的实验技术，在此基础上取得创新性学习成果，最终培养出一大批能够解决轨道交通领域实际问题的创新型本科人才。

在课程建设的创新点方面，构建了一种"立"型大学物理实验课程教学新模式，如图59-1所示。该教学模式能够以课程思政建设为先导，以建设丰富的数字化教学资源为平台，以课外创新实践训练项目、学科竞赛题目为抓手，将项目驱动的教学方法贯穿于整个教学过程中。最终以能够培养出具有解决不同学科领域专业问题能力的创新型本科生人才作为课程学习效果的评价指标。

（一）课程思政建设

在构建的"立"型教学模式中，将课程思政建设作为了课程教学活动的先导，通过深入挖掘各实验项目中包含的课程思政元素，建设了课程思政资源库。在课堂教学这个主渠道中，充分利用好"实验背景"这一授课步骤。课程思政资源库的建设，一方面能够引领学生品味科学家的故事、感悟科学家的精神，锻造学生优秀的品格；另一方面，通过将科学领域中卓越奋斗者的坚毅事迹引入课堂，淬炼了学生自强不息、锐意进取的精神。最终，实现课程思政对大学物理实验课程的教学工作画龙点睛的作用，使学生不再是仅仅为了学分而学。

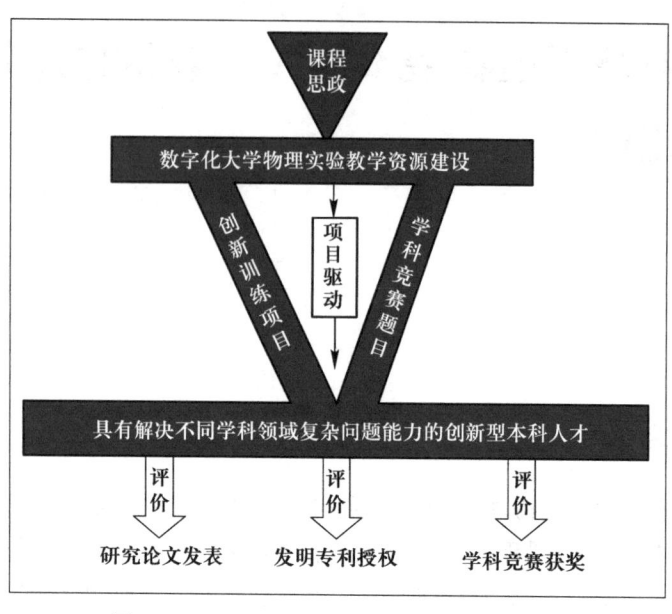

图 59-1 "立"型大学物理实验课程教学模式

(二) 数字化大学物理实验教学资源建设

在构建的"立"型大学物理实验课程教学模式中,有针对性地进行了新形态数字化课程教学资源的建设。首先,针对课程教学大纲中的实验项目,在国内率先制作完成了能够细致入微地呈现实验操作对应出现的实验现象的实验操作视频,并以二维码的形式呈现在数字化教程中。其次,关于实验项目的实验原理部分,制作完成了线上教学资源,并通过超星平台对学生进行开放。最后,针对每一个实验项目,制作的数字化资源还以二维码的形式呈现了实验项目相关的参考文献介绍。这些参考文献可能是针对实验项目仪器的改进,也可能是相关物理实验技术在解决其他学科领域实际问题中的应用等。通过建设上述高质量大学物理实验课程数字化教学资源,学生可在课前或课后,在不具备实验仪器的环境下,仍然能有效地通过数字化资源对课程内容进行预习和复习。通过参考文献的介绍,一方面可使学生及时地了解到相关实验项目的最新发展动态,使课程内容紧跟时代前沿发展;另一方面也可使学生了解到实验原理或装置设计的精髓和内涵,为不同专业背景本科生取得创新性成果带来原动力。

(三) 项目驱动式教学方法

在构建的"立"型课程教学模式中,我们采用了项目驱动式教学实施方法。如图 59-2 所示,首先,针对各不同学科专业的学生,通过预先对其学科专业背景和学习背景进行问卷等形式调研,然后适应性地设立一些课外创新实践项目和物理学科竞赛题目,以项目驱动的形式开展大学物理实验课程内容的教学工作,使具有不同专业背景的本科生,能够将其在大学物理实验课程中学习到的物理理论知识和实验技术,应用到解决其专业领域的实际问题中,最终培养其创新实践能力。

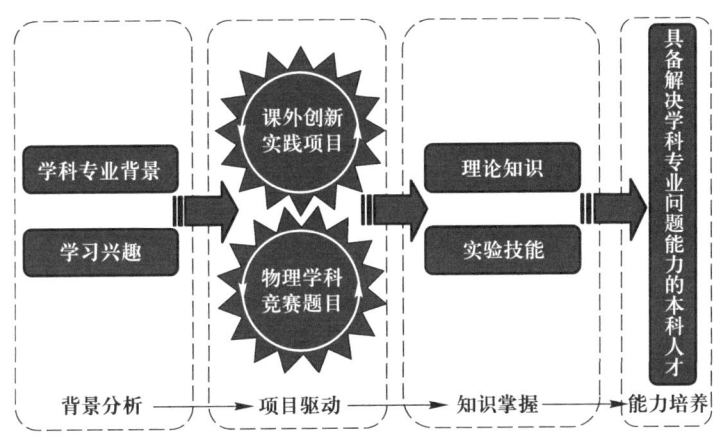

图 59-2 项目驱动式教学实施方法

例如,"迈克尔逊干涉仪"实验项目提供了一种可将长度测量精确到百纳米的量级的方案。通过对我校学生的学科专业背景调研发现,精确检测无碴轨道的沉降是土木学科中当前重要的研究课题之一。为此,面向土木学科的本科生,我们在大学物理实验课程中设置了"基于迈克尔逊干涉仪的无碴轨道沉降检测装置设计"这一课外创新实践项目。而具有机械学科背景的本科生,具有较强的机械结构设计能力。为此,我们在大学物理实验课程中,结合杨氏弹性模量测量实验项目,为该学科的本科生设置了"改进的杨氏模量测量仪"课外创新实践项目,充分发挥该学科学生机械结构设计的能力。

通过设置一些与学科专业背景相结合的大学物理实验课程课外创新实践项目,基于项目驱动的教学模式,可使具有不同专业背景的本科生,能够有兴趣、有针对性地对课程所涉及的物理知识和实验技术进行学习,进而应用到解决其领域的实际问题中,极大地培养了本科生的创新实践能力。

(四)课程学习效果评价

除了传统大学物理实验课程通过实验报告、实验理论考试等课程学习评价方式外,构建的"立"型大学物理实验课程教学模式中,我们新增了实验操作考试、实验项目思考汇报、项目完成成果答辩、实验论文和发明专利撰写等多元化学习效果评价方式。这种多元化的评价方式,可在一定程度上培养学生的批判质疑能力和团队合作精神。

三、课程应用成效

首先,课程以匿名的方式,对已经完成大学物理实验课程的本科生进行了问卷调查,用以分析建设的数字化课程资源对课程学习的帮助性,以及项目驱动式的大学物理实验课程教学方式,在跨学科专业能力培养方面的情况。通过回收的 557 份问卷,得到的问卷调查结果如图 59-3 所示。

从问卷调查结果可以看出,有超过 97% 的同学认为建设的数字化课程教学资源,对大学物理实验课程的学习有帮助(其中"非常有帮助"占 73%)。有 80% 的同学认为,通过大学物理实验课程的学习,对其学科专业能力的培养有帮助(其中"非常有帮助"占 16%)。因

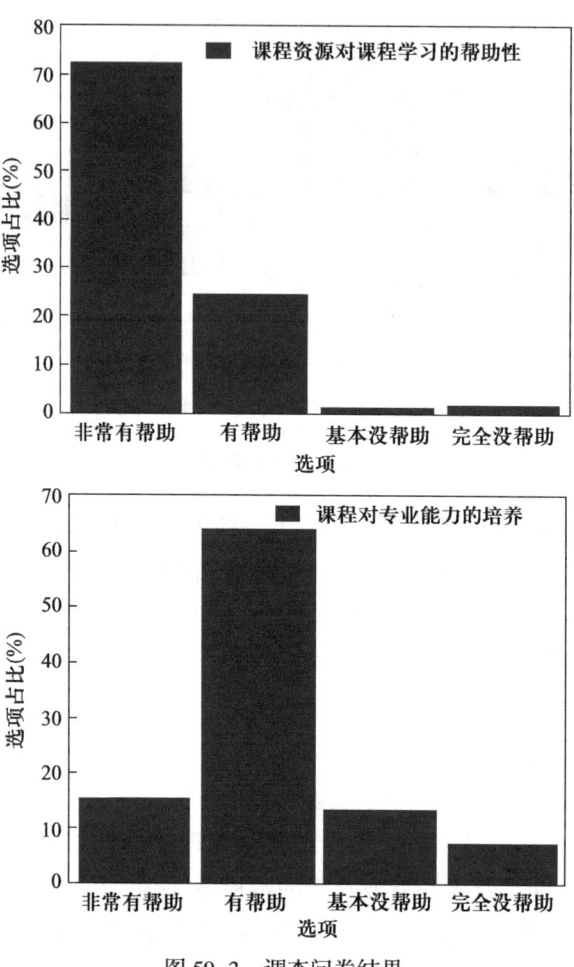

图 59-3 调查问卷结果

此,从这些匿名问卷调查的结果可以认为,"立"型大学物理实验课程教学模式中建设的数字化教学资源,对大学物理实验课程的教学工作起到了非常积极的作用,同时也为跨学科本科人才的培养提供了支持。

其次,我们从具有不同专业背景的本科生取得创新性成果角度出发,对"立"型大学物理实验课程教学模式在跨学科创新型本科人才培养过程中的教学实践效果进行说明。依托上述基于项目驱动的大学物理实验课程教学模式,我校具有土木工程专业背景的本科生,通过将该课程中相关迈克尔逊干涉仪可精确测量长度的实验思想,应用到其专业领域实际问题中,设计出了一种基于迈克尔逊干涉仪的无砟轨道沉降检测装置,该装置以本科生为第一发明人获得了发明专利授权。我校具有机械设计制造专业背景的本科生,通过将从大学物理实验课程中学习到的"杨氏弹性模量测量实验"内容与其专业背景相结合,设计并制作了一种高精度全自动杨氏模量测量仪,该成果以本科生为第一作者发表于"实验技术与管理"核心期刊。我校具有电气工程及其自动化专业背景的本科生,通过学习大学物理实验课程项目"超声波声速测量实验"中涉及的压电换能器工作原理,设计出了一种基于风力的低成本发电和储能装置,该装置以本科生为第一发明人获得了发明专利的授权。我校具有物理专业背景的本科生,利用其所学到的力学专业知识并结合大学物理实验课程项目之"单摆实验"测量方法,实验研究了大学生学术竞赛赛题涉及的循环摆现象中的物理问题,该成果以本科生为第一作者发表于 European Journal of Physics 期刊(SCI)等。

近五年,通过深入实施构建的"立"型大学物理实验课程教学新模式,我校具有不同专业背景的本科生,以本科生为第一作者在《激光与光电子学进展》《物理实验》《大学物理》《物理与工程》等期刊发表论文 18 篇、以本科生为第一发明人获得授权发明专利 14 项,在"全国大学生物理实验竞赛""全国大学生创新方法应用大赛""中国大学生物理学术竞赛""挑战杯"等学科竞赛中累计获奖 30 余项等,跨学科创新型本科人才的培养效果显著。

课程团队

课程负责人:樊代和,西南交通大学物理科学与技术学院物理系副主任,副教授,主要研究方向为大学物理实验教学及量子光学。

团队成员:周勋秀、崔雅静、魏云、高思敏。

郑重声明

高等教育出版社依法对本书享有专有出版权。任何未经许可的复制、销售行为均违反《中华人民共和国著作权法》，其行为人将承担相应的民事责任和行政责任；构成犯罪的，将被依法追究刑事责任。为了维护市场秩序，保护读者的合法权益，避免读者误用盗版书造成不良后果，我社将配合行政执法部门和司法机关对违法犯罪的单位和个人进行严厉打击。社会各界人士如发现上述侵权行为，希望及时举报，我社将奖励举报有功人员。

反盗版举报电话　（010）58581999　58582371
反盗版举报邮箱　dd@hep.com.cn
通信地址　北京市西城区德外大街4号　高等教育出版社知识产权与法律事务部
邮政编码　100120

防伪查询说明

用户购书后刮开封底防伪涂层，使用手机微信等软件扫描二维码，会跳转至防伪查询网页，获得所购图书详细信息。

防伪客服电话　（010）58582300